인천국제공항공사

기술분야(전기)

필기시험 모의고사

KB084386

제 1 회	영 역	직업기초능력평가, 직무수행능력평가(전기이론 · 전기기기)
	문항수	110문항
	시 간	125분
	비 고	객관식 5지 택일형

SEOWONGAK

(주)서원각

제1회 필기시험 모의고사

✎ **직업기초능력평가(60문항/65분)**

1. 다음 글을 읽고 이 글에 대한 이해로 가장 적절한 것은?

법의 본질에 대해서는 많은 논의들이 있어 왔다. 그 오래된 것들 가운데 하나가 사회에 형성된 관습에서 그 본질을 파악하려는 견해이다. 관습이론에서는 이런 관습을 확인하고 제천명하는 것이 법이 된다고 본다. 곧 법이란 제도화된 관습이라고 보는 것이다. 관습을 제천명하는 역할은 원시 사회라면 족장 같은 권위자가, 현대 법체계에서는 사법기관이 수행할 수 있다. 입법기관에서 이루어지는 제정법 또한 관습을 확인한 결과이다. 예를 들면 민법의 중혼 금지 조항은 일부일처제의 사회적 관습에서 유래하였다고 설명한다. 나아가 사회의 문화와 관습에 어긋나는 법은 성문화되어도 법으로서의 효력이 없으며, 관습을 강화하는 법이어야 제대로 작동할 수 있다고 주장한다. 성문법이 관습을 변화시킬 수 없다는 입장을 취하는 것이다.

법을 사회구조의 한 요소로 보고 그 속에서 작용하는 기능에서 법의 본질을 찾으려는 구조이론이 있다. 이 이론에서는 관습이론이 법을 단순히 관습이나 문화라는 사회적 사실에서 유래한다고 보는데 대해 규범을 정의하는 개념으로 규범을 설명하는 오류라 지적한다. 구조이론에서는 교환의 유형, 권력의 상호관계, 생산과 분배의 방식, 조직의 원리들이 모두 법의 모습을 결정하는 인자가 된다. 이처럼 법은 구조화의 결과물이며, 이 구조를 유지하고 운영할 수 있는 합리적 방책이 필요하기에 도입한 것이다. 따라서 구조이론에서는 상이한 법 현상을 사회 구조의 차이에 따른 것으로 설명한다. 1921년 팔레스타인 지역에 세워진 모샤브 형태의 정착촌 A와 키부츠 형태의 정착촌 B는 초지와 인구의 규모가 비슷한 데다, 토지 공유를 바탕으로 동종의 작물을 경작하였고, 정치적 성향도 같았다. 그런데도 법의 모습은 서로 판이했다. A에서는 공동체 규칙을 강제하는 사법위원회가 성문화된 절차에 따라 분쟁을 처리하고 제재를 결정하였지만, B에는 이러한 기구도, 성문화된 규칙이나 절차도 없었다. 구조이론은 그 차이를 이렇게 분석한다. B에서는 공동 작업으로 생산된 작물을 공동 소유하는 형태를 지니고 있어서 구성원들 사이의 친밀성이 높고 집단 규범의 위반자를 곧바로 직접 제재할 수 있었다. 하지만 작물의 사적 소유가 인정되는 A에서는 구성원이 독립적인 생활 방식을 바탕으로 살아가기 때문에 비공식적인 규율로는 충분하지 않고 공식적인 절차와 기구가 필요했다.

법의 존재 이유가 사회 전체의 필요라는 구조이론의 전제에 의문을 제기하면서, 법과 제도로 유지되고 심화되는 불평등에 주목하여야 한다는 갈등이론도 등장한다. 갈등이론에서 법은

사회적 통합을 위한 합의의 산물이 아니라, 지배 집단의 억압 구조를 유지·강화하여 자신들의 이익을 영위하려는 하나의 수단이라고 주장한다. 19세기 말 미국에서는 아동의 노동을 금지하는 아동 노동 보호법을 만들려고 노력하여 20세기 초에 제정을 보았다. 이것은 문맹, 건강 악화, 도덕적 타락을 야기하는 아동 노동에 대한 개혁 운동이 수십 년간 지속된 결과이다. 이에 대해 관습이론에서는 아동과 가족생활을 보호하여야 한다는 미국의 전통적 관습을 재확인하는 움직임이라고 해석할 것이다. 구조이론에서는 이러한 법 제정을 사회구조가 균형을 이루는 과정으로 설명하려 할 것이다 하지만 갈등이론에서는 법 제정으로 말미암아 값싼 노동력에 근거하여 생존하는 소규모 기업이 대거 실종되었다는 점, 개혁 운동의 많은 지도자들이 대기업 사장의 부인들이었고 운동 기금도 대기업의 기부에 많이 의존하였다는 점을 지적한다.

이론 상호 간의 비판도 만만찮다. 관습이론은 비합리적이거나 억압적인 사회·문화적 관행을 합리화해 준다는 공격을 받는다. 구조이론은 법의 존재 이유가 사회적 필요에서 나온다는 단순한 가정을 받아들이는 것일 뿐이고, 갈등이론은 편향적 시각으로 흐를 수 있을 것이라고 비판받는다.

① 관습이론은 지배계급의 이익을 위한 억업적 체계를 합리화한다는 비판을 받는다.

② 구조이론은 법이 그런 모습을 띠는 이유보다는 법이 발생하는 기원을 알려 주려 한다.

③ 구조이론은 규범을 정의하는 개념으로 규범을 설명하기 때문에 논리적 문제가 있다고 공격을 받는다.

④ 갈등이론은 사회관계에서의 대립을 해소하는 역할에서 법의 기원을 찾는다.

⑤ 갈등이론은 법 현상에 대한 비판적 접근을 통해 전체로서의 사회적 이익을 유지하는 기능적 체계를 설명한다.

2. 다음은 소정연구소에서 제습기 A~E의 습도별 연간소비전력량을 측정한 자료이다. 이에 대한 설명 중 옳은 것끼리 바르게 짝지어진 것은?

제습기 A~E이 습도별 연간소비전력량

(단위 : kWh)

습도 제습기	40%	50%	60%	70%	80%
A	550	620	680	790	840
B	560	640	740	810	890
C	580	650	730	800	880
D	600	700	810	880	950
E	660	730	800	920	970

㉠ 습도가 70%일 때 연간소비전력량이 가장 적은 제습기는 A 이다.

㉡ 각 습도에서 연간소비전력량이 많은 제습기부터 순서대로 나열하면, 습도 60%일 때와 습도 70%일 때의 순서가 동일 하다.

㉢ 습도가 40%일 때 제습기 E의 연간소비전력량은 습도가 50%일 때 제습기 B의 연간소비전력량보다 많다.

㉣ 제습기 각각에서 연간소비전력량은 습도가 80%일 때가 40%일 때의 1.5배 이상이다.

① ㉠㉡
② ㉠㉢
③ ㉡㉣
④ ㉠㉢㉣
⑤ ㉡㉢㉣

3. 한 마을에 약국이 A, B, C, D, E 다섯 군데가 있다. 다음의 조건에 따를 때 문을 연 약국에 해당하는 곳이 바르게 나열된 것은?

• A와 B 모두 문을 열지는 않았다.
• A가 문을 열었다면, C도 문을 열었다.
• A가 문을 열지 않았다면, B가 문을 열었거나 C가 문을 열었다.
• C는 문을 열지 않았다.
• D가 문을 열었다면, B가 문을 열지 않았다.
• D가 문을 열지 않았다면, E도 문을 열지 않았다.

① A
② B
③ A, E
④ D, E
⑤ B, D, E

4. '갑'시에 위치한 B공사 권 대리는 다음과 같은 일정으로 출장을 계획하고 있다. 출장비 지급 내역에 따라 권 대리가 받을 수 있는 출장비의 총액은 얼마인가?

〈지역별 출장비 지급 내역〉

출장 지역	일비	식비
'갑'시	15,000원	15,000원
'갑'시 외 지역	23,000원	17,000원

* 거래처 차량으로 이동할 경우, 일비 5,000원 차감
* 오후 일정 시작일 경우, 식비 7,000원 차감

〈출장 일정〉

출장 일자	지역	출장 시간	이동계획
화요일	'갑'시	09:00~18:00	거래처 배차
수요일	'갑'시 외 지역	10:30~16:00	대중교통
금요일	'갑'시	14:00~19:00	거래처 배차

① 75,000원
② 78,000원
③ 83,000원
④ 85,000원
⑤ 88,000원

5. 많은 전문가들은 미래의 사회는 정보기술(IT), 생명공학(BT), 나노기술(NT), 환경기술(ET), 문화산업(CT), 우주항공기술(ST) 등을 이용한 정보화 산업이 주도해 나갈 것이라고 예언한다. 다음 중, 이와 같은 美來 정보화 사회의 6T 주도 환경의 모습을 설명한 것으로 적절하지 않은 것은 어느 것인가?

① 부가가치 창출 요인이 토지, 자본, 노동에서 지식 및 정보 생산 요소로 전환된다.

② 모든 국가의 시장이 국경 없는 하나의 세계 시장으로 통합되는 세계화가 진전된다.

③ 무한한 정보를 중심으로 하는 열린사회로 정보제공자와 정보소비자의 구분이 명확해진다.

④ 과학적 지식이 폭발적으로 증가한다.

⑤ 새로운 지식과 기술을 개발·활용·공유·저장할 수 있는 지식근로자를 요구한다.

6. 다음 중 기술 혁신의 특징을 올바르게 파악하지 못한 것은 어느 것인가?

① 개발자에게 응분의 보상을 함으로써 그들의 개발의욕을 북돋아주어야 투입된 자금과 인력의 최대 효과를 기대할 수 있다.

② 기술 혁신은 노동 집약적인 활동이다.

③ 기술 혁신은 그 과정 자체가 매우 불확실하고 장기간의 시간을 필요로 한다.

④ 혁신 과정의 불확실성과 모호함은 기업 내에서 많은 논쟁과 갈등을 유발할 수 있다.

⑤ 기술 혁신은 조직의 경계를 넘나드는 특성을 갖고 있다.

7. 다음 글의 내용과 상충하는 것을 모두 고른 것은?

17, 18세기에 걸쳐 각 지역 양반들에 의해 서원이나 사당 건립이 활발하게 진행되었다. 서원이나 사당 대부분은 일정 지역의 유력 가문이 주도하여 자신들의 지위를 유지하고 지역 사회에서 영향력을 행사하는 구심점으로 건립·운영되었다.

이러한 경향은 향리층에게도 파급되어 18세기 후반에 들어서면 안동, 충주, 원주 등에서 향리들이 사당을 신설하거나 중창 또는 확장하였다. 향리들이 건립한 사당은 양반들이 건립한 것에 비하면 얼마 되지 않는다. 하지만 향리들에 의한 사당 건립은 향촌사회에서 향리들의 위세를 짐작할 수 있는 좋은 지표이다.

향리들이 건립한 사당은 그 지역 향리 집단의 공동노력으로 건립한 경우도 있지만, 대부분은 향리 일족 내의 특정한 가계(家系)가 중심이 되어 독자적으로 건립한 것이었다. 이러한 사당은 건립과 운영에 있어서 향리 일족 내의 특정 가계의 이해를 반영하고 있는데, 대표적인 것으로 경상도 거창에 건립된 창충사(彰忠祠)를 들 수 있다.

창충사는 거창의 여러 향리 가운데 신씨가 중심이 되어 세운 사당이다. 영조 4년(1728) 무신란(戊申亂)을 진압하다가 신씨 가문의 다섯 향리가 죽는데, 이들을 추모하기 위해 무신란이 일어난 지 50년이 되는 정조 2년(1778)에 건립되었다. 처음에는 죽은 향리의 자손들이 힘을 모아 사적으로 세웠으나, 10년 후인 정조 12년에 국가에서 제수(祭需)를 지급하는 사당으로 승격하였다.

원래 무신란에서 죽은 향리 중 신씨는 일곱 명이며, 이들의 공로는 모두 비슷하였다. 하지만 두 명의 신씨는 사당에 모셔지지 않았고, 관직이 추증되지도 않았다. 창충사에 모셔진 다섯 명의 향리는 모두 그 직계 자손의 노력에 의한 것이었고, 국가로부터의 포상도 이들의 노력에 의한 것이었다. 반면 두 명의 자손들은 같은 신씨임에도 불구하고 가세가 빈약하여 향촌사회에서 조상을 모실 만큼 힘을 쓸 수 없었다. 향리사회를 주도해 가는 가계는 독점적인 위치를 확고하게 구축하려고 노력하였으며, 사당의 건립은 그러한 노력의 산물이었다.

㉠ 창충사는 양반 가문이 세운 사당이다.

㉡ 양반보다 향리가 세운 사당이 더 많다.

㉢ 양반뿐 아니라 향리가 세운 서원도 존재하였다.

㉣ 창충사에 모셔진 신씨 가문의 향리는 다섯 명이다.

① ㉠㉡

② ㉠㉣

③ ㉢㉣

④ ㉠㉡㉢

⑤ ㉡㉢㉣

8.

다음은 8월 1~10일 동안 도시 5곳에 대한 슈퍼컴퓨터 예측 날씨와 실제 날씨를 정리한 표이다. 이에 대한 설명으로 옳은 내용만 모두 고른 것은?

도시 \ 날짜 구분	8.1.	8.2.	8.3.	8.4.	8.5.	8.6.	8.7.	8.8.	8.9.	8.10.
서울 예측	☔	☁	☀	☔	☀	☔	☔	☔	☀	☁
서울 실제	☔	☀	☔	☔	☀	☀	☔	☔	☀	☔
인천 예측	☀	☔	☀	☔	☁	☀	☔	☔	☔	☀
인천 실제	☔	☀	☀	☔	☁	☀	☔	☔	☔	☀
파주 예측	☔	☀	☔	☔	☔	☀	☔	☀	☔	☔
파주 실제	☔	☔	☀	☁	☔	☁	☔	☔	☔	☔
춘천 예측	☔	☔	☀	☀	☀	☔	☔	☔	☀	☔
춘천 실제	☔	☁	☔	☔	☔	☔	☔	☔	☔	☀
태백 예측	☔	☀	☔	☔	☔	☔	☀	☁	☔	☔
태백 실제	☔	☔	☁	☔	☔	☀	☔	☀	☔	☀

㉠ 서울에서는 예측 날씨가 '비'인 날 실제 날씨도 모두 '비'였다.

㉡ 5개 도시 중 예측 날씨와 실제 날씨가 일치한 일수가 가장 많은 도시는 인천이다.

㉢ 8월 1~10일 중 예측 날씨와 실제 날씨가 일치한 도시 수가 가장 적은 날은 8월 2일이다.

① ㉠

② ㉡

③ ㉢

④ ㉡㉢

⑤ ㉠㉡㉢

9.

다음에서 ㉠~㉢에 들어갈 말이 바르게 나열된 것은?

다음 세대에 유전자를 남기기 위해서는 반드시 암수가 만나 번식을 해야 한다. 그런데 왜 이성이 아니라 동성에게 성적으로 끌리는 사람들이 낮은 빈도로나마 꾸준히 존재하는 것일까? 진화심리학자들은 이 질문에 대해서 여러 가지 가설로 동성애 성향이 유전자를 통해 다음 세대로 전달된다고 설명한다. 그 중 캄페리오-치아니는 동성애 유전자가 X염색체에 위치하고, 동성애 유전자가 남성에게 있으면 자식을 낳아 유전자를 남기는 번식이 감소하지만, 동성애 유전자가 여성에게 있으면 여타 조건이 동일한 상황에서 자식을 많이 낳아 유전자를 많이 남기기 때문에 동성애 유전자가 계속 유전된다고 주장하였다. 인간은 23쌍의 염색체를 갖는데, 그 중 한 쌍이 성염색체로 남성은 XY염색체를 가지며 여성은 XX염색체를 가진다. 한 쌍의 성염색체는 아버지와 어머니로부터 각각 하나씩 받아서 쌍을 이룬다. 즉 남성 성염색체 XY의 경우 X염색체는 어머니로부터 Y염색체는 아버지로부터 물려받고, 여성 성염색체 XX는 아버지와 어머니로부터 각각 한 개씩의 X염색체를 물려받는다. 만약에 동성애 남성이라면 동성애 유전자가 X염색체에 있고 그 유전자는 어머니로부터 물려받은 것이다. 따라서 캄페리오-치아니의 가설이 맞다면 확률적으로 동성애 남성의 (㉠) 한 명이 낳은 자식의 수가 이성애 남성의 (㉡) 한 명이 낳은 자식의 수보다 (㉢)

	㉠	㉡	㉢
①	이모	이모	많다
②	고모	고모	많다
③	이모	고모	적다
④	고모	고모	적다
⑤	이모	이모	적다

┃10~11┃ 공장 주변지역의 농경수 오염에 책임이 있는 기업이 총 70억 원의 예산을 가지고 피해 현황 심사와 보상을 진행한다고 한다. 다음 글을 읽고 물음에 답하시오.

> 총 500건의 피해가 발생했고, 기업측에서는 실제 피해 현황을 심사하여 보상하기로 하였다. 심사에 소요되는 비용은 보상 예산에서 사용한다. 심사를 통해 좀 더 정확한 피해 규모를 파악할 수 있지만, 그에 따라 소요되는 비용 또한 증가하게 된다.
>
> | | 1일째 | 2일째 | 3일째 | 4일째 |
> |---|---|---|---|---|
> | 일별 심사 비용 (억 원) | 0.5 | 0.7 | 0.9 | 1.1 |
> | 일별 보상대상 제외건수 | 50 | 45 | 40 | 35 |
>
> • 보상금 총액＝예산－심사 비용
> • 표는 누적수치가 아닌, 하루에 소요되는 비용을 말함
> • 일별 심사 비용은 매일 0.2억씩 증가하고 제외건수는 매일 5건씩 감소함
> • 제외건수가 0이 되는 날, 심사를 중지하고 보상금을 지급함

10. 기업측이 심사를 중지하는 날까지 소요되는 일별 심사 비용은 총 얼마인가?

① 15억 원
② 15.5억 원
③ 16억 원
④ 16.5억 원
⑤ 17억 원

11. 심사를 중지하고 총 500건에 대해서 보상을 한다고 할 때, 보상대상자가 받는 건당 평균 보상금은 대략 얼마인가?

① 약 1천만 원
② 약 2천만 원
③ 약 3천만 원
④ 약 4천만 원
⑤ 약 5천만 원

12. 다음은 정보 분석 절차를 도식화한 것이다. 이를 참고할 때, 공공기관이 새롭게 제정한 정책을 시행하기 전 설문조사를 통하여 시민의 의견을 알아보는 행위가 포함되는 것은 ㉠~㉤ 중 어느 것인가?

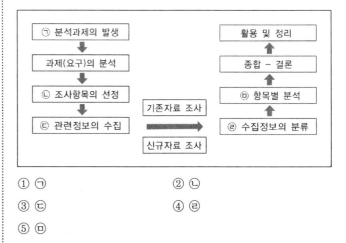

① ㉠
② ㉡
③ ㉢
④ ㉣
⑤ ㉤

13. 기술이란 물리적인 것뿐만 아니라 사회적인 것으로서, 지적인 도구를 특정한 목적에 사용하는 지식체계를 의미한다. 다음 중 이러한 기술에 대한 설명으로 올바르지 않은 것은 어느 것인가?

① 기술 중 know-how는 특허권을 얻은 과학자, 엔지니어 등이 가지고 있는 체화된 기술로 어떻게 기술이 성립하고 작용하는가에 관한 원리적 측면에 중심을 두었다.
② 기술은 원래 know-how 개념이 강했으나 점차 know-why가 결합하게 되었다.
③ 현대적 기술은 주로 과학을 기반으로 하는 기술로 이루어져 있다.
④ 제품이나 용역을 생산하는 원료, 생산공정, 생산방법, 자본재 등에 관한 지식의 종합을 기술이라 한다.
⑤ know-how는 경험적이고 반복적인 행위에 의해 얻어진다.

14. 다음 A~F에 대한 평가로 적절하지 못한 것은?

어느 때부터 인간으로 간주할 수 있는가와 관련된 주제는 인문학뿐만 아니라 자연과학에서도 흥미로운 주제이다. 특히 태아의 인권 취득과 관련하여 이러한 주제는 다양하게 논의되고 있다. 과학적으로 볼 때, 인간은 수정 후 시간이 흐름에 따라 수정체, 접합체, 배아, 태아의 단계를 거쳐 인간의 모습을 갖추게 되는 수준으로 발전한다. 수정 후에 태아가 형성되는 데까지는 8주 정도가 소요되는데 배아는 2주 경에 형성된다. 10달의 임신 기간은 태아 형성기, 두뇌의 발달 정도 등을 고려하여 4기로 나뉘는데, 1~3기는 3개월 단위로 나뉘고 마지막 한 달은 4기에 해당한다. 이러한 발달 단계의 어느 시점에서부터 그 대상을 인간으로 간주할 것인지에 대해서는 다양한 견해들이 있다.

A에 따르면 태아가 산모의 뱃속으로부터 밖으로 나올 때 즉 태아의 신체가 전부 노출이 될 때부터 인간에 해당한다. B에 따르면 출산의 진통 때부터는 태아가 산모로부터 독립해 생존이 가능하기 때문에 그때부터 인간에 해당한다. C는 태아가 형성된 후 4개월 이후부터 인간으로 간주한다. 지각력이 있는 태아는 보호받아야 하는데 지각력이 있어서 필수 요소인 전뇌가 2기부터 발달하기 때문이다. D에 따르면 정자와 난자가 합쳐졌을 때, 즉 수정체부터 인간에 해당한다. 그 이유는 수정체는 생물학적으로 인간으로 태어날 가능성을 갖고 있기 때문이다. E에 따르면 합리적 사고를 가능하게 하는 뇌가 생기는 시점 즉 배아에 해당하는 때부터 인간에 해당한다. F는 수정될 때 영혼이 생기기 때문에 수정체부터 인간에 해당한다고 본다.

① A가 인간으로 간주하는 대상은 B도 인간으로 간주한다.
② C가 인간으로 간주하는 대상은 E도 인간으로 간주한다.
③ D가 인간으로 간주하는 대상은 E도 인간으로 간주한다.
④ D가 인간으로 간주하는 대상은 F도 인간으로 간주하지만, 그렇게 간주하는 이유는 다르다.
⑤ 접합체에도 영혼이 존재할 수 있다는 연구결과를 얻더라도 F의 견해는 설득력이 떨어지지 않는다.

15. 다음 표는 A지역 전체 가구를 대상으로 원자력발전소 사고 전·후 식수 조달원 변경에 대해 사고 후 설문조사한 결과이다. 사고 전에 비해 사고 후에 이용 가구 수가 감소한 식수 조달원의 수는 몇 개인가? (단, A지역 가구의 식수 조달원은 수돗물, 정수, 약수, 생수로 구성되며, 각 가구는 한 종류의 식수 조달원만 이용한다.)

〈원자력발전소 사고 전·후 A지역 조달원별 가구 수〉

(단위 : 가구)

사고 전 조달원 \ 사고 후 조달원	수돗물	정수	약수	생수
수돗물	40	30	20	30
정수	10	50	10	30
약수	20	10	10	40
생수	10	10	10	40

① 0개   ② 1개

③ 2개   ④ 3개

⑤ 4개

16. 다음으로부터 추론한 것으로 옳은 것만을 〈보기〉에서 모두 고른 것은?

경비업체 SEOWON은 보안 점검을 위탁받은 한 건물 내에서 20개의 점검 지점을 지정하여 관리하고 있다. 보안 담당자는 다음 〈규칙〉에 따라 20개 점검 지점을 방문하여 이상 여부를 기록한다.

〈규칙〉
• 첫 번째 점검에서는 1번 지점에서 출발하여 20번 지점까지 차례로 모든 지점을 방문한다.
• 두 번째 점검에서는 2번 지점에서 출발하여 한 개 지점씩 건너뛰고 점검한다. 즉 2번 지점, 4번 지점, …, 20번 지점까지 방문한다.
• 세 번째 점검에서는 3번 지점에서 출발하여 두 개 지점씩 건너뛰고 점검한다. 즉 3번 지점, 6번 지점, …, 18번 지점까지 방문한다.
• 이런 식으로 방문이 이루어지다가 20번째 점검에서 모든 점검이 완료된다.

〈보기〉
㉠ 20번 지점은 총 6회 방문하게 된다.
㉡ 2회만 방문한 지점은 총 8개이다.
㉢ 한 지점을 최대 8회 방문할 수 있다.

① ㉠   ② ㉢

③ ㉠㉡   ④ ㉡㉢

⑤ ㉠㉡㉢

17. 다음 보기 중, 정보통신기술 관련 용어를 올바르게 설명하지 못한 것은 어느 것인가?

① 지그비(Zigbee) : 각종 센서에서 수집한 정보를 무선으로 수집할 수 있도록 구성한 사물 통신망

② RFID : 전파를 이용해 정보를 인식하는 기술로 출입 관리, 주차 관리 등에 주로 사용된다.

③ 텔레매틱스 : 자동차와 무선 통신을 결합한 새로운 개념의 차량 무선 인터넷 서비스

④ 와이브로 : 무선과 광대역 인터넷을 통합한 의미로, 휴대용 단말기를 이용하여 정지 및 이동 중에 인터넷에 접속이 가능하도록 하는 서비스

⑤ ALL-IP : PSTN과 같은 유선전화망과 무선망, 패킷 데이터망과 같은 기존 통신망 모두가 하나의 IP 기반 망으로 통합되는 것

18. 사내 기술관리자로서 기술이나 추세에 대한 이해능력과 기술팀을 통합할 수 있는 능력을 겸비하고 있는 A씨가 기술경영자로 한 단계 도약을 하기 위하여 요구되는 능력을 다음에서 모두 고른 것은 어느 것인가?

㉠ 기술을 기업의 전략 목표에 통합시키는 능력
㉡ 기술을 효과적으로 평가할 수 있는 능력
㉢ 시스템적인 관점에서 인식하는 능력
㉣ 신제품 개발 시간을 단축할 수 있는 능력
㉤ 기술 전문 인력을 운용할 수 있는 능력

---

① ㉠, ㉡, ㉣

② ㉠, ㉡, ㉤

③ ㉡, ㉣, ㉤

④ ㉠, ㉣, ㉤

⑤ ㉠, ㉡, ㉣, ㉤

19. 다음에 설명된 '자연적'의 의미를 바르게 적용한 것은?

미덕은 자연적인 것이고 악덕은 자연적이지 않은 것이라는 주장보다 더 비철학적인 것은 없다. 자연이라는 단어가 다의적이기 때문이다. '자연적'이라는 말의 첫 번째 의미는 '기적적'인 것의 반대로서, 이런 의미에서는 미덕과 악덕 둘 다 자연적이다. 자연법칙에 위배되는 현상인 기적을 제외한 세상의 모든 사건이 자연적이다. 둘째로, '자연적'인 것은 '흔하고 일상적'인 것을 의미하기도 한다. 이런 의미에서 미덕은 아마도 가장 '비자연적'일 것이다. 적어도 흔하지 않다는 의미에서의 영웅적인 덕행은 짐승 같은 야만성만큼이나 자연적이지 못할 것이다. 세 번째 의미로서, '자연적'은 '인위적'에 반대된다. 행위라는 것 자체가 특정 계획과 의도를 지니고 수행되는 것이라는 점에서, 미덕과 악덕은 둘 다 인위적인 것이라 할 수 있다. 그러므로 '자연적이다', '비자연적이다'라는 잣대로 미덕과 악덕의 경계를 그을 수 없다.

---

① 수재민을 돕는 것은 첫 번째와 세 번째 의미에서 자연적이다.

② 논개의 살신성인적 행위는 두 번째와 세 번째 의미에서 자연적이지 않다.

③ 내가 산 로또 복권이 당첨되는 일은 첫 번째와 두 번째 의미에서 자연적이지 않다.

④ 벼락을 두 번이나 맞고도 살아남은 사건은 첫 번째와 두 번째 의미에서 자연적이다.

⑤ 개가 낯선 사람을 보고 짖는 것은 두 번째 의미에서는 자연적이지 않지만, 세 번째 의미에서는 자연적이다.

20. 다음 표는 'A'국 전체 근로자의 회사 규모 및 근로자 직급별 출퇴근 소요시간 분포와 유연근무제도 유형별 활용률에 관한 자료이다. 이에 대한 설명으로 옳은 것은?

회사 규모 및 근로자 직급별 출퇴근 소요시간 분포

(단위 : %)

규모 및 직급	출퇴근 소요시간	30분 이하	30분 초과 60분 이하	60분 초과 90분 이하	90분 초과 120분 이하	120분 초과 150분 이하	150분 초과 180분 이하	180분 초과	전체
규모	중소기업	12.2	34.6	16.2	17.4	8.4	8.5	2.7	100.0
	중견기업	22.8	35.7	16.8	16.3	3.1	3.4	1.9	100.0
	대기업	21.0	37.7	15.3	15.6	4.7	4.3	1.4	100.0
직급	대리급 이하	20.5	37.3	15.5	13.8	5.0	5.3	2.6	100.0
	과장급	16.9	31.6	16.7	19.8	5.6	7.7	1.7	100.0
	차장급 이상	12.6	36.3	18.3	19.4	7.3	4.2	1.9	100.0

회사 규모 및 근로자 직급별 유연근무제도 유형별 활용률

(단위 : %)

규모 및 직급	유연근무제도 유형	재택 근무제	원격 근무제	탄력 근무제	시차 출퇴근제
규모	중소기업	10.4	54.4	15.6	41.7
	중견기업	29.8	11.5	39.5	32.0
	대기업	8.6	23.5	19.9	27.0
직급	대리급 이하	0.7	32.0	23.6	29.0
	과장급	30.2	16.3	27.7	28.7
	차장급 이상	14.2	26.4	25.1	33.2

① 출퇴근 소요시간이 60분 이하인 근로자 수는 출퇴근 소요시간이 60분 초과인 근로자 수보다 모든 직급에서 많다.

② 출퇴근 소요시간이 90분 초과인 대리급 이하 근로자 비율은 탄력근무제를 활용하는 대리급 이하 근로자 비율보다 낮다.

③ 출퇴근 소요시간이 120분 이하인 과장급 근로자 중에는 원격근무제를 활용하는 근로자가 있다.

④ 원격근무제를 활용하는 중소기업 근로자 수는 탄력근무제와 시차출퇴근제 중 하나 이상을 활용하는 중소기업 근로자 수보다 적다.

⑤ 출퇴근 소요시간 60분 이하인 차장급 이상 근로자 수는 원격근무제와 탄력근무제 중 하나 이상을 활용하는 차장급 이상 근로자 수보다 적다.

21. 다음 내용과 전투능력을 가진 생존자 현황을 근거로 판단할 경우 생존자들이 탈출할 수 있는 경우로 옳은 것은? (단, 다른 조건은 고려하지 않는다)

- 좀비 바이러스에 의해 라쿤 시티에 거주하던 많은 사람들이 좀비가 되었다. 건물에 갇힌 생존자들은 동, 서, 남, 북 4개의 통로를 이용해 5명씩 탈출을 시도한다. 탈출은 통로를 통해서만 가능하며, 한 쪽 통로를 선택하면 되돌아올 수 없다.
- 동쪽 통로에 11마리, 서쪽 통로에 7마리, 남쪽 통로에 11마리, 북쪽 통로에 9마리의 좀비들이 있다. 선택한 통로의 좀비를 모두 제거해야만 탈출할 수 있다.
- 남쪽 통로의 경우, 통로 끝이 막혀 탈출을 할 수 없지만 팀에 폭파전문가가 있다면 다이너마이트를 사용하여 막힌 통로를 뚫고 탈출할 수 있다.
- 전투란 생존자가 좀비를 제거하는 것을 의미하며 선택한 통로에서 일시에 이루어진다.
- 전투능력은 정상인 건강상태에서 해당 생존자가 전투에서 제거하는 좀비의 수를 의미하며, 질병이나 부상상태인 사람은 그 능력이 50%로 줄어든다.
- 전투력 강화제는 건강상태가 정상인 생존자들 중 1명에게만 사용할 수 있으며, 전투능력을 50% 향상시킨다. 사용 가능한 대상은 의사 혹은 의사의 팀 내 구성원이다.
- 생존자의 직업은 다양하며, 아이와 노인은 전투능력과 보유품목이 없고 건강상태는 정상이다.

전투능력을 가진 생존자 현황

직업	인원	전투능력	건강상태	보유품목
경찰	1명	6	질병	-
헌터	1명	4	정상	-
의사	1명	2	정상	전투력 강화제 1개
사무라이	1명	8	정상	-
폭파전문가	1명	4	부상	다이너마이트

	탈출 통로	팀 구성 인원
①	동쪽 통로	폭파전문가 – 사무라이 – 노인 3명
②	서쪽 통로	헌터 – 경찰 – 아이 2명 – 노인
③	남쪽 통로	헌터 – 폭파전문가 – 아이 – 노인 2명
④	남쪽 통로	폭파전문가 – 헌터 – 의사 – 아이 2명
⑤	북쪽 통로	경찰 – 의사 – 아이 2명 – 노인

22. 다음 상황에서 총 순이익 200억 원 중에 Y사가 150억 원을 분배 받았다면 Y사의 연구개발비는 얼마인가?

X사와 Y사는 신제품을 공동개발하여 판매한 총 순이익을 다음과 같은 기준에 의해 분배하기로 약정하였다.
- 1번째 기준 : X사와 Y사는 총 순이익에서 각 회사 제조원가의 10%에 해당하는 금액을 우선 각자 분배받는다.
- 2번째 기준 : 총 순수익에서 위의 1번째 기준에 의해 분배 받은 금액을 제외한 나머지 금액에 대한 분배는 각 회사가 연구개발에 지출한 비용에 비례하여 분배액을 정한다.

〈신제품 개발과 판례에 따른 연구개발비용과 총 순이익〉

(단위 : 억 원)

구분	X사	Y사
제조원가	200	600
연구개발비	100	( )
총 순이익	200	

① 200억 원　　　　② 250억 원
③ 300억 원　　　　④ 350억 원
⑤ 360억 원

23. 다음 중 '유틸리티 프로그램'으로 볼 수 없는 것은 어느 것인가?
① 고객 관리 프로그램
② 화면 캡쳐 프로그램
③ 이미지 뷰어 프로그램
④ 동영상 재생 프로그램
⑤ 바이러스 백신 프로그램

|24~25| 다음은 어느 디지털 캠코더의 사용설명서이다. 이를 읽고 물음에 답하시오.

고장신고 전 확인사항

캠코더에 문제가 있다고 판단될 시 다음 사항들을 먼저 확인해 보시고 그래도 문제해결이 되지 않을 경우 가까운 A/S센터를 방문해 주세요.

1. 배터리 관련

화면표시	원인	조치 및 확인사항
배터리 용량이 부족합니다.	배터리가 거의 소모되었습니다.	충전된 배터리로 교체하거나 전원공급기를 연결하세요.
정품 배터리가 아닙니다.	배터리의 정품여부를 확인할 수 없습니다.	배터리가 정품인지 확인 후 새 배터리로 교체하세요.

2. 동영상 편집

화면표시	원인	조치 및 확인사항
다른 해상도는 선택할 수 없습니다.	서로 다른 해상도의 동영상은 합쳐지지 않습니다.	서로 다른 해상도의 동영상은 합치기 기능을 사용할 수 없습니다.
메모리 카드 공간이 충분하지 않습니다.	편집 시 사용할 메모리 카드의 공간이 부족합니다.	불필요한 파일을 삭제한 후 편집기능을 실행하세요.
합치기를 위해 2개의 파일만 선택해 주세요.	합치기 기능은 2개의 파일만 가능합니다.	먼저 2개의 파일을 합친 후 나머지 파일을 합쳐주세요. 단, 총 용량이 1.8GB 이상일 경우 합치기는 불가능합니다.
파일의 크기가 1.8GB가 넘습니다.	총 용량이 1.8GB 이상인 파일은 합치기가 불가능합니다.	파일 나누기 기능을 실행하여 불필요한 부분을 제거한 후 합치기를 실행하세요.

3. 촬영관련

화면표시	원인	조치 및 확인사항
쓰기 실패하였습니다.	저장매체에 문제가 있습니다.	• 데이터 복구를 위해 기기를 껐다가 다시 켜세요. • 중요한 파일은 컴퓨터에 복사한 후 저장매체를 포맷하세요.
스마트 오토 기능을 해제해 주세요.	스마트 오토 기능이 실행 중일 때는 일부 기능을 수동으로 설정할 수 없습니다.	스마트 오토 모드를 해제하세요.

24. 캠코더를 사용하다가 갑자기 화면에 '메모리 카드 공간이 충분하지 않습니다.'라는 문구가 떴다. 이를 해결하는 방법으로 가장 적절한 것은?

① 스마트 오토 모드를 해제한다.
② 불필요한 파일을 삭제한 후 편집기능을 실행한다.
③ 충전된 배터리로 교체하거나 전원공급기를 연결한다.
④ 중요한 파일은 컴퓨터에 복사한 후 저장매체를 포맷한다.
⑤ 파일 나누기 기능을 실행한다.

25. 캠코더 화면에 '쓰기 실패하였습니다.'라는 문구가 뜨면 어떻게 대처해야 하는가?

① 파일 나누기 기능을 실행하여 불필요한 부분을 제거한 후 합치기를 실행한다.
② 서로 다른 해상도의 동영상은 합치기 기능을 사용할 수 없다.
③ 배터리가 정품인지 확인 후 새 배터리로 교체한다.
④ 데이터 복구를 위해 기기를 껐다가 다시 켠다.
⑤ 스마트 오토 모드를 해제한다.

26. 다음 글을 통해 추론할 수 있는 내용으로 가장 적절한 것은?

카발리는 윌슨이 모계 유전자인 mtDNA 연구를 통해 발표한 인류 진화 가설을 설득력 있게 확인시켜 줄 수 있는 실험을 제안했다. 만약 mtDNA와는 서로 다른 독립적인 유전자 가계도를 통해서도 같은 결론에 도달할 수 있다면 윌슨의 인류 진화에 대한 가설을 강화할 수 있다는 것이다.

이에 언더힐은 Y염색체를 인류 진화 연구에 이용하였다. 그가 Y염색체를 연구에 이용한 이유가 있다. 그것은 Y염색체가 하나씩 존재하는 특성이 있어 재조합을 일으키지 않고, 그 점은 연구 진행을 수월하게 하기 때문이다. 그는 Y염색체를 사용한 부계 연구를 통해 윌슨이 밝힌 연구결과와 매우 유사한 결과를 도출했다. 언더힐의 가계도도 윌슨의 가계도와 마찬가지로 아프리카 지역의 인류 원조 조상에 뿌리를 두고 갈라져 나오는 수형도였다. 또 그 수형도는 인류학자들이 상상한 장엄한 떡갈나무가 아니라 윌슨이 분석해 놓은 약 15만 년밖에 안 된 키 작은 나무와 매우 유사하였다.

별개의 독립적인 연구로 얻은 두 자료가 인류의 과거를 똑같은 모습으로 그려낸다면 그것은 대단한 설득력을 지닌다. mtDNA와 같은 하나의 영역만이 연구된 상태에서는 그 결과가 시사적이기는 해도 결정적이지는 않다. 그 결과의 양상은 단지 DNA의 특정 영역에 일어난 특수한 역사만을 반영하는 것일 수도 있기 때문이다. 하지만 언더힐은 Y염색체에서 유사한 양상을 발견함으로써 그 불완전성은 크게 줄어들었다. 15만 년 전에 아마도 전염병이나 기후 변화로 인해 유전자 다양성이 급격하게 줄어드는 현상이 일어났을 것이다.

① 윌슨의 mtDNA 연구결과는 인류 진화 가설에 대한 결정적인 증거였다.
② 부계 유전자 연구와 모계 유전자 연구를 통해 얻은 각각의 인류 진화 수형도는 매우 비슷하다.
③ 윌슨과 언더힐의 연구결과는 현대 인류 조상의 기원에 대한 인류학자들의 견해를 뒷받침한다.
④ 언더힐은 우리가 갖고 있는 Y염색체 연구를 통해 인류가 아프리카에서 유래했다는 것을 부정했다.
⑤ 언더힐이 Y염색체를 인류 진화 연구에 이용한 것은 염색체 재조합으로 인해 연구가 쉬워졌기 때문이다.

27. 다음 자료는 'A'국의 부동산 투기 억제 정책과 세대유형별 주택담보대출에 관한 자료이다. 'A'국 정부가 심화되는 부동산 투기를 억제하고자 2017년 8월 2일에 부동산 대책을 발표하였고 부동산 대책에 따라 투기지역의 주택을 구매할 때 구매 시점부터 적용되는 세대 유형별 주택담보대출비율(LTV)과 총부채상환비율(DTI)은 2017년 8월 2일부터 변경 적용되며, 2018년 4월 1일부터는 DTI 산출 방식이 변경 적용될 때 〈보기〉에 ㉠과 ㉡에 들어갈 값으로 알맞은 것은?

〈세대유형별 LTV, DTI 변경 내역〉

(단위 : %)

구분 세대유형	LTV		DTI	
	변경 전	변경 후	변경 전	변경 후
서민 실수요 세대	70	50	60	50
주택담보대출 보유 세대	50	30	40	30

※ 1) 구매하고자 하는 주택을 담보로 한 신규 주택담보대출 최대금액은 LTV에 따른 최대금액과 DTI에 따른 최대금액 중 작은 금액이다.

2) $LTV(\%) = \dfrac{\text{신규 주택담보대출최대금액}}{\text{주택공시가격}} \times 100$

3) 2018년 3월 31일까지의 DTI 산출방식

$DTI(\%) = \dfrac{\text{신규 주택담보대출}\ \text{최대금액의 연 원리금 상환액} + \text{기타 대출}\ \text{연 이자 상환액}}{\text{연간소득}} \times 100$

4) 2018년 4월 1일부터의 DTI 산출방식

$DTI(\%) = \dfrac{\text{신규 주택담보대출}\ \text{최대금액의 연 원리금 상환액} + \text{기 주택담보대출}\ \text{연 원리금 상환액} + \text{기타 대출}\ \text{연 이자 상환액}}{\text{연간소득}} \times 100$

〈甲, 乙 세대의 신규 주택담보대출 금액산출 근거〉

(단위 : 만 원)

세대	세대 유형	기 주택담보대출 연 원리금 상환액	기타 대출 연 이자 상환액	연간소득
甲	서민 실수요 세대	0	500	3,000
乙	주택담보대출 보유 세대	1,200	100	10,000

※ 1) 신규 주택담보대출 최대금액의 연 원리금 상환액은 신규 주택담보대출 최대금액의 10%임

2) 기 주택담보대출 연 원리금 상환액, 기타 대출 연 이자 상환액, 연간소득은 변동 없음

〈보기〉

(가) 투기지역의 공시가격 4억 원인 주택을 2017년 10월에 구매하는 甲 세대가 구매 시점에 적용받는 신규 주택담보대출 최대금액은 (㉠)원이다.

(나) 투기지역의 공시가격 4억 원인 주택을 구매하는 乙 세대가 2018년 10월 구매 시점에 적용받는 신규 주택담보대출 최대금액과 2017년 10월 구매 시점에 적용받는 신규 주택담보대출 최대금액의 차이는 (㉡)원이다.

	㉠	㉡
①	2억	8천만
②	2억	6천만
③	1억	4천만
④	1억	2천만
⑤	1억	0

28. A~E 5명은 영어시험으로 말하기, 듣기, 쓰기, 읽기 네 가지 다른 영역의 시험을 각각 1시간씩 네 시간에 걸쳐 봐야 한다. 또한 1번부터 5번까지 순서대로 번호가 붙은 시험장을 한 곳씩 사용하며 각자 자신의 시험장에서 1시간마다 다른 영역의 시험을 봐야 한다. 아래 〈조건〉의 내용을 참고할 때 〈보기〉의 설명 중 옳지 않은 것을 모두 고르면?

〈조건〉

1) 같은 시간대에서는 인접한 두 시험장에서 동일한 영역을 시험볼 수 없다.

2) A는 3번 시험장을 사용하고, 두 번째 시험으로 읽기 시험을 본다.

3) B는 마지막 시간대에 쓰기 시험을 보고, 세 번째 시험에 A와 같은 영역의 시험을 본다.

4) E는 5번 시험장을 사용하고, 처음 시작할 때 듣기 시험을 봤으며, 마지막 시험은 읽기 시험이다.

5) B와 D는 마지막 시간대에 같은 영역의 시험을 본다.

6) 2번과 4번 시험장에 있는 수험생들은 처음에 반드시 읽기를 제외한 같은 영역의 시험을 본다.

㉠ E는 두 번째 시간대에 말하기나 쓰기 시험을 봐야 한다.

㉡ A가 세 번째 시간대에 말하기 시험을 본다면, B는 처음에 반드시 읽기 시험을 봐야 한다.

㉢ B가 처음에 읽기 시험, 두 번째 시간대에 말하기 시험을 본다면 A는 처음에 말하기 시험을 봐야 한다.

㉣ C의 마지막 시험이 듣기 시험일 때 A의 마지막 시험은 말하기 시험이다.

① ㉠㉡

② ㉠㉢

③ ㉠㉣

④ ㉡㉢

⑤ ㉢㉣

29. 이번에 탄생한 TF팀에서 팀장과 부팀장을 선정하려고 한다. 선정기준은 이전에 있던 팀에서의 근무성적과 성과점수, 봉사점수 등을 기준으로 한다. 구체적인 선정기준이 다음과 같을 때 선정되는 팀장과 부팀장을 바르게 연결한 것은?

〈선정기준〉
- 최종점수가 가장 높은 직원이 팀장이 되고, 팀장과 다른 성별의 직원 중에서 가장 높은 점수를 받은 직원이 부팀장이 된다(예를 들어 팀장이 남자가 되면, 여자 중 최고점을 받은 직원이 부팀장이 된다).
- 근무성적 40%, 성과점수 40%, 봉사점수 20%로 기본점수를 산출하고, 기본점수에 투표점수를 더하여 최종점수를 산정한다.
- 투표점수는 한 명당 5점이 부여된다(예를 들어 2명에게서 한 표씩 받으면 10점이다).

〈직원별 근무성적과 점수〉

직원	성별	근무성적	성과점수	봉사점수	투표한 사람수
고경원	남자	88	92	80	2
박하나	여자	74	86	90	1
도경수	남자	96	94	100	0
하지민	여자	100	100	75	0
유해영	여자	80	90	80	2
문정진	남자	75	75	95	1

① 고경원 – 하지민
② 고경원 – 유해영
③ 하지민 – 도경수
④ 하지민 – 문정진
⑤ 고경원 – 박하나

30. 다음 중 네트워크 관련 장비의 이름과 해당 설명이 올바르게 연결되지 않은 것은 어느 것인가?

① 게이트웨이(Gateway)란 주로 LAN에서 다른 네트워크에 데이터를 보내거나 다른 네트워크로부터 데이터를 받아들이는 데 사용되는 장치를 말한다.
② 허브(Hub)는 네트워크를 구성할 때 각 회선을 통합적으로 관리하여 한꺼번에 여러 대의 컴퓨터를 연결하는 장치를 말한다.
③ 리피터(Repeater)는 네트워크 계층의 연동 장치로, 최적 경로 설정에 이용되는 장치이다.
④ 스위칭 허브(Switching Hub)는 근거리통신망 구축 시 단말기의 집선 장치로 이용하는 스위칭 기능을 가진 통신 장비로, 통신 효율을 향상시킨 허브로 볼 수 있다.
⑤ 브리지(Bridge)는 두 개의 근거리통신망 시스템을 이어주는 접속 장치를 일컫는 말이며, 양쪽 방향으로 데이터의 전송만 해줄 뿐 프로토콜 변환 등 복잡한 처리는 불가능하다.

31. 기술무역(Technology Trade)은 기술지식과 기술서비스 등과 관련된 국제적 · 상업적 비용의 지출 및 수입이 있는 거래를 지칭하는 것으로 특허 판매 및 사용료, 발명, 노하우의 전수, 기술지도, 엔지니어링 컨설팅, 연구개발 서비스 등이 여기에 포함된다. 다음 중 이러한 기술무역에 대한 올바른 설명이 아닌 것은 어느 것인가?

① 국가 간 기술 흐름과 해당 국가의 기술 및 산업구조 변화를 측정하는 중요한 지표로 활용될 수 있다.
② 기술무역을 통해 개발도상국의 경우 선진기술을 도입하고 흡수하여 자체개발 능력을 확충하고 산업구조를 고도화시켜 나갈 수 있다.
③ 기술개발의 결과물은 곧바로 상품수출로 이어질 수 있어 빠른 이익 창출을 기대할 수 있는 효과적인 무역 방법이다.
④ 우리나라는 외국의 선진기술을 빠르게 도입하여 상품을 제조 · 수출하여 발전해 왔으므로 기술무역수지 적자가 상품무역 흑자에 기여하는 측면이 있다.
⑤ 글로벌 기업의 경우 해외 생산 및 판매 거점을 만들면서 본국으로부터의 기술과 노하우의 이전 과정을 통해 부가가치를 창출할 수 있다.

32. 다음 글의 밑줄 친 ㉠~㉤ 중, 전체 글의 문맥과 논리적으로 어울리지 않는 의미를 포함하고 있는 것은 어느 것인가?

정부의 지방분권 강화의 흐름은 에너지정책 측면에서도 매우 시의적절해 보인다. 왜냐하면 현재 정부가 강력히 추진 중인 에너지전환정책의 성공 여부는 그 특성상 지자체의 협력과 역할에 달려 있기 때문이다.

현재까지의 중앙 정부 중심의 에너지정책은 필요한 에너지를 값싸게 충분히 안정적으로 공급한다는 공급관리 목표를 달성하는 데 매우 효율적이었다고 평가할 수 있다. 또한 중앙 정부 부처가 주도하는 현재의 정책 결정 구조는 에너지공급 설비와 비용을 최소화할 수 있으며, ㉠일관된 에너지정책을 추구하여 개별 에너지정책들 간의 충돌을 최소화할 수 있는 장점이 있다. 사실, 특정지역 대형설비 중심의 에너지정책을 추진할 때는 지역 경제보다는 국가경제 차원의 비용편익 분석이 타당성을 확보할 수 있고, 게다가 ㉡사업 추진 시 상대해야 할 민원도 특정지역으로 한정되는 경우가 많기 때문에 중앙정부 차원에서의 정책 추진이 효율적일 수 있다.

그러나 신재생에너지 전원과 같이 소규모로 거의 전 국토에 걸쳐 설치되어야 하는 분산형 전원 비중이 높아지는 에너지전환정책 추진에는 사정이 달라진다. 중앙 정부는 실제 설비가 들어서는 수많은 개별 지역의 특성을 세심히 살펴 추진할 수 없어 소규모 전원의 전국적 관리는 불가능하다. 실제로 현재 태양광이나 풍력의 보급이 지체되는 가장 큰 이유로 지자체의 인허가 단계에서 발생하는 다양한 민원이 지적되고 있다. 중앙정부 차원에서 평가한 신재생에너지의 보급 잠재력이 아무리 많아도, 실제 사업단계에서 부딪치는 다양한 어려움을 극복하지 못하면 보급 잠재력은 허수에 지나지 않게 된다. 따라서 ㉢소규모 분산전원의 확대는 거시적 정책이 아니라 지역별 특성을 세심히 고려한 미시적 정책에 달려 있다고 해도 지나치지 않다. 당연히 지역 특성을 잘 살필 수 있는 지자체가 분산전원 확산에 주도권을 쥐는 편이 에너지전환정책의 성공에 도움이 될 수 있다.

이뿐만 아니라 경제가 성장하면서 에너지소비 구조도 전력, 도시가스, 지역난방 등과 같은 네트워크에너지 중심으로 변화하다 보니 지역별 공급비용에 대한 불균형을 고려해 ㉣지역별 요금을 단일화해야 한다는 목소리도 점점 커지고 있고, 환경과 안전에 대한 국민들의 인식도 과거와 비교해 매우 높아져 이와 관련한 지역 사안에 관심도 커지고 있다. 이러한 변화는 때로는 지역 간 갈등으로 혹은 에너지시설 건설에 있어 님비(NIMBY)현상 등으로 표출되기도 한다. 모두 지역의 특성을 적극적으로 감안하고 지역주민들의 의견을 모아 해결해야 할 사안이다. 당연히 중앙정부보다 지자체가 훨씬 잘 할 수 있는 영역이다.

하지만 중앙정부의 역할이 결코 축소되어서는 안 된다. 소규모 분산전원이 확대됨에 따라 ㉤에너지공급의 안정성을 유지하기 위해 현재보다 더 많은 에너지 설비가 요구될 수 있으며 설비가 소형화되면서 공급 비용과 비효율성이 높아질 우려도 있기 때문이다. 따라서 지역 간 에너지시스템을 연계하는 등 공급 효율성을 높이기 위해 지자체 간의 협력과 중앙정부

의 조정기능이 더욱 강조되어야 한다. 에너지전환정책은 중앙 정부와 지자체 모두의 에너지정책 수요를 증가시키고 이들 간의 협력의 필요성을 더욱 요구할 것이다.

① ㉠   ② ㉡

③ ㉢   ④ ㉣

⑤ ㉤

33. 다음은 2015년과 2018년에 甲~丁 국가 전체 인구를 대상으로 통신 가입자 현황을 조사한 자료이다. 〈보기〉에서 이에 대한 설명으로 옳지 않은 것을 모두 고른 것은?

〈국가별 2015년과 2018년 통신 가입자 현황〉

(단위 : 만 명)

연도 구분 국가	2015				2018			
	유선 통신 가입자	무선 통신 가입자	유·무 선 통신 동시 가입자	미 가입자	유선 통신 가입자	무선 통신 가입자	유·무 선 통신 동시 가입자	미 가입자
甲	( )	4,100	700	200	1,600	5,700	400	100
乙	1,900	3,000	300	400	1,400	( )	100	200
丙	3,200	7,700	( )	700	3,000	5,500	1,100	400
丁	1,100	1,300	500	100	1,100	2,500	800	( )

※ 유·무선 통신 동시 가입자는 유선 통신 가입자와 무선 통신 가입자에도 포함됨

〈보기〉

㉠ 甲국의 2015년 인구 100명당 유선 통신 가입자가 40명이라면, 유선 통신 가입자는 2,200만 명이다.

㉡ 乙국의 2015년 대비 2018년 무선 통신 가입자 수의 비율이 1.5라면, 2018년 무선 통신 가입자는 5,000만 명이다.

㉢ 丁국의 2015년 대비 2018년 인구 비율이 1.5라면, 2018년 미가입자는 200만 명이다.

㉣ 2015년 유선 통신만 가입한 인구는 乙국이 丁국의 3배가 안 된다.

① ㉠㉡

② ㉠㉢

③ ㉡㉢

④ ㉡㉣

⑤ ㉢㉣

다음은 ○○공사 신혼희망타운 분양가이드 중 신청자격에 대한 내용이다. 이에 대한 물음에 답하시오

1. 입주자격 조건

㉠ 입주자 모집 공고일부터 입주할 때까지 무주택세대구성원일 것

㉡ 혼인기간 7년 이내인 신혼부부, 혼인을 예정하고 있으며 공고일로부터 1년 이내에 혼인 사실을 증명할 수 있는 예비신혼부부, 6세 이하(만 7세 미만)의 자녀를 둔 한부모가족의 부 또는 모

㉢ 주택청약종합저축(청약저축 포함)에 가입하여 가입기간 6개월 경과, 납입횟수 6회 이상 인정된 분

㉣ 전년도 도시근로자 월평균소득의 120% 이하인 분(배우자가 근로소득 또는 사업소득이 있는 맞벌이의 경우 130% 이하를 말함)

㉤ 총자산(토지 + 건물 + 자동차 + 금융자산 − 부채) 합계액이 기준가액 이하인 분

2. 입주자 선정 순위

㉠ (우선공급) 건설량의 30%를 혼인기간 2년 이내인 신혼부부, 예비신혼부부, 2세 이하(만 3세 미만)의 자녀를 둔 한부모가족에게 아래 가점 다득점 순으로 우선 공급한다.

가점항목	평가요소	점수	비고
(1) 가구소득	① 70% 이하	3	배우자가 소득이 있는 경우 80% 이하
	② 70% 초과 100% 이하	2	배우자가 소득이 있는 경우 80%~110% 이하
	③ 100% 초과	1	배우자가 소득이 있는 경우 110% 초과
(2) 해당지역(시·도) 연속 거주 기간	① 2년 이상	3	신청자가 공고일 현재 ○○(시는 특별시·광역시·특별자치시 기준이고, 도는 도·특별자치도 기준)에서 주민등록표등본상 계속해서 거주한 기간을 말하며, 해당 지역에 거주하지 않은 경우 0점
	② 1년 이상 2년 미만	2	
	③ 1년 미만	1	
(3) 주택청약종합저축 납입인정 횟수	① 24회 이상	3	입주자저축(청약저축 포함) 가입 확인서 기준
	② 12회 이상 23회 이하	2	
	③ 6회 이상 11회 이하	1	

㉡ (잔여공급) 나머지 70%를 위 우선공급 낙첨자, 혼인기간 2년 초과 7년 이내인 신혼부부, 3세 이상 6세 이하(만 3세 이상 만 7세 미만) 자녀를 둔 한부모가족을 대상으로 아래 가점 다득점 순으로 공급한다.

가점항목	평가요소	점수	비고
(1) 미성년 자녀 수	① 3명 이상	3	태아(입양) 포함
	② 2명	2	
	③ 1명	1	
(2) 무주택 기간	① 3년 이상	3	주택공급 신청자의 나이가 만 30세가 되는 날(신청자가 그 전에 혼인한 경우 최초 혼인신고일로)부터 공고일 현재까지 무주택세대 구성원 전원이 계속해서 무주택인 기간으로 산정 ※ 공고일 현재 만 30세 미만이면서 혼인한 적이 없는 분은 가점 선택 불가
	② 1년 이상 3년 미만	2	
	③ 1년 미만	1	
(3) 해당 지역(시·도) 연속 거주기간	① 2년 이상	3	신청자가 공고일 현재 ○○(시는 특별시·광역시·특별자치시 기준이고, 도는 도·특별자치도 기준)에서 주민등록표등본상 계속해서 거주한 기간을 말하며, 해당 지역에 거주하지 않은 경우 0점
	② 1년 이상 2년 미만	2	
	③ 1년 미만	1	
(4) 주택청약종합저축 납입 인정 횟수	① 24회 이상	3	입주자저축(청약저축 포함) 가입 확인서 기준
	② 12회 이상 23회 이하	2	
	③ 6회 이상 11회 이하	1	

3. 당첨자 선정기준

㉠ 우선공급 30%→잔여공급 70% 순으로 해당 가점 다득점 순으로 선정하되, 동점일 경우 추첨으로 결정

㉡ 주택형별 물량의 40% 이상의 예비입주자를 선정

4. 소득 및 총자산 적용기준

㉠ 소득기준 : 신혼희망타운 공급신청자 전체에 적용

가구당 월평균소득 비율		3인 이하	4인	5인	6인	7인	8인
70% 수준	배우자의 소득이 없는 경우 : 70%	3,781,270	4,315,641	4,689,906	5,144,224	5,598,542	6,052,860
	배우자의 소득이 있는 경우 : 80%	4,321,451	4,932,162	5,359,892	5,879,113	6,398,334	6,917,554
100% 수준	배우자의 소득이 없는 경우 : 100%	5,401,814	6,165,202	6,699,865	7,348,891	7,997,917	8,646,943
	배우자의 소득이 있는 경우 : 110%	5,941,995	6,781,722	7,369,852	8,083,780	8,797,709	9,511,637
120% 수준	배우자의 소득이 없는 경우 : 120%	6,482,177	7,398,242	8,039,838	8,818,669	9,597,500	10,376,332
	배우자의 소득이 있는 경우 : 130%	7,022,358	8,014,763	8,709,825	9,553,558	10,397,292	11,241,026

㉡ 총자산기준 : 2억 9,400만 원 이하

34. 위의 내용에 대한 설명으로 옳은 것은?

① 혼인기간 7년 이내인 신혼부부만 신청할 수 있다.

② 입주자 선정 순위의 가점항목별 최대 점수는 모두 다르다.

③ 혼인기간이 5년인 신혼부부의 경우 우선공급에 해당한다.

④ 배우자의 소득이 없는 4인 가구가 가구소득 가점항목에서 3점을 받았다면 월평균 소득이 4,315,641만 원 이하인 것이다.

⑤ 총자산이 3억 원인 예비신혼부부의 경우 입주자격을 충족한다.

35. 입주자격을 충족하는 다음의 입주희망자들(㉠ ~ ㉣)을 입주자 선정 순위에 따라 선정될 확률이 높은 순으로 차례대로 나열한 것은? (단, 가점 다득점과 관계없이 우선공급이 잔여공급보다 선정될 확률이 높다고 가정하며 우선공급의 경우 우선공급 가점항목만 적용하고 잔여공급의 경우 잔여공급 가점항목만 적용한다)

가점항목 / 입주희망자	가구소득	해당지역 (시·도) 연속 거주기간	주택청약 종합저축 납입인정 횟수	미성년 자녀 수	무주택 기간
㉠ 혼인기간 1년인 신혼부부 (2인 가구)	3,500,000	1년	25회	–	–
㉡ 혼인기간 6년인 신혼부부	–	3년	12회	2명	6년
㉢ 5세인 자녀를 둔 한부모가족	–	4년	20회	1명	3년
㉣ 예비신혼부부 (2인 가구)	3,000,000	2년	10회	–	–

① ㉢ - ㉠ - ㉣ - ㉡

② ㉠ - ㉣ - ㉡ - ㉢

③ ㉠ - ㉣ - ㉢ - ㉡

④ ㉣ - ㉠ - ㉢ - ㉡

⑤ ㉣ - ㉠ - ㉡ - ㉢

▎36~37▎ 다음은 인천공항의 국제·국내여객공항이용료, 출국납부금, 국제질병퇴치기금 등과 관련된 내용이다. 이에 대한 물음에 답하시오.

〈국제여객공항이용료 / 출국납부금 / 국제질병퇴치기금〉

구분	내용	비고
납부 대상	인천공항에서 출발하는 항공편을 이용하는 국제항공여객	
징수 금액	• 국제여객공항이용료 : 출발여객 1인당 17,000원, 환승여객 10,000원 • 출국납부금 : 출발여객 1인당 10,000원 • 국제질병퇴치기금 : 출발여객 1인당 1,000원	항공권에 포함하는 징수
면제 대상	• 2세 미만의 어린이 • 대한민국에 주둔하는 외국인 군인 및 군무원 • 국외로 입양되는 어린이 및 그 호송인 • 입국이 불허되거나 거부당한 자로서 출국하는 자 • 통과여객 중 다음 경우에 해당되어 보세구역을 벗어난 후 출국하는 여객 - 항공기접속 불가능으로 불가피하게 당일 또는 그 다음날 출국하는 여객 - 공항폐쇄나 기상관계로 항공기 출발 지연되는 경우 - 항공기 고장, 납치 또는 긴급환자 발생 등 부득이한 사유로 불시착한 경우	발권 시 사전 면제 또는 항공사 및 담당 기관에서 처리
	• 외교관 여권 소지자 • 공항환승여객 중 관광을 목적으로 보세구역을 벗어난 후 24시간 이내에 다시 출국하는 경우	면제대상자 방문 환불

〈국내여객공항이용료〉

구분	내용	비고
납부 대상	인천공항에서 출발하는 항공편을 이용하는 국내항공여객	
징수 금액	출발여객 1인당 5,000원 항공권에 포함하여 징수	항공권에 포함하는 징수
면제 대상	2세 미만 어린이	
감면 대상 (50%)	• 2세 이상 13세 미만의 어린이 • 장애인(「장애인복지법」 제32조 제1항에 따른 장애인등록증을 가진 자에 한한다) 및 중증장애인(장애인등록증상 장애등급이 1급 내지 3급인 자를 말한다)의 동반보호자 1인 • 「국가유공자 등 예우 및 지원에 관한 법률」 제4조에 따른 국가유공자(상이등급의 판정을 받은 사람만 해당한다) 및 1급부터 3급까지의 상이등급의 판정을 받은 국가유공자에 해당하는 사람의 동반보호자 1명 • 「5·18민주유공자예우에 관한 법률」 제4조에 따른 5·18민주유공자(장애등급의 판정을 받은 자에 한한다) • 「고엽제후유증 등 환자지원에 관한 법률」 제3조에 따른 고엽제후유의증 환자(장애등급의 판정을 받은 사람만 해당한다) • 「숙련기술장려법」 제10조에 따른 우수 숙련기술자, 같은 법 제11조에 따른 대한민국명장, 같은 법 제13조에 따른 숙련기술전수자로 선정된 사람, 같은 법 제20조에 따른 전국기능경기대회에서 입상한 사람, 같은 법 제21조에 따른 국제기능올림픽에서 입상한 사람 • 국민기초생활보장법 제2조에 따른 기초생활수급자(2017. 6. 1일부터)	

36. 위의 자료에 대한 설명으로 옳지 않은 것은?

① 환승여객의 경우 국제여객공항이용료로 1인당 10,000원을 납부해야 한다.

② 인천공항에서 출발하는 항공편을 이용하는 국제항공여객의 경우 출발여객 1인당 국제여객공항이용료, 출국납부금, 국제질병퇴치기금으로 28,000원이 항공권에 포함된다.

③ 대한민국에 주둔하는 외국인 군무원의 경우 국제여객공항이용료, 출국납부금, 국제질병퇴치기금이 면제되므로 발권 시 사전 면제 처리된다.

④ 외교관 여권을 소지한 면제대상자의 경우 국제여객공항이용료, 출국납부금, 국제질병퇴치기금을 직접 방문하여 환불받을 수 있다.

⑤ 초등학교 2학년 학생의 경우 국내여객공항이용료로 5,000원이 징수된다.

37. 보기의 상황에서 납부한 국제·국내여객공항이용료, 출국납부금, 국제질병퇴치기금의 총합(㉠ + ㉡ + ㉢)은 얼마인가? (단, 면제 사유가 따로 없는 인원은 면제대상이 아닌 것으로 가정한다)

> ㉠ 한국인 부부가 태어난 지 6개월 된 아이와 함께 인천공항에서 출발하여 영국으로 이동하는 경우
> ㉡ 대한민국에 주둔하는 외국인 군인과 한국인인 친구가 인천공항에서 출발하여 미국으로 이동하는 경우
> ㉢ 중증장애인인 아들과 동반보호자인 아버지가 인천공항에서 출발하여 제주도로 이동하는 경우

① 56,000원

② 61,000원

③ 89,000원

④ 94,000원

⑤ 117,000원

38. 길동이는 이번 달 사용한 카드 사용금액을 시기별, 항목별로 다음과 같이 정리하였다. 항목별 단가를 확인한 후 D2 셀에 함수식을 넣어 D5까지 드래그를 하여 결과값을 알아보고자 한다. 길동이가 D2 셀에 입력해야 할 함수식으로 적절한 것은 어느 것인가?

	A	B	C	D	E
1	시기	항목	횟수	사용금액(원)	
2	1주	식비	10		
3	2주	의류 구입	3		
4	3주	교통비	12		
5	4주	식비	8		
6					
7	항목	단가			
8	식비	6,500			
9	의류 구입	43,000			
10	교통비	3,500			
11					

① =C2*HLOOKUP(B2, $A$8:$B$10, 2, 0)

② =B2*HLOOKUP(C2, $A$8:$B$10, 2, 0)

③ =B2*VLOOKUP(B2, $A$8:$B$10, 2, 0)

④ =C2*VLOOKUP(B2, $A$8:$B$10, 2, 0)

⑤ =C2*HLOOKUP($A$8:$B$10, 2, 0)

39. 창조성은 네트워크에 접속되어 있는 다양한 지수함수로 비례한다는 네트워크 혁명의 법칙은?

① 무어의 법칙

② 메트칼피의 법칙

③ 세이의 법칙

④ 카오의 법칙

⑤ 메러비안의 법칙

40. 다음 글의 내용을 근거로 한 설명 중 옳지 않은 것은?

우리의 의지나 노력과는 크게 상관없이 국제 정세 및 금융 시장 등의 변화에 따라 우리나라가 수입에 의존하는 원자재 가격은 크게 출렁이곤 한다. 물론 이러한 가격 변동은 다른 가격에도 영향을 미치게 된다. 예를 들어 중동지역의 불안한 정세로 인해 원유 가격이 상승했고, 이로 인해 국내의 전기료도 올랐다고 해 보자. 그러면 국내 주유소들은 휘발유 가격을 그대로 유지할지 아니면 어느 정도 인상할 것인지에 대해 고민에 빠질 것이다. 만일 어느 한 주유소가 혼자 휘발유 가격을 종전에 비해 2% 정도 인상한다면, 아마 그 주유소의 매상은 가격이 오른 비율 2%보다 더 크게 줄어들어 주유소 문을 닫아야 할 지경에 이를지도 모른다. 주유소 주인의 입장에서는 가격 인상 폭이 미미한 것이라 하여도, 고객들이 즉시 값이 싼 다른 주유소에서 휘발유를 구입하기 때문이다. 그러나 전기료가 2% 오른다 하더라도 전기 사용량에는 큰 변화가 없을 것이다. 사람들이 물론 전기를 아껴 쓰게 되겠지만, 전기 사용량을 갑자기 크게 줄이기도 힘들고 더군다나 다른 전기 공급자를 찾기도 어렵기 때문이다.

이처럼 휘발유시장과 전기시장은 큰 차이를 보이는데, 그 이유는 두 시장에서 경쟁의 정도가 다르기 때문이다. 우리 주변에 휘발유를 파는 주유소는 여러 곳인 반면, 전기를 공급하는 기업은 그 수가 제한되어 있어 한 곳에서 전기 공급을 담당하는 것이 보통이다. 휘발유시장이 비록 완전경쟁시장은 아니지만, 전기시장에 비해서는 경쟁의 정도가 훨씬 크다. 휘발유시장의 공급자와 수요자는 시장 규모에 비해 개별 거래규모가 매우 작기 때문에 어느 한 경제주체의 행동이 시장가격에 영향을 미치기는 어렵다. 즉, 휘발유시장은 어느 정도 경쟁적이다. 이와는 대조적으로 전기 공급자는 시장가격에 영향을 미칠 수 있는 시장 지배력을 갖고 있기 때문에, 전기시장은 경쟁적이지 못하다.

① 재화의 소비자와 생산자의 수 측면에서 볼 때 휘발유시장은 전기시장보다 더 경쟁적이다.
② 새로운 기업이 시장 활동에 참가하는 것이 얼마나 자유로운가의 정도로 볼 때 휘발유시장은 전기시장보다 더 경쟁적이다.
③ 기존 기업들이 담합을 통한 단체행동을 할 수 있다는 측면에서 볼 때 휘발유시장이 완전 경쟁적이라고 할 수는 없다.
④ 휘발유시장의 경우와 같이 전기 공급자가 많아지게 된다면 전기시장은 휘발유시장보다 더 경쟁적인 시장이 된다.
⑤ 시장지배력 측면에서 볼 때 휘발유시장은 전기시장보다 더 경쟁적이다.

41. 다음 자료에 대한 설명으로 올바른 것은?

〈한우 연도별 등급 비율〉

(단위 : %, 두)

연도	육질 등급					합계	한우등급 판정두수
	1++	1+	1	2	3		
2008	7.5	19.5	27.0	25.2	19.9	99.1	588,003
2009	8.6	20.5	27.6	24.7	17.9	99.3	643,930
2010	9.7	22.7	30.7	25.2	11.0	99.3	602,016
2011	9.2	22.6	30.6	25.5	11.6	99.5	718,256
2012	9.3	20.2	28.6	27.3	14.1	99.5	842,771
2013	9.2	21.0	31.0	27.1	11.2	99.5	959,751
2014	9.3	22.6	32.8	25.4	8.8	98.9	839,161

① 1++ 등급으로 판정된 한우의 두수는 2010년이 2011년보다 더 많다.
② 1등급 이상이 60%를 넘은 해는 모두 3개년이다.
③ 3등급 판정을 받은 한우의 두수는 2010년이 가장 적다.
④ 전년보다 1++ 등급의 비율이 더 많아진 해에는 3등급의 비율이 매번 더 적어졌다.
⑤ 1++ 등급의 비율이 가장 낮은 해는 3등급의 비율이 가장 높은 해이며, 반대로 1++ 등급의 비율이 가장 높은 해는 3등급의 비율이 가장 낮다.

42. 다음 글의 내용이 참일 때, 반드시 참인 것만을 〈보기〉에서 모두 고르면?

> 甲, 乙, 丙 세 명의 운동선수는 지난 시합이 열린 날짜와 요일에 대해 다음과 같이 기억을 달리 하고 있다.
> • 甲은 시합이 5월 8일 목요일에 열렸다고 기억한다.
> • 乙은 시합이 5월 10일 화요일에 열렸다고 기억한다.
> • 丙은 시합이 6월 8일 금요일에 열렸다고 기억한다.
> 추가로 다음 사실이 확인됐다.
> • 시합은 甲, 乙, 丙이 언급한 월, 일, 요일 중에 열렸다.
> • 세 명의 운동선수가 기억한 내용 가운데, 한 사람은 월, 일, 요일의 세 가지 사항 중 하나만 맞혔고, 한 사람은 하나만 틀렸으며, 한 사람은 어느 것도 맞히지 못했다.

〈보기〉
㉠ 회의는 6월 10일에 열렸다.
㉡ 甲은 어느 것도 맞히지 못한 사람이다.
㉢ 丙이 하나만 맞힌 사람이라면 시합은 화요일에 열렸다.

① ㉠
② ㉡
③ ㉠㉡
④ ㉡㉢
⑤ ㉠㉡㉢

43. A사는 다음과 같이 직원들의 부서 이동을 단행하였다. 다음 부서 이동 현황에 대한 올바른 설명은?

이동 전 \ 이동 후	영업팀	생산팀	관리팀
영업팀	25	7	11
생산팀	9	16	5
관리팀	10	12	15

① 이동 전과 후의 인원수의 변화가 가장 큰 부서는 생산팀이다.
② 이동 전과 후의 부서별 인원수가 많은 순위는 동일하다.
③ 이동 후에 인원수가 감소한 부서는 1개 팀이다.
④ 가장 많은 인원이 이동해 온 부서는 관리팀이다.
⑤ 잔류 인원보다 이동해 온 인원이 더 많은 부서는 1개 팀이다.

44. 다음과 같은 자료를 참고할 때, F3 셀에 들어갈 수식으로 알맞은 것은 어느 것인가?

	A	B	C	D	E	F	G
1	이름	소속	수당(원)		구분	인원 수	
2	김○○	C팀	160,000		총 인원	12	
3	이○○	A팀	200,000		평균 미만	6	
4	홍○○	D팀	175,000		평균 이상	6	
5	강○○	B팀	155,000				
6	남○○	D팀	170,000				
7	서○○	B팀	195,000				
8	조○○	A팀	190,000				
9	염○○	C팀	145,000				
10	신○○	A팀	200,000				
11	권○○	B팀	190,000				
12	강○○	C팀	160,000				
13	노○○	A팀	220,000				
14							

① =COUNTIF(C2:C13,"<"&AVERAGE(C2:C13))
② =COUNT(C2:C13,"<"&AVERAGE(C2:C13))
③ =COUNTIF(C2:C13,"<","&"AVERAGE(C2:C13))
④ =COUNT(C2:C13,">"&AVERAGE(C2:C13))
⑤ =COUNTIF(C2:C13,">"AVERAGE&(C2:C13))

45. 급속히 발전하고 있는 기술변화의 모습에 적응하고자 많은 사람들이 기술 습득의 다양한 방법을 선택하고 있다. 다음 〈보기〉 중, 'OJT를 통한 기술교육'에 대한 설명을 모두 고른 것은 어느 것인가?

〈보기〉
㉠ 관련 산업체와의 프로젝트 활동이 가능하기 때문에 실무 중심의 기술교육이 가능하다.
㉡ 피교육자인 종업원이 업무수행의 중단되는 일이 없이 업무수행에 필요한 지식·기술·능력·태도를 교육훈련 받을 수 있다.
㉢ 원하는 시간과 장소에 교육받을 수 있어 시간, 공간적 측면에서 독립적이다.
㉣ 다년간에 걸친 연수 분야의 노하우에 의해 체계적이면서도 현장과 밀착된 교육이 가능하다.
㉤ 시간의 낭비가 적고 조직의 필요에 합치되는 교육훈련을 할 수 있다.

① ㉠, ㉢
② ㉡, ㉣
③ ㉠, ㉤
④ ㉡, ㉤
⑤ ㉢, ㉣

46. 다음 글은 비정규직 보호 및 차별해소 정책에 관한 글이다. 글에서 언급된 필자의 의견에 부합하지 않는 것은?

우리나라 임금근로자의 1/3이 비정규직으로(2012년 8월 기준) OECD 국가 중 비정규직 근로자 비중이 높은 편이며, 법적 의무사항인 2년 이상 근무한 비정규직 근로자의 정규직 전환율도 높지 않은 상황이다. 이에 따라, 비정규직에 대한 불합리한 차별과 고용불안 해소를 위해 대책을 마련하였다. 특히, 상시·지속적 업무에 정규직 고용관행을 정착시키고 비정규직에 대한 불합리한 차별 해소 등 기간제 근로자 보호를 위해 2016년 4월에는 「기간제 근로자 고용안정 가이드라인」을 신규로 제정하고, 더불어 「사내하도급 근로자 고용안정 가이드라인」을 개정하여 비정규직 보호를 강화하는 한편, 실효성 확보를 위해 민간 전문가로 구성된 비정규직 서포터스 활동과 근로감독 등을 연계하여 가이드라인 현장 확산 노력을 펼친 결과, 2016년에는 194개 업체와 가이드라인 준수협약을 체결하는 성과를 이루었다. 아울러, 2016년부터 모든 사업장(12천 개소) 근로감독 시 차별항목을 필수적으로 점검하고, 비교대상 근로자가 없는 경우라도 가이드라인 내용에 따라 각종 복리후생 등에 차별이 없도록 행정지도를 펼치는 한편, 사내하도급 다수활용 사업장에 대한 감독 강화로 불법파견 근절을 통한 사내하도급 근로자 보호에 노력하였다. 또한, 기간제·파견 근로자를 정규직으로 전환 시 임금상승분의 일부를 지원하는 정규직 전환지원금 사업의 지원요건을 완화하고, 지원대상을 사내하도급 근로자 및 특수형태업무 종사자까지 확대하여 중소기업의 정규직 전환 여건을 제고하였다. 이와 함께 비정규직, 특수형태업무 종사자 등 취약계층 근로자에 대한 사회안전망을 지속 강화하여 2016년 3월부터 특수형태업무 종사자에 대한 산재보험가입 특례도 종전 6개 직종에서 9개 직종으로 확대 적용되었으며, 구직급여 수급기간을 국민연금 가입 기간으로 산입해주는 실업크레딧 지원제도가 2016년 8월부터 도입되었다. 2016년 7월에는 제1호 공동근로복지기금 법인이 탄생하기도 하였다.

① 우리나라는 법적 의무사항으로 비정규직 생활 2년이 경과하면 정규직으로 전환이 되어야 한다.
② 상시 업무에 정규직 고용관행을 정착시키면 정규직으로의 전환을 촉진할 수 있다.
③ 제정된 가이드라인의 실효성을 높이기 위한 서포터스 활동은 성공적이었다.
④ 기업 입장에서 파견직 근로자를 정규직으로 전환하기 위해서는 임금상승에 따른 추가 비용이 발생한다.
⑤ 특수형태업무 종사자들은 종전에는 산재보험 가입이 되지 못하였다.

47. 김병장이 혼자 일하면 8일, 심일병이 혼자 일하면 12일 걸리는 작업이 있다. 김병장이 먼저 3일 일하고, 남은 작업을 김병장과 심일병이 함께 진행하려고 할 때, 김병장과 심일병이 함께 작업하는 기간은?

① 1일
② 2일
③ 3일
④ 4일
⑤ 5일

48. 8층에서 엘리베이터를 타게 된 갑, 을, 병, 정, 무 5명은 5층부터 내리기 시작하여 마지막 다섯 번째 사람이 1층에서 내리게 되었다. 다음 〈조건〉을 만족할 때, 1층에서 내린 사람은 누구인가?

〈조건〉
• 2명이 함께 내린 층은 4층이며, 나머지는 모두 1명씩만 내렸다.
• 을이 내리기 직전 층에서는 아무도 내리지 않았다.
• 무는 정의 바로 다음 층에서 내렸다.
• 갑과 을은 1층에서 내리지 않았다.

① 갑
② 을
③ 병
④ 정
⑤ 무

49. 길동이는 크리스마스를 맞아 그동안 카드 사용 실적에 따라 적립해 온 마일리지를 이용해 국내 여행(편도)을 가려고 한다. 길동이의 카드 사용 실적과 마일리지 관련 내역이 다음과 같을 때의 상황에 대한 올바른 설명은?

〈카드 적립 혜택〉
- 연간 결제금액이 300만 원 이하 : 10,000원당 30마일리지
- 연간 결제금액이 600만 원 이하 : 10,000원당 40마일리지
- 연간 결제금액이 800만 원 이하 : 10,000원당 50마일리지
- 연간 결제금액이 1,000만 원 이하 : 10,000원당 70마일리지
※ 마일리지 사용 시점으로부터 3년 전까지의 카드 실적을 기준으로 함.

〈길동이의 카드 사용 내역〉
- 재작년 결제 금액 : 월 평균 45만 원
- 작년 결제 금액 : 월 평균 65만 원

〈마일리지 이용 가능 구간〉

목적지	일반석	프레스티지석	일등석
울산	70,000	90,000	95,000
광주	80,000	100,000	120,000
부산	85,000	110,000	125,000
제주	90,000	115,000	130,000

① 올해 카드 결제 금액이 월 평균 80만 원이라면, 일등석을 이용하여 제주로 갈 수 있다.

② 올해 카드 결제 금액이 월 평균 60만 원이라면, 일등석을 이용하여 광주로 갈 수 없다.

③ 올해에 카드 결제 금액이 전무해도 일반석을 이용하여 울산으로 갈 수 있다.

④ 올해 카드 결제 금액이 월 평균 70만 원이라면 프레스티지석을 이용하여 제주로 갈 수 없다.

⑤ 올해 카드 결제 금액이 월 평균 30만 원이라면, 프레스티지석을 이용하여 울산으로 갈 수 있다.

50. 다음과 같이 매장별 판매금액을 정리하여 A매장의 판매 합계 금액을 별도로 계산하고자 한다. 'B11' 셀에 들어가야 할 수식으로 알맞은 것은 어느 것인가?

	A	B	C
1	매장명	판매 금액(원)	
2	A매장	180,000	
3	B매장	190,000	
4	B매장	200,000	
5	C매장	150,000	
6	A매장	100,000	
7	A매장	220,000	
8	C매장	140,000	
9			
10	매장명	합계 금액	
11	A매장		
12			

① =SUMIF(A2:A8,A11,B2:B8)

② =SUMIF(A2:B8,A11,B2:B8)

③ =SUMIF(A1:B8,A11,B1:B8)

④ =SUMIF(A2:A8,A11,B1:B8)

⑤ =SUMIF(A1:A8,A11,B2:B8)

51. 다음은 벤치마킹 프로세스를 도식화한 자료이다. 빈 칸 ㉠, ㉡에 들어갈 말이 순서대로 올바르게 짝지어진 것은 어느 것인가?

1단계 : 계획 단계	(㉠)
2단계 : 자료 수집 단계	벤치마킹 프로세스의 자료수집 단계에서는 내부 데이터 수집, 자료 및 문헌조사, 외부 데이터 수집이 포함된다.
3단계 : (㉡) 단계	데이터 분석, 근본 원인 분석, 결과 예측, 동인(enabler) 판단 등의 업무를 수행하여야 한다. 이 단계의 목적은 벤치마킹 수행을 위해 개선 가능한 프로세스 동인들을 확인하기 위한 것이다.
4단계 : 개선 단계	개선 단계의 궁극적인 목표는 자사의 핵심 프로세스를 개선함으로써 벤치마킹 결과를 현실화하는 것이다. 이 단계에서는 벤치마킹 연구를 통해 얻은 정보를 활용함으로써 향상된 프로세스를 조직에 적용시켜 지속적인 향상을 유도하여야 한다.

	㉠	㉡
①	벤치마킹의 방식 선정	정보화 단계
②	실행 가능 여부의 면밀한 검토	원인도출 단계
③	벤치마킹 파트너 선정에 필요한 요구조건 작성	분석 단계
④	벤치마킹의 필요성 재확인	비교 단계
⑤	벤치마킹 대상에 대한 적격성 심사	자료이용 단계

경쟁의 승리는 다른 사람의 재산권을 침탈하지 않으면서 이기는 경쟁자의 능력, 즉 경쟁력에 달려 있다. 공정경쟁에서 원하는 물건의 소유주로부터 선택을 받으려면 소유주가 원하는 대가를 치를 능력이 있어야 하고 남보다 먼저 신 자원을 개발하거나 신 발상을 창안하려면 역시 그렇게 해낼 능력을 갖추어야 한다. 다른 기업보다 더 좋은 품질의 제품을 더 값싸게 생산하는 기업은 시장경쟁에서 이긴다. 우수한 자질을 타고났고, 탐사 또는 연구개발에 더 많은 노력을 기울인 개인이나 기업은 새로운 자원이나 발상을 대체로 남보다 앞서서 찾아낸다.

개인의 능력은 천차만별인데 그 차이는 타고나기도 하고 후천적 노력에 의해 결정되기도 한다. 능력이 후천적 노력만의 소산이라면 능력의 우수성에 따라 결정되는 경쟁 결과를 불공정하다고 불평하기는 어렵다. 그런데 능력의 많은 부분은 타고난 것이거나 부모에게서 직간접적으로 물려받은 유무형적 재산에 의한 것이다. 후천적 재능 습득에서도 그 성과는 보통 개발자가 타고난 자질에 따라 서로 다르다. 타고난 재능과 후천적 능력을 딱 부러지게 구분하기도 쉽지 않은 것이다.

어쨌든 내가 능력 개발에 소홀했던 탓에 경쟁에서 졌다면 패배를 승복해야 마땅하다. 그러나 순전히 타고난 불리함 때문에 불이익을 당했다면 억울함이 앞선다. 이 점을 내세워 타고난 재능으로 벌어들이는 소득은 그 재능 보유자의 몫으로 인정할 수 없다는 필자의 의견에 동의하는 학자도 많다. 자신의 재능을 발휘하여 경쟁에서 승리하였다 하더라도 해당 재능이 타고난 것이라면 승자의 몫이 온전히 재능 보유자의 것일 수 없고 마땅히 사회에 귀속되어야 한다는 말이다.

그런데 재능도 노동해야 발휘할 수 있으므로 재능발휘를 유도하려면 그 노고를 적절히 보상해주어야 한다. 이론상으로는 재능발휘로 벌어들인 수입에서 노고에 대한 보상만큼은 재능보유자의 소득으로 인정하고 나머지만 사회에 귀속시키면 된다.

52. 윗글을 읽고 나눈 다음 대화의 ㉠~㉤ 중, 글의 내용에 따른 합리적인 의견 제기로 볼 수 없는 것은?

> A : "타고난 재능과 후천적 노력에 대하여 어떻게 보아야 할지에 대한 필자의 의견이 담겨 있는 글입니다."
> B : "맞아요. 이 글 대로라면 앞으로 ㉠선천적인 재능에 대한 경쟁이 더욱 치열해질 것 같습니다."
> A : "그런데 우리가 좀 더 확인해야 할 것은, ㉡과연 얼마만큼의 보상이 재능발휘 노동의 제공에 대한 몫이냐 하는 점입니다."
> B : "그와 함께, ㉢얻어진 결과물에서 어떻게 선천적 재능에 의한 부분을 구별해낼 수 있을까에 대한 물음 또한 과제로 남아 있다고 볼 수 있겠죠."
> A : "그뿐이 아닙니다. ㉣타고난 재능이 어떤 방식으로 사회에 귀속되어야 공정한 것인지, ㉤특별나게 열심히 재능을 발휘할 유인은 어떻게 찾을 수 있을지에 대한 고민도 함께 이루어져야 하겠죠."

① ㉠   ② ㉡

③ ㉢   ④ ㉣

⑤ ㉤

53. 윗글에서 필자가 주장하는 내용과 견해가 다른 것은?

① 경쟁에서 승리하기 위해서는 능력이 필요하다.

② 능력에 의한 경쟁 결과가 불공정하다고 불평할 수 없다.

③ 선천적인 능력이 우수한 사람은 경쟁에서 이길 수 있는 확률이 높다.

④ 후천적인 능력이 모자란 결과에 대해서는 승복해야 한다.

⑤ 타고난 재능에 의해 얻은 승자의 몫은 일정 부분 사회에 환원해야 한다.

54. 양의 정수 x를 6배한 수는 42보다 크고, 5배한 수에서 10을 뺀 수는 50보다 작을 때, 이 조건을 만족하는 모든 양의 정수 x의 합은?

① 26

② 32

③ 38

④ 45

⑤ 57

다음 전기요금 계산 안내문을 보고 이어지는 물음에 답하시오.

○ 주택용 전력(저압)

기본요금(원/호)		전력량 요금(원/kWh)	
200kWh 이하 사용	900	처음 200kWh까지	90
201~400kWh 사용	1,800	다음 200kWh까지	180
400kWh 초과 사용	7,200	400kWh 초과	279

1) 주거용 고객, 계약전력 3kWh 이하의 고객
2) 필수사용량 보장공제 : 200kWh 이하 사용 시 월 4,000원 한도 감액(감액 후 최저요금 1,000원)
3) 슈퍼유저요금 : 동하계(7~8월, 12~2월) 1,000kWh 초과 전력량 요금은 720원/kWh 적용

○ 주택용 전력(고압)

기본요금(원/호)		전력량 요금(원/kWh)	
200kWh 이하 사용	720	처음 200kWh까지	72
201~400kWh 사용	1,260	다음 200kWh까지	153
400kWh 초과 사용	6,300	400kWh 초과	216

1) 주택용 전력(저압)에 해당되지 않는 주택용 전력 고객
2) 필수사용량 보장공제 : 200kWh 이하 사용 시 월 2,500원 한도 감액(감액 후 최저요금 1,000원)
3) 슈퍼유저요금 : 동·하계(7~8월, 12~2월) 1,000kWh 초과 전력량 요금은 576원/kWh 적용

55. 다음 두 전기 사용자인 갑과 을의 전기요금 합산 금액으로 올바른 것은?

갑 : 주택용 전력 저압 300kWh 사용
을 : 주택용 전력 고압 300kWh 사용

① 68,600원
② 68,660원
③ 68,700원
④ 68,760원
⑤ 68,800원

56. 위의 전기요금 계산 안내문에 대한 설명으로 올바르지 않은 것은?

① 주택용 전력은 고압 요금이 저압 요금보다 더 저렴하다.
② 동계와 하계에 1,000kWh가 넘는 전력을 사용하면 기본 요금과 전력량 요금이 모두 2배 이상 증가한다.
③ 저압 요금 사용자가 전기를 3kWh만 사용할 경우의 전기 요금은 1,000원이다.
④ 가전기기의 소비전력을 알 경우, 전기요금 절감을 위해 전기 사용량을 200kWh 단위로 나누어 관리할 수 있다.
⑤ 슈퍼유저는 1년 중 5개월 동안만 해당된다.

57. 다음에 제시된 9개의 단어 중 관련된 3개의 단어를 통해 유추할 수 있는 것은?

초콜릿, 솜, 이불, 설탕, 풍선, 나무젓가락, 깃발, 청포도, 무역

① 자물쇠
② 통조림
③ 도시락
④ 솜사탕
⑤ 공인중개사

▌58~59 ▌ H 회사에 입사하여 시스템 모니터링 업무를 담당하게 되었다. 다음 시스템 매뉴얼을 확인한 후 각 물음에 답하시오.

〈입력 방법〉

항목	세부사항
Index ## of File @@	• 오류 문자 : 'Index' 뒤에 오는 문자 '##' • 오류 발생 위치 : File 뒤에 오는 문자 '@@'
Error Value	• 오류 문자와 오류 발생 위치를 의미하는 문자에 사용된 단어의 처음과 끝 알파벳을 아라비아 숫자(1, 2, 3 ~)에 대입한 합을 서로 비교하여 그 차이를 확인
Final Code	• Error Value를 통하여 시스템 상태 판단

* 'APPLE'의 Error Value 값은 A(1)+E(5)=6이다.

〈시스템 상태 판단 기준〉

판단 기준	Final Code
숫자에 대입한 두 합의 차이 = 0	raffle
0 < 숫자에 대입한 두 합의 차이 ≤ 5	acejin
5 < 숫자에 대입한 두 합의 차이 ≤ 10	macquin
10 < 숫자에 대입한 두 합의 차이 ≤ 15	phantus
15 < 숫자에 대입한 두 합의 차이	vuritam

58.

```
System is processing requests...
System Code is S.
Run...

Error Found!
Index RWDRIVE of File ACROBAT.

Final Code? _____
```

① raffle   ② acejin
③ macquin   ④ phantus
⑤ vuritam

59.

```
System is processing requests...
System Code is S.
Run...

Error Found!
Index STEDONAV of File QNTKSRYRHD.

Final Code? _____
```

① raffle   ② acejin
③ macquin   ④ phantus
⑤ vuritam

60.
개발팀의 팀장 B씨는 요즘 신입사원 D씨 때문에 고민이 많다. 입사 시에 높은 성적으로 입사한 D씨가 실제 업무를 담당하자마자 이곳저곳에서 불평이 들려오기 시작했다. 머리는 좋지만 실무경험이 없고 인간관계가 미숙하여 여러 가지 문제가 생겼던 것이다. 업무에 대한 기본적이고 일반적인 내용만을 교육하는 신입사원 집합교육은 부족하다 판단한 B씨는 D씨에게 추가적으로 기술교육을 시키기로 결심했다. 하지만 현재 개발팀은 고양이 손이라도 빌려야 할 정도로 바빠서 B씨는 고민 끝에 업무숙달도가 뛰어나고 사교성이 좋은 입사 5년차 대리 J씨에게 D씨의 교육을 일임하였다. 다음 중 J씨가 D씨를 교육하기 위해 선택할 방법으로 가장 적절한 것은?

① 전문 연수원을 통한 기술교육
② E-learning을 활용한 기술교육
③ 상급학교 진학을 통한 기술교육
④ OJT를 활용한 기술교육
⑤ 오리엔테이션을 통한 기술교육

1. 다음 회로에서 소모되는 전력이 12[W]일 때, 직류전원의 전압 [V]은?

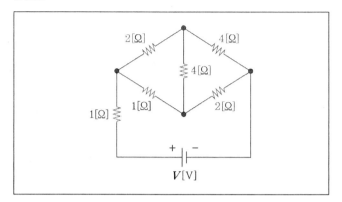

① 3

② 6

③ 10

④ 12

⑤ 14

2. 다음은 플레밍의 오른손 법칙을 설명한 것이다. 괄호 안에 들어갈 말을 바르게 나열한 것은?

> 자기장 내에 놓여 있는 도체가 운동을 하면 유도 기전력이 발생하는데, 이때 오른손의 엄지, 검지, 중지를 서로 직각이 되도록 벌려서 엄지를 (㉠)의 방향에, 검지를 (㉡)의 방향에 일치시키면 중지는 (㉢)의 방향을 가리키게 된다.

	㉠	㉡	㉢
①	도체 운동	유도 기전력	자기장
②	도체 운동	자기장	유도 기전력
③	자기장	유도 기전력	도체 운동
④	자기장	도체 운동	유도 기전력
⑤	유도 기전력	자기장	도체 운동

3. 기전력이 1.5[V]인 동일한 건전지 4개를 직렬로 연결하고, 여기에 10[Ω]의 부하저항을 연결하면 0.5[A]의 전류가 흐른다. 건전지 1개의 내부저항[Ω]은?

① 0.5

② 2

③ 6

④ 12

⑤ 24

4. 다음 RC회로에서 R=50[kΩ], C=1[μF]일 때, 시상수 τ[sec]는?

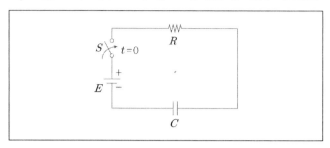

① 2×10^2

② 2×10^{-2}

③ 5×10^2

④ 5×10^{-2}

⑤ 10×10^{-2}

5. 그림과 같은 주기적 성질을 갖는 전류 $i(t)$의 실횻값[A]은?

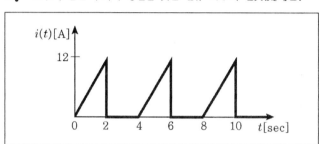

① $2\sqrt{3}$

② $2\sqrt{6}$

③ $3\sqrt{3}$

④ $3\sqrt{6}$

⑤ $6\sqrt{6}$

6. 1[Ω]의 저항과 1[mH]의 인덕터가 직렬로 연결되어 있는 회로에 실횻값이 10[V]인 정현파 전압을 인가할 때, 흐르는 전류의 최댓값[A]은? (단, 정현파의 각주파수는 1,000[rad/sec]이다)

① 5

② $5\sqrt{2}$

③ 10

④ $10\sqrt{2}$

⑤ 15

7. 같은 평면 위에 무한히 긴 직선도선 ㉠과 직사각 폐회로 모양의 도선 ㉡이 놓여 있다. 각 *I*[A]의 전류가 그림과 같이 흐른다고 할 때, 도선 ㉠과 ㉡ 사이에 작용하는 힘은?

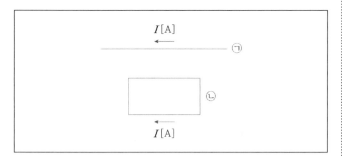

① 반발력
② 흡인력
③ 회전력
④ 마찰력
⑤ 없다

8. 그림과 같은 색띠 저항에 10[V]의 직류전원을 연결하면 이 저항에서 10분간 소모되는 열량[cal]은? (단, 색상에 따른 숫자는 다음 표와 같으며, 금색이 의미하는 저항값의 오차는 무시한다)

색상	검정	갈색	빨강	주황	노랑	녹색	파랑	보라	회색	흰색
숫자	0	1	2	3	4	5	6	7	8	9

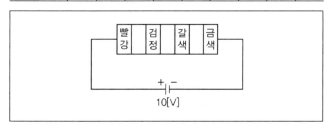

① 12
② 36
③ 72
④ 144
⑤ 288

9. 어떤 회로에 $v(t) = 40\sin(wt+\theta)$[V]의 전압을 인가하면 $i(t) = 20\sin(wt+\theta-30°)$[A]의 전류가 흐른다. 이 회로에서 무효전력[Var]은?

① 200
② $200\sqrt{3}$
③ 400
④ $400\sqrt{3}$
⑤ 800

10. 다음 회로에서 출력전압 V_{XY}는?

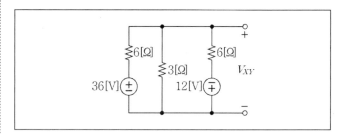

① 4[V]
② 6[V]
③ 8[V]
④ 10[V]
⑤ 12[V]

11. 다음 그림과 같이 면적 S[m²]와 간격 d[m]인 평행판 캐패시터가 전압 V[V]로 대전되어 있고, 유전체의 유전율이 ε[F/m]일 때, 축적된 정전에너지[J]를 구하면?

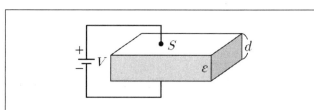

① $\dfrac{1}{2}\varepsilon\dfrac{S}{d}V$
② $\varepsilon\dfrac{S}{d}V^2$
③ $\dfrac{1}{2}\varepsilon\dfrac{S}{d}V^2$
④ $\dfrac{1}{2}SV^2$
⑤ $\dfrac{1}{2}\dfrac{S}{d}V$

12. 전기장 내에서 +2[C]의 전하를 다른 점으로 옮기는 데 100[J]의 일이 필요했다면, 그 점의 전위는 (ⓐ)[V] 높아진 상태이다. 다음 중 ⓐ의 값으로 옳은 것은?

① 2
② 20
③ 40
④ 50
⑤ 200

13. 반경 1[mm], 길이 58[m]인 구리도선 양단에 직류 전압 100[V]가 인가되었다고 할 때, 이 구리도선에 흐르는 직류 전류[A]로 옳은 것은? (단, 이 구리도선은 균일한 단면을 가지는 단일 도체로 반경이 도선 전체에 걸쳐 일정하고, 이 구리도선의 도전율은 5.8×10^7[S/m]이라 가정하며, $\pi = 3.14$임)

① 31.85   ② 314

③ 318.5   ④ 3140

⑤ 3185

14. 다음 회로에서 부하저항 R_L에 최대전력을 전달하기 위한 R_S의 값은 얼마인가?

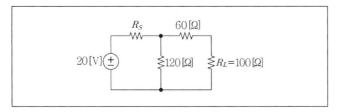

① 60[Ω]   ② 80[Ω]

③ 100[Ω]   ④ 120[Ω]

⑤ 140[Ω]

15. 다음 회로에서 정상상태에 도달하였을 때, 인덕터와 커패시터에 저장된 에너지[J]의 합은?

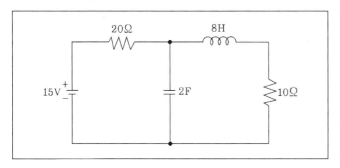

① 2.6   ② 26

③ 260   ④ 2,600

⑤ 26,000

16. 히스테리시스 특성 곡선에 대한 설명으로 옳지 않은 것은?

① 히스테리시스 손실은 주파수에 비례한다.

② 곡선이 수직축과 만나는 점은 잔류자기를 나타낸다.

③ 자속밀도, 자기장의 세기에 대한 비선형 특성을 나타낸다.

④ 곡선으로 둘러싸인 면적이 클수록 히스테리시스 손실이 적다.

⑤ 변압기 등에 필요한 철심을 무른철심으로 하면 히스테리시스에 의한 에너지 손실을 줄일 수 있다.

17. 이상적인 변압기에서 1차측 코일과 2차측 코일의 권선비가 $\dfrac{N_1}{N_2} = 10$일 때, 옳은 것은?

① 2차측 소비전력은 1차측 소비전력의 10배이다.

② 2차측 소비전력은 1차측 소비전력의 100배이다.

③ 1차측 소비전력은 2차측 소비전력의 100배이다.

④ 1차측 소비전력은 2차측 소비전력의 10배이다.

⑤ 1차측 소비전력은 2차측 소비전력과 동일하다.

18. 50V, 250W 니크롬선의 길이를 반으로 잘라서 20V 전압에 연결하였을 때, 니크롬선의 소비전력[W]은?

① 80   ② 100

③ 120   ④ 140

⑤ 160

19. 정전계 내의 도체에 대한 설명으로 옳지 않은 것은?

① 도체표면은 등전위면이다.

② 도체내부의 정전계 세기는 영이다.

③ 등전위면의 간격이 좁을수록 정전계 세기가 크게 된다.

④ 도체표면상에서 정전계 세기는 모든 점에서 표면의 접선 방향으로 향한다.

⑤ 등전위면과 전기력선은 항상 수직이다.

20. R–L–C 직렬회로에서 $R:X_L:X_C=1:2:1$일 때, 역률은?

① $\dfrac{1}{\sqrt{2}}$ ② $\dfrac{1}{2}$

③ $\sqrt{2}$ ④ 1

⑤ 2

21. 한 상의 임피던스가 $3+j4\Omega$인 평형 3상 Δ부하에 선간전압 200V인 3상 대칭전압을 인가할 때, 3상 무효전력[Var]은?

① 600 ② $6,400$

③ $14,400$ ④ $19,200$

⑤ $30,000$

22. 평형 3상 Y결선 회로에서 a상 전압의 순시값이 $v_a=100\sqrt{2}$ $\sin(wt+\dfrac{\pi}{3})V$일 때, c상 전압의 순시값 v_c[V]은? (단, 상 순은 a, b, c이다)

① $100\sqrt{2}\sin(wt+\dfrac{5}{3}\pi)$

② $100\sqrt{2}\sin(wt+\dfrac{1}{3}\pi)$

③ $100\sqrt{2}\sin(wt-\pi)$

④ $100\sqrt{2}\sin(wt-\dfrac{2}{3}\pi)$

⑤ $100\sqrt{2}\sin(wt-\dfrac{4}{3}\pi)$

23. 어떤 인덕터에 전류 $i=3+10\sqrt{2}\sin50t+4\sqrt{2}\sin100t[A]$ 가 흐르고 있을 때, 인덕터에 축적되는 자기 에너지가 125J이다. 이 인덕터의 인덕턴스[H]는?

① 1 ② 2

③ 3 ④ 4

⑤ 5

24. 다음 R–L직렬회로에서 t=0일 때, 스위치를 닫은 후 $\dfrac{di(t)}{dt}$에 대한 설명으로 옳은 것은?

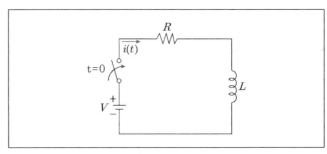

① 인덕턴스에 비례한다.

② 인덕턴스에 반비례한다.

③ 저항과 인덕턴스의 곱에 비례한다.

④ 저항과 인덕턴스의 곱에 반비례한다.

⑤ 저항에 반비례한다.

25. 전압원의 기전력은 20[V]이고 내부저항은 2[Ω]이다. 이 전압원에 부하가 연결될 때 얻을 수 있는 최대 부하전력[W]은?

① 200 ② 100

③ 75 ④ 50

⑤ 25

26. 자여자 직류발전기에서 회전속도가 빨라지면 일어나는 현상으로 옳지 않은 것은?

① 리액턴스 전압이 작아진다.

② 정류 특성이 부족 정류로 바뀔 수 있다.

③ 계자회로의 절연이 파괴될 수 있다.

④ 정류자와 브러시 사이에 불꽃이 발생할 수 있다.

⑤ 계자 권선과 전기자 권선의 결선 방법에 따라 분권, 직권, 복권 발전기로 나눈다.

27. 동일 정격인 동기기에서 단락비가 큰 기계에 대한 설명으로 옳지 않은 것은?

① 극수가 적은 고속기이다.

② 과부하 내량이 크고 안정도가 좋다.

③ 기계의 형태와 중량이 크고 가격이 비싸다.

④ 전압 변동률이 작고 송전선 충전 용량이 크다.

⑤ 공극이 크고 출력이 향상된다.

28. 동일한 단상 변압기 2대를 이용하여 V결선한 변압기의 전부하 시 출력은 10[kVA]이다. 동일한 단상 변압기 1대를 추가하여 △결선한 경우의 정격출력[kVA]은?

① $\dfrac{10}{\sqrt{3}}$

② 10

③ 15

④ $10\sqrt{3}$

⑤ $15\sqrt{3}$

29. 전부하 슬립 2[%], 1상의 저항 0.1[Ω]인 3상 권선형 유도전동기의 기동 토크를 전부하 토크와 같게 하기 위하여 슬립링을 통해 2차 회로에 삽입해야 하는 저항[Ω]은?

① 4.7

② 4.8

③ 4.9

④ 5.0

⑤ 5.1

30. 신재생에너지 중 풍력발전기에 사용되는 전기기기에 대한 설명으로 옳은 것은?

① 동기발전기는 유효전력 제어만 가능하다.

② 권선형 유도발전기는 슬립링이 필요 없어 구조가 견고하다.

③ 영구자석형 동기발전기의 경우 모든 속도 영역에서 발전이 가능하다.

④ 권선형 유도발전기는 축의 회전 속도를 낮추기 위해 감속 기어가 필요하다.

⑤ 직류발전기는 발전용량이 커서 전열용(급탕, 난방)에 주로 사용된다.

31. 변압기의 단락시험과 관계없는 것은?

① 전압 변동률

② 여자 어드미턴스

③ 임피던스 와트

④ 임피던스 전압

⑤ 단락전류

32. 정격전압 200[V]인 타여자 직류전동기에 계자전류 1[A]와 전기자전류 50[A]가 흘러서 4[N·m]의 토크가 발생되고 있다. 계자전류를 1.25[A]로, 전기자전류를 80[A]로 증가시킬 경우 전동기에 발생하는 토크[N·m]는? (단, 전기자 반작용 및 자기포화는 무시한다)

① 2.5

② 5.0

③ 6.4

④ 8.0

⑤ 10

33. 50[Hz], 4극 동기전동기의 회전자계의 주변 속도[m/sec]는 얼마인가? (단, 회전자계의 극 간격은 1[m]임)

① 50

② 100

③ 150

④ 200

⑤ 250

34. 권수비가 같은 변압기 2대를 병렬 운전할 때 각 변압기의 분담 전류는 무엇과 관계가 되는가?

① 누설 리액턴스에 비례

② 누설 리액턴스에 반비례

③ 누설 임피던스에 비례

④ 누설 임피던스에 반비례

⑤ 누설 임피던스의 제곱에 반비례

35. 3상 동기발전기를 병렬 운전시키는 경우 고려하지 않아도 되는 것은?

① 기전력의 주파수가 같을 것

② 용량이 같을 것

③ 기전력의 위상이 같을 것

④ 기전력의 크기가 같을 것

⑤ 상회전방향이 같을 것

36. 발전기 1대로 장거리 송전선로에 송전하는 경우, 동기발전기의 자기여자현상을 방지하는 방법으로 옳지 않은 것은?

① 발전기 2대 또는 3대를 병렬로 모선에 접속

② 수전단에 동기조상기 접속

③ 단락비가 작은 발전기로 충전

④ 수전단에 리액턴스를 병렬로 접속

⑤ 충전 전압을 낮게 하여 충전

37. 정격운전 중인 변압기에 단락사고가 발생하여 정격전류의 40배의 크기인 단락전류가 흐르고 있다. 이 때의 발전기의 임피던스 강하는?

① 2.5[%]　　　　② 5.0[%]

③ 7.5[%]　　　　④ 10.0[%]

⑤ 12.5[%]

38. 회전 중인 유도전동기의 제동방법 중 동기속도 이상으로 회전시켜 유도발전기로서 제동시키는 제동법은?

① 회생제동

② 발전제동

③ 유도제동

④ 단상제동

⑤ 역전제동

39. 원동기를 사용하는 효율 0.9인 동기발전기가 900[kVA], 역률 0.81의 부하에 전류를 공급하고 있을 때, 이 원동기의 입력[kW]은? (단, 원동기의 효율은 0.81이다)

① 1,000　　　　② 900

③ 810　　　　④ 730

⑤ 670

40. 직권 직류전동기를 단상 직권 정류자 전동기로 사용하기 위하여 교류를 인가하였을 때, 옳지 않은 것은?

① 효율이 나빠진다.

② 계자권선이 필요 없다.

③ 정류가 불량하다.

④ 역률이 떨어진다.

⑤ 토크가 약해진다.

41. 1차 전압 6,600[V], 2차 전압 220[V], 주파수 60[Hz]의 단상 변압기가 있다. 다음 그림과 같이 결선하고 1차측에 120[V]의 전압을 인가하였을 때, 전압계의 지시값[V]은?

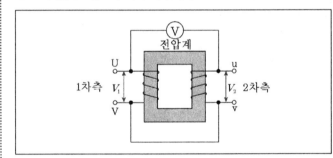

① 100　　　　② 116

③ 120　　　　④ 124

⑤ 128

42. 보극이 없는 직류전동기의 브러시 위치를 무부하 중성점으로부터 이동시키는 이유와 이동 방향은?

① 정류작용이 잘 되게 하기 위하여 전동기 회전 방향으로 브러시를 이동한다.

② 정류작용이 잘 되게 하기 위하여 전동기 회전 반대 방향으로 브러시를 이동한다.

③ 유기기전력을 증가시키기 위하여 전동기 회전 방향으로 브러시를 이동한다.

④ 유기기전력을 증가시키기 위하여 전동기 회전 반대 방향으로 브러시를 이동한다.

⑤ 유기기전력을 감소시키기 위하여 전동기 회전 반대 방향으로 브러시를 이동한다.

43. 다음 ㉠, ㉡, ㉢에 들어갈 용어를 바르게 나열한 것은?

> 변압기의 무부하 전류를 (㉠) 전류라 한다. 이 무부하 전류는 변압기 철심에 자속을 생성하는 데 사용되는 (㉡) 전류와 히스테리시스 손실과 와전류 손실에 사용되는 (㉢) 전류의 합이다.

	㉠	㉡	㉢
①	자화	여자	철손
②	여자	자화	철손
③	자화	철손	동손
④	동손	자화	철손
⑤	여자	철손	자화

44. 10,000[kVA], 8,000[V]의 Y결선 3상 동기발전기가 있다. 1상의 동기 임피던스가 4[Ω]이면 이 발전기의 단락비는?

① 1.2 ② 1.4
③ 1.6 ④ 1.8
⑤ 2.0

45. 내부 임피던스가 8[Ω]인 앰프에 32[Ω]의 임피던스를 가진 스피커를 연결할 때 임피던스 정합용 변압기를 사용하여 최대전력을 전달하고자 한다. 이 정합용 변압기의 앰프 측 권선수가 200이라면 스피커 측 권선수는?

① 50 ② 100
③ 200 ④ 400
⑤ 500

46. 그림과 같은 부하 특성을 갖는 팬을 전동기로 운전하고 있다. 부하의 속도가 현재 속도보다 2배 빨라진 경우, 부하를 운전하는 데 요구되는 전동기의 전력은? (단, 전동기의 손실은 무시한다)

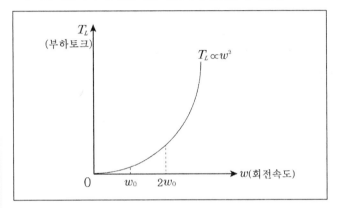

① $\frac{1}{2}$배가 된다.

② 동일하게 유지된다.

③ 2배가 된다.

④ 4배가 된다.

⑤ 8배가 된다.

47. 교류전원으로부터 전력변환장치를 사용하여 교류전동기를 가변속 운전하려 한다. 이를 위해 필요한 전력변환장치의 종류와 그 연결순서가 바르게 나열된 것은?

①	인버터	→	다이오드 정류기
②	DC/DC 컨버터	→	인버터
③	다이오드 정류기	→	인버터
④	인버터	→	위상제어 정류기
⑤	위상제어 정류기	→	다이오드 정류기

48. 3상 460[V], 100[kW], 60[Hz], 4극 유도전동기가 0.05의 슬립으로 운전되고 있다. 회전자 및 고정자에 대한 회전자 자계의 상대속도[rpm]는?

	회전자에 대한 회전자 자계의 상대속도	고정자에 대한 회전자 자계의 상대속도
①	90	1,800
②	0	1,800
③	90	0
④	1,710	0
⑤	1,800	0

49. 직류 분권전동기의 단자 전압과 계자전류는 일정하고 부하 토크가 2배로 되면 전기자전류는 어떻게 되는가?

① 불변 ② 1/2배

③ 2배 ④ 4배

⑤ 8배

50. △결선의 3상 유도전동기를 Y결선으로 변경한 경우의 기동토크는 △결선 시의 몇 배가 되는가?

① $\dfrac{1}{3}$ ② $\dfrac{1}{\sqrt{3}}$

③ $\sqrt{3}$ ④ 3

⑤ $3\sqrt{3}$

인천국제공항공사

기술분야(전기)

필기시험 모의고사

제 2 회	영 역	직업기초능력평가, 직무수행능력평가(전기이론·전기기기)
	문항수	110문항
	시 간	125분
	비 고	객관식 5지 택일형

SEOWONGAK
(주)서원각

제 2 회 필기시험 모의고사

✏️ **직업기초능력평가(60문항/65분)**

1. 다음 제시된 글의 내용과 일치하는 것을 모두 고른 것은?

유물(遺物)을 등록하기 위해서는 명칭을 붙인다. 이 때 유물의 전반적인 내용을 알 수 있도록 하는 것이 바람직하다. 따라서 명칭에는 그 유물의 재료나 물질, 제작기법, 문양, 형태가 나타난다. 예를 들어 도자기에 청자상감운학문매병(靑瓷象嵌雲鶴文梅瓶)이라는 명칭이 붙여졌다면, '청자'는 재료를, '상감'은 제작기법은, '운학문'은 문양을, '매병'은 그 형태를 각각 나타낸 것이다. 이러한 방식으로 다른 유물에 대해서도 명칭을 붙이게 된다.

유물의 수량은 점(點)으로 계산한다. 작은 화살촉도 한 점이고 커다란 철불(鐵佛)도 한 점으로 처리한다. 유물의 파편이 여럿인 경우에는 일괄(一括)이라 이름 붙여 한 점으로 계산하면 된다. 귀걸이와 같이 쌍(雙)으로 된 것은 한 쌍으로 하고, 하나인 경우에는 한 짝으로 하여 한 점으로 계산한다. 귀걸이 한 쌍은, 먼저 그 유물번호를 적고 그 뒤에 각각 (2-1), (2-2)로 적는다. 뚜껑이 있는 도자기나 토기도 한 점으로 계산하되, 번호를 매길 때는 귀걸이의 예와 같이 하면 된다.

유물을 등록할 때는 그 상태를 잘 기록해 둔다. 보존상태가 완전한 경우도 많지만, 일부가 손상된 유물도 많다. 예를 들어 유물의 어느 부분이 부서지거나 깨졌지만 그 파편이 남아 있는 상태를 파손(破損)이라고 하고, 파편이 없는 경우를 결손(缺損)이라고 표기한다. 그리고 파손된 것을 붙이거나 해서 손질했을 때 이를 수리(修理)라 하고, 결손된 부분을 모조해 원상태로 재현했을 때는 복원(復原)이라는 용어를 사용한다.

ⓐ 도자기 뚜껑의 일부가 손상되어 파편이 떨어진 유물의 경우, 뚜껑은 파편과 일괄하여 한 점이지만 도자기 몸체와는 별개이므로 전체가 두 점으로 계산된다.
ⓑ 조선시대 방패의 한 귀퉁이가 부서져나가 그 파편을 찾을 수 없다면, 수리가 아닌 복원의 대상이 된다.
ⓒ 위 자료에 근거해 볼 때, 청자화훼당초문접시(靑瓷花卉唐草文皿)는 그 명칭에 비추어 청자상감운학문매병과 동일한 재료 및 문양을 사용하였으나, 그 제작기법과 형태에 있어서 서로 다른 것으로 추정된다.
ⓓ 박물관이 소장하고 있는 한 쌍의 귀걸이 중 한 짝이 소실되는 경우에도 그 박물관 전체 유물의 수량이 줄어들지는 않을 것이다.
ⓔ 일부가 결손된 철불의 파편이 어느 지방에서 발견되어 그 철불을 소장하던 박물관에서 함께 소장하게 된 경우, 그 박물관이 소장하는 전체 유물의 수량은 늘어난다.

① ㉠
② ㉡㉢
③ ㉡㉣
④ ㉠㉢㉤
⑤ ㉡㉣㉤

2. 다음 표는 통신사 A, B, C의 스마트폰 소매가격 및 평가점수 자료이다. 이에 대한 〈보기〉의 설명 중 옳은 것만을 모두 고른 것은?

통신사별 스마트폰의 소매가격 및 평가점수

(단위 : 달러, 점)

통신사	스마트폰	소매가격	평가항목 화질	내비게이션	멀티미디어	배터리수명	통화성능	종합품질점수
A	a	150	3	3	3	3	1	13
	b	200	2	2	3	1	2	10
	c	200	3	3	3	1	1	11
B	d	180	3	3	3	2	1	12
	e	100	2	3	3	2	1	11
	f	70	2	1	3	2	1	9
C	g	200	3	3	3	2	2	13
	h	50	3	2	3	2	1	11
	i	150	3	2	2	3	2	12

㉠ 소매가격이 200달러인 스마트폰 중 '종합품질점수'가 가장 높은 스마트폰은 c이다.
㉡ 소매가격이 가장 낮은 스마트폰은 '종합품질점수'도 가장 낮다.
㉢ 통신사 각각에 대해서 해당 통신사 스마트폰의 '통화성능' 평가점수의 평균을 계산하여 통신사별로 비교하면 C가 가장 높다.
㉣ 평가항목 각각에 대해서 스마트폰 a~i 평가점수의 합을 계산하여 평가항목별로 비교하면 '멀티미디어'가 가장 높다.

① ㉠
② ㉢
③ ㉠㉡
④ ㉡㉣
⑤ ㉢㉣

3. (개)~(래의 유형 구분에 사용되었을 두 가지 기준을 〈보기〉에서 고른 것으로 가장 적절한 것은?

한 범죄학자가 미성년자 대상 성범죄자의 프로파일을 작성하기 위해 성범죄자를 A 기준과 B 기준에 따라 네 유형으로 분류하였다.

A 기준	B 기준	
	(개)	(나)
	(다)	(라)

(개) 유형은 퇴행성 성범죄자로, 평소에는 정상적으로 성인과 성적 교류를 하지만 실직이나 이혼 등과 같은 실패를 경험하는 경우에 어려움을 극복하는 기술이 부족하여 일시적으로 미성년 여자를 대상으로 성매매 등의 성적 접촉을 시도한다. 이들은 흔히 내향적이며 정상적인 결혼생활을 하고 있고 거주지가 일정하다.

(나) 유형은 미성숙 성범죄자로, 피해자의 성별에 대한 선호를 보이지 않는다. 정신적, 심리적 문제를 가진 경우가 많고 주위 사람들로부터 따돌림을 당해서 대부분 홀로 생활한다. 이들의 범행은 주로 성폭행과 성추행의 형태로 나타나는데, 일시적이고 충동적인 면이 있다.

(다) 유형은 고착성 성범죄자로, 선물이나 금전 등으로 미성년자의 환심을 사기 위해 장기간에 걸쳐 노력을 기울인다. 발달 과정의 한 시점에 고착되었기 때문에 10대 후반부터 미성년자를 성적 대상으로 삼는 행동을 보인다. 성인과의 대인관계를 어려워하며, 생활과 행동에서 유아적인 요소를 보이는 경우가 많다.

(라) 유형은 가학성 성범죄자로, 공격적이고 반사회적인 성격을 가진다. 전과를 가진 경우가 많고, 피해자를 해치는 경우가 많으며, 공격적 행동을 통하여 성적 쾌감을 경험한다. 어린 미성년 남자를 반복적으로 범죄 대상으로 선택하는 경우가 많다.

ⓐ 미성년자 선호 지속성　　ⓑ 내향성
ⓒ 공격성　　　　　　　　ⓓ 성별 선호

① ⓐⓑ
② ⓐⓒ
③ ⓑⓒ
④ ⓑⓓ
⑤ ⓒⓓ

---

4. 다음은 N사 판매관리비의 2분기 집행 내역과 3분기 배정 내역이다. 자료를 참고하여 판매관리비 집행과 배정 내역을 올바르게 파악하지 못한 것은 어느 것인가?

〈판매관리비 집행 및 배정 내역〉

(단위 : 원)

항목	2분기	3분기
판매비와 관리비	236,820,000	226,370,000
직원급여	200,850,000	195,000,000
상여금	6,700,000	5,700,000
보험료	1,850,000	1,850,000
세금과 공과금	1,500,000	1,350,000
수도광열비	750,000	800,000
잡비	1,000,000	1,250,000
사무용품비	230,000	180,000
여비교통비	7,650,000	5,350,000
퇴직급여충당금	15,300,000	13,500,000
통신비	460,000	620,000
광고선전비	530,000	770,000

① 직접비와 간접비를 합산한 3분기의 예산 배정액은 전 분기보다 10% 이내의 범위로 감소하였다.

② 간접비는 전 분기의 5%에 조금 못 미치는 금액만큼 증가하였다.

③ 2분기와 3분기 모두 간접비에서 가장 큰 비중을 차지하는 항목은 보험료이다.

④ 3분기에는 직접비와 간접비가 모두 2분기 집행 내역보다 더 많이 배정되었다.

⑤ 3분기에는 인건비 감소로 인하여 직접비 배정액이 감소하였다.

5. 다음 내용에 해당하는 인터넷 검색 방식을 일컫는 말은 어느 것인가?

> 이 검색 방식은 검색엔진에서 문장 형태의 질의어를 형태소 분석을 거쳐 언제(when), 어디서(where), 누가(who), 무엇을(what), 왜(why), 어떻게(how), 얼마나(how much)에 해당하는 5W 2H를 읽어내고 분석하여 각 질문에 답이 들어있는 사이트를 연결해 주는 검색엔진이다.

① 자연어 검색 방식
② 주제별 검색 방식
③ 통합형 검색 방식
④ 키워드 검색 방식
⑤ 연산자 검색 방식

6. 다음은 어느 해의 산업재해로 인한 사망사고 건수이다. 다음 중 산업재해 사망건수에 가장 큰 영향을 끼치는 산업재해의 기본적 원인은?

〈표〉 20XX년도 산업재해 사망사고 원인별 분석

산업재해 발생원인	건수
작업준비 불충분	162
유해 · 위험작업 교육 불충분	76
건물 · 기계 · 장치의 설계 불량	61
안전 지식의 불충분	46
안전관리 조직의 결함	45
생산 공정의 부적당	43

① 기술적 원인
② 교육적 원인
③ 작업 관리상 원인
④ 불안전한 상태
⑤ 불안전한 행동

7. 다음 글을 읽고 추론할 수 없는 내용은?

> 흑체복사(blackbody radiation)는 모든 전자기파를 반사 없이 흡수하는 성질을 갖는 이상적인 물체인 흑체에서 방출하는 전자기파 복사를 말한다. 20℃의 상온에서 흑체가 검게 보이는 이유는 가시영역을 포함한 모든 전자기파를 반사 없이 흡수하고 또한 가시영역의 전자기파를 방출하지 않기 때문이다. 하지만 흑체가 가열되면 방출하는 전자기파의 특성이 변한다. 가열된 흑체가 방출하는 다양한 파장의 전자기파에는 가시영역의 전자기파도 있기 때문에 흑체는 온도에 따라 다양한 색을 띨 수 있다.
>
> 흑체를 관찰하기 위해 물리학자들은 일정한 온도가 유지 되고 완벽하게 밀봉된 공동(空洞)에 작은 구멍을 뚫어 흑체를 실현했다. 공동이 상온일 경우 공동의 내벽은 전자기파를 방출하는데, 이 전자기파는 공동의 내벽에 부딪혀 일부는 반사되고 일부는 흡수된다. 공동의 내벽에서는 이렇게 전자기파의 방출, 반사, 흡수가 끊임없이 일어나고 그 일부는 공동 구멍으로 방출되지만 가시영역의 전자기파가 없기 때문에 공동 구멍은 검게 보인다. 또 공동이 상온일 경우 이 공동 구멍으로 들어가는 전자기파는 공동 안에서 이리저리 반사되다 결국 흡수되어 다시 구멍으로 나오지 않는다. 즉 공동 구멍의 특성은 모든 전자기파를 흡수하는 흑체의 특성과 같다.
>
> 한편 공동이 충분히 가열되면 공동 구멍으로부터 가시영역의 전자기파도 방출되어 공동 구멍은 색을 띨 수 있다. 이렇게 공동 구멍에서 방출되는 전자기파의 특성은 같은 온도에서 이상적인 흑체가 방출하는 전자기파의 특성과 일치한다. 물리학자들은 어떤 주어진 온도에서 공동 구멍으로부터 방출되는 공동 복사의 전자기파 파장별 복사에너지를 정밀하게 측정하여, 전자기파의 파장이 커짐에 따라 복사에너지 방출량이 커지다가 다시 줄어드는 경향을 보인다는 것을 발견하였다.

① 흑체의 온도를 높이면 흑체가 검지 않게 보일 수도 있다.
② 공동의 온도가 올라감에 따라 복사에너지 방출량은 커지다가 줄어든다.
③ 공동을 가열하면 공동 구멍에서 다양한 파장의 전자기파가 방출된다.
④ 흑체가 전자기파를 방출할 때 파장에 따라 복사에너지 방출량이 달라진다.
⑤ 상온으로 유지되는 공동 구멍이 검게 보인다고 공동 내벽에서 방출되는 전자기파가 없는 것은 아니다.

8. 다음은 갑국~정국의 성별 평균소득과 대학진학률의 격차지수만으로 계산한 간이 성평등지수에 대한 표이다. 이에 대한 설명으로 옳은 것만 모두 고른 것은?

(단위 : 달러, %)

항목 국가	평균소득			대학진학률			간이 성평등 지수
	여성	남성	격차 지수	여성	남성	격차 지수	
갑	8,000	16,000	0.50	68	48	1.00	0.75
을	36,000	60,000	0.60	( )	80	( )	( )
병	20,000	25,000	0.80	70	84	0.83	0.82
정	3,500	5,000	0.70	11	15	0.73	0.72

※ 격차지수는 남성 항목값 대비 여성 항목값의 비율로 계산하며, 그 값이 1을 넘으면 1로 한다.
※ 간이 성평등지수는 평균소득 격차지수와 대학진학률 격차지수의 산술 평균이다.
※ 격차지수와 간이 성평등지수는 소수점 셋째자리에서 반올림한다.

> ㉠ 갑국의 여성 평균소득과 남성 평균소득이 각각 1,000달러씩 증가하면 갑국의 간이 성평등지수는 0.80 이상이 된다.
> ㉡ 을국의 여성 대학진학률이 85%이면 간이 성평등지수는 을국이 병국보다 높다.
> ㉢ 정국의 여성 대학진학률이 4%p 상승하면 정국의 간이 성평등지수는 0.80 이상이 된다.

① ㉠
② ㉡
③ ㉢
④ ㉠㉡
⑤ ㉠㉢

9. 쓰레기를 무단 투기하는 사람을 찾기 위해 고심하던 아파트 관리인 세상씨는 다섯 명의 입주자 A, B, C, D, E를 면담했다. 이들은 각자 다음과 같이 이야기를 했다. 이 가운데 두 사람의 이야기는 모두 거짓인 반면, 세 명의 이야기는 모두 참이라고 한다. 다섯 명 가운데 한 명이 범인이라고 할 때 쓰레기를 무단 투기한 사람은 누구인가?

> A : 쓰레기를 무단 투기하는 것을 나와 E만 보았다. B의 말은 모두 참이다.
> B : 쓰레기를 무단 투기한 것은 D이다. D가 쓰레기를 무단 투기하는 것을 E가 보았다.
> C : D는 쓰레기를 무단 투기하지 않았다. E의 말은 참이다.
> D : 쓰레기를 무단 투기하는 것을 세 명의 주민이 보았다. B는 쓰레기를 무단 투기하지 않았다.
> E : 나와 A는 쓰레기를 무단 투기하지 않았다. 나는 쓰레기를 무단 투기하는 사람을 아무도 보지 못했다.

① A
② B
③ C
④ D
⑤ E

10. 다음은 (주)서원기업의 재고 관리 사례이다. 금요일까지 부품 재고 수량이 남지 않게 완성품을 만들 수 있도록 월요일에 주문할 A~C 부품 개수로 옳은 것은? (단, 주어진 조건 이외에는 고려하지 않는다)

〈부품 재고 수량과 완성품 1개당 소요량〉

부품명	부품 재고 수량	완성품 1개당 소요량
A	500	10
B	120	3
C	250	5

〈완성품 납품 수량〉

항목 \ 요일	월	화	수	목	금
완성품 납품 개수	없음	30	20	30	20

〈조건〉
1. 부품 주문은 월요일에 한 번 신청하며 화요일 작업시작 전 입고된다.
2. 완성품은 부품 A, B, C를 모두 조립해야 한다.

	A	B	C
①	100	100	100
②	100	180	200
③	500	100	100
④	500	180	250
⑤	500	150	250

11. 다음 ㉠~㉢의 설명에 맞는 용어가 순서대로 올바르게 짝지어 진 것은 어느 것인가?

㉠ 유통분야에서 일반적으로 물품관리를 위해 사용된 바코드를 대체할 차세대 인식기술로 꼽히며, 판독 및 해독 기능을 하는 판독기(reader)와 정보를 제공하는 태그(tag)로 구성된다.
㉡ 컴퓨터 관련 기술이 생활 구석구석에 스며들어 있음을 뜻하는 '퍼베이시브 컴퓨팅(pervasive computing)'과 같은 개념이다.
㉢ 메신저 애플리케이션의 통화 기능 또는 별도의 데이터 통화 애플리케이션을 설치하면 통신사의 이동통신망이 아니더라도 와이파이(Wi-Fi)를 통해 단말기로 데이터 음성통화를 할 수 있으며, 이동통신망의 음성을 쓰지 않기 때문에 국외 통화 시 비용을 절감할 수 있다는 장점이 있다.

① RFID, 유비쿼터스, VoIP
② POS, 유비쿼터스, RFID
③ RFID, POS, 핫스팟
④ POS, VoIP, 핫스팟
⑤ RFID, VoIP, POS

12. 기술집약적인 사업을 영위하고 있는 L사는 다양한 분야의 기술 개발을 필요로 한다. 다음에 제시된 L사의 기술개발 사례들 중, 기술선택을 위한 의사결정의 방식에서 그 성격이 나머지와 다른 하나는 어느 것인가?

㉠ 새로운 생태계를 만들어 나가고자 하는 사장의 중점 추진사항을 수행하기 위해 과감한 투자를 실행하여 중소기업과의 동반성장 생태계 조성에 필요한 기술 인력을 지원하였으며, 개발된 기술을 바탕으로 산업 생태계의 중심에 위치하게 되었다.
㉡ 영업본부에서는 매번 해외영업 시 아쉬웠던 부분을 보완하기 위해 영업직원들의 경험에서 도출된 아이디어를 종합하여 생산 설비와 관련된 기술 개발을 국내 우수 업체들과 논의하게 되었고 그 결과 해외영업 성과의 현저한 개선이 이루어졌다.
㉢ 지금은 4차 산업혁명 시대를 맞이한 매우 중요한 시점에 놓여 있다는 경영진의 경영철학을 현장의 업무에서 구현하기 위해 신성장 기술본부에서는 신재생에너지 사업의 가시적인 효과를 위해 관련 분야의 전문 인력 100여 명을 추가로 채용하였고, 친환경적인 비전을 제시함으로써 정부로부터의 추가 지원 유치에 성공하였다.
㉣ 경영개선처에서는 회사의 경영슬로건 중 하나인 글로벌 리더로서의 위상을 세계시장에 구현하자는 목표를 가지고, 경영혁신에 필요한 선진기업의 노하우를 벤치마킹하고 그에 따른 선진경영기술을 도입하기 위하여 많은 인재들에게 현지 출장의 기회를 부여해왔고 현지의 전문가들을 본사로 초청해 강연회를 통한 경영기술 공유의 장을 마련하였다.
㉤ 회사 조직구성의 모토인 '수익성과 고용창출 중심의 해외사업'이라는 가치를 감안하여 해외전략금융처에서는 내년 하반기 본격 시행을 앞둔 획기적인 전략금융기법을 철저한 보안 속에 개발하고 있으며 해외 현지의 고용창출과 수익성 극대화라는 두 마리 토끼를 동시에 잡을 수 있을 것으로 기대하고 있다.

① ㉠
② ㉡
③ ㉢
④ ㉣
⑤ ㉤

13. 다음 글을 읽고 추측할 수 있는 연구와 그 결과에 대한 해석이 바르게 짝지어지지 않은 것은?

운석은 소행성 혹은 다른 행성 등에서 떨어져 나온 물체가 지구 표면에 떨어진 것으로 우주에 관한 주요 정보원이다. 1984년 미국의 탐사대가 남극 지역에서 발견하여 ALH84001 (이하 ALH)이라고 명명한 주먹 크기의 운석도 그것의 한 예이다. 여러 해에 걸친 분석 끝에 1996년 NASA는 ALH가 화성에서 기원하였으며, 그 속에서 초기 생명의 흔적으로 추정할 수 있는 미세 구조물이 발견되었다는 발표를 하였다.

이 운석이 화성에서 왔다는 증거는 ALH에서 발견된 산소 동위 원소들 간의 구성비였다. 이 구성비는 지구의 암석에서 측정되는 것과는 달랐지만, 화성에서 온 운석으로 알려진 스닉스(SNCs)에서 측정된 것과는 일치했다.

성분 분석 결과에 의하면 스닉스는 화산 활동에서 만들어진 화산암으로, 산소 동위 원소 구성비가 지구의 것과 다르기 때문에 지구의 물질은 아니다. 소행성은 형성 초기에 급속히 냉각되어 화산 활동이 불가능하기 때문에, 지구에 화산암 운석을 보낼 수 있는 천체는 표면이 고체인 금성, 화성, 달 정도다. 그런데 방사성 동위 원소로 측정한 결과 스닉스는 약 10억 년 전에 형성된 것으로 밝혀졌다. 지질학적 분석 결과 그 시기까지 달에는 화산 활동이 없었기 때문에 화산암이 생성될 수가 없었다. 금성과 화성에는 화산 폭발이 있었지만 계산 결과 어떤 화산 폭발도 이들 행성의 중력권 밖으로 파편을 날려보낼 만큼 강력하지는 않았다. 커다란 운석의 행성 충돌만이 행성의 파편을 우주로 날려 보낼 수 있었을 것이다. 그러나 금성은 농밀한 대기와 큰 중력으로 인해 파편 이탈이 쉽지 않으므로 화성이 유력한 후보로 남게 된다. 그런데 스닉스에서 발견된 모(母)행성 대기의 기체 일부가 바이킹 화성탐사선이 분석한 화성의 대기와 구성 성분이 일치했다. 따라서 스닉스는 화성에서 왔을 것이며, ALH 역시 화성에서 기원했을 것이다. ALH에서 발견된 이황화철(FeS$_2$)도 화성의 운석에서 흔히 발견되는 성분이다.

ALH의 기원이 밝혀진 이후 이 운석에 대한 본격적인 분석이 시작되었다. 먼저 루비듐(Rb)과 스트론튬(Sr)을 이용한 방사성 연대 측정을 통해 ALH의 나이가 화성과 비슷한 45억 년임이 판명되었다. ALH가 화성을 언제 떠났는지는 우주 복사선 효과를 통해 알 수 있었다. 운석이 우주 공간에 머물 때는 태양과 은하로부터 오는 복사선의 영향으로 새로운 동위 원소인 헬륨3, 네온21 등이 생성되는데, 그들의 생성률과 구성비를 측정하면 운석이 우주 공간에 머문 기간을 추정할 수 있다. ALH는 1,600만 년을 우주 공간에서 떠돌았다. ALH가 지구에 떨어진 시점은 ALH에 포함된 또 다른 동위 원소인 탄소14를 사용해 계산하였다. 측정 결과 ALH는 13,000년 전에 남극에 떨어진 것으로 밝혀졌다.

ALH의 표면에는 갈라진 틈이 있었고, 이 안에서 $20\,\mu m \sim 250$ μm 크기의 둥근 탄산염 알갱이들이 발견되었다. 탄산염은 물에 의해 생성되거나 생물체의 활동으로부터 만들어질 수 있다. 어느 쪽이든 생명의 존재를 시사한다. 이 탄산염이 혹시 지구로부터 유입되었을 가능성이 있어 연대 측정을 해 본 결과 36억

년 전에 형성된 것이었다. 생물체가 분해될 때 생성되는 탄소 화합물인 '여러고리방향족탄화수소(PAH)'도 검출되었다. PAH 역시 외부 오염 가능성이 제기되었는데, ALH에서 PAH의 분포를 조사할 결과 안쪽으로 갈수록 농도가 증가하였다. 이것으로 외부 오염 가능성을 배제할 수 있었다. 탄산염 안에서 발견된 자철석 결정도 박테리아 내부에서 만들어지는 자철석 입자들이 모여 생성된 것과 그 형태가 흡사했다. 생물체의 존재에 대한 증거는 전자 현미경 분석에서 나왔다. 지구의 박테리아와 형태가 비슷하지만 크기는 매우 작은 25nm~100nm 정도의 미세 구조물들이 탄산염 알갱이에 붙어 있는 것을 확인한 것이다. 연구진은 이상의 분석을 종합해 볼 때, 이것을 36억 년 전 화성에 살았던 미생물이 화석화한 것으로 추정할 수 있다는 결론을 내렸다.

	연구	결과 해석
①	달에 대한 지질학적 분석	스닉스가 달에서 오지 않았다.
②	금성의 중력과 대기 밀도 측정	스닉스가 금성에서 오지 않았다.
③	스닉스의 암석 성분 분석	스닉스가 소행성에서 오지 않았다.
④	스닉스에 포함된 산소 동위 원소 구성비 분석	스닉스가 지구의 것이 아니다.
⑤	스닉스의 형성 연대 측정	스닉스가 우주에서 10억 년 동안 떠돌았다.

14. 다음은 '갑'국의 2018년 복지종합지원센터, 노인복지관, 자원봉사자, 등록노인 현황에 대한 자료이다. 이에 대한 설명 중 옳은 것들로만 바르게 짝지어진 것은?

(단위 : 개소, 명)

구분 지역	복지종합 지원센터	노인 복지관	자원 봉사자	등록노인
A	20	1,336	8,252	397,656
B	2	126	878	45,113
C	1	121	970	51,476
D	2	208	1,388	69,395
E	1	164	1,188	59,050
F	1	122	1,032	56,334
G	2	227	1,501	73,825
H	3	362	2,185	106,745
I	1	60	529	27,256
전국	69	4,377	30,171	1,486,980

○ 전국의 노인복지관, 자원봉사자 중 A 지역의 노인복지관, 자원봉사자의 비중은 각각 25% 이상이다.

○ A~I 지역 중 복지종합지원센터 1개소당 노인복지관 수가 100개소 이하인 지역은 A, B, D, I이다.

○ A~I 지역 중 복지종합지원센터 1개소당 자원봉사자 수가 가장 많은 지역과 복지종합지원센터 1개소당 등록노인 수가 가장 많은 지역은 동일하다.

○ 노인복지관 1개소당 자원봉사자 수는 H 지역이 C 지역보다 많다.

① ㉠㉡
② ㉠㉢
③ ㉠㉣
④ ㉡㉢
⑤ ㉡㉣

15. 다음을 근거로 판단할 때, 도형의 모양을 옳게 짝지은 것은?

5명의 학생은 5개 도형 A~E의 모양을 맞히는 게임을 하고 있다. 5개의 도형은 모두 서로 다른 모양을 가지며 각각 삼각형, 사각형, 오각형, 육각형, 원 중 하나의 모양으로 이루어진다. 학생들에게 아주 짧은 시간 동안 5개의 도형을 보여준 후 도형의 모양을 2개씩 진술하게 하였다. 학생들이 진술한 도형의 모양은 다음과 같고, 모두 하나씩만 정확하게 맞혔다.

〈진술〉

甲 : C = 삼각형, D = 사각형
乙 : B = 오각형, E = 사각형
丙 : C = 원, D = 오각형
丁 : A = 육각형, E = 사각형
戊 : A = 육각형, B = 삼각형

① A=육각형, D=사각형
② B=오각형, C=삼각형
③ A=삼각형, E=사각형
④ C=오각형, D=원
⑤ D=오각형, E=육각형

16. 다음은 영업사원인 甲씨가 오늘 미팅해야 할 거래처 직원들과 방문해야 할 업체에 관한 정보이다. 다음의 정보를 모두 반영하여 하루의 일정을 짠다고 할 때 순서가 올바르게 배열된 것은? (단, 장소 간 이동 시간은 없는 것으로 가정한다)

〈거래처 직원들의 요구 사항〉

• A거래처 과장 : 회사 내부 일정으로 인해 미팅은 10시~12시 또는 16~18시까지 2시간 정도 가능합니다.

• B거래처 대리 : 12시부터 점심식사를 하거나, 18시부터 저녁식사를 하시죠. 시간은 2시간이면 될 것 같습니다.

• C거래처 사원 : 외근이 잡혀서 오전 9시부터 10시까지 1시간만 가능합니다.

• D거래처 부장 : 외부일정으로 18시부터 저녁식사만 가능합니다.

〈방문해야 할 업체와 가능시간〉

• E서점 : 14~18시, 소요시간은 2시간

• F은행 : 12~16시, 소요시간은 1시간

• G미술관 관람 : 하루 3회(10시, 13시, 15시), 소요시간은 1시간

① C거래처 사원 – A거래처 과장 – B거래처 대리 – E서점 – G미술관 – F은행 – D거래처 부장

② C거래처 사원 – A거래처 과장 – F은행 – B거래처 대리 – G미술관 – E서점 – D거래처 부장

③ C거래처 사원 – G미술관 – F은행 – B거래처 대리 – E서점 – A거래처 과장 – D거래처 부장

④ C거래처 사원 – A거래처 과장 – B거래처 대리 – F은행 – G미술관 – E서점 – D거래처 부장

⑤ C거래처 사원 – A거래처 과장 – F은행 – G미술관 – E서점 – B거래처 대리 – D거래처 부장

17. 다음 중 '자료', '정보', '지식'의 관계에 대한 설명으로 올바르지 않은 것은 어느 것인가?

① 객관적 실제의 반영이며, 그것을 전달할 수 있도록 기호화한 것을 자료라고 한다.

② 특정 상황에서 그 가치가 평가된 데이터를 정보와 지식이라고 말한다.

③ 데이터를 집적하고 체계화하여 장래의 일반적인 사항에 대비해 보편성을 갖도록 한 것을 지식이라고 한다.

④ 자료를 가공하여 이용 가능한 정보로 만드는 과정, 자료처리(data processing)라고도 하며 일반적으로 컴퓨터가 담당한다.

⑤ 업무 활동을 통해 알게 된 세부 데이터를 컴퓨터로 일목요연하게 정리해 내었다면 그것은 지식이라고 불린다.

18. 다음은 정부의 '식품사고' 위기에 대한 대응 매뉴얼 내용의 일부이다. 이에 대한 설명으로 올바르지 않은 것은 어느 것인가?

위기경보	수준
관심	• 해외에서 유해물질에 의한 식품사고가 발생하거나 발생할 우려가 있는 제품이 국내에 유통되고 있다는 정보 입수 • 수입, 통관, 유통단계에서 유해물질이 검출되거나 검출될 우려가 있는 제품이 국내에 유통되고 있다는 정보 입수 • 농·수·축산물 생산단계에서 유해물질이 검출되거나 검출될 우려가 있는 제품이 유통되고 있다는 정보 입수(풍수해, 유해화학물질 유출 등 재난 발생 정보 입수 포함) • 유해물질이 검출되거나 검출될 우려가 있는 제품이 제조, 가공, 유통된 경우(정보 입수 포함) • 50인 미만의 식중독 환자가 발생한 경우 • 국회, 소비자단체, 경찰 등 수사기관, 지자체 등에서 이슈가 제기된 경우(정보 입수 포함)
주의	• 관심 단계에서 입수된 정보가 실제로 발생한 경우 • 1개 지역에서 50인 이상 집단식중독 환자가 발생한 경우 • 제기된 이슈에 대해 2개 이상 언론사에서 부정적 언론을 보도한 경우
경계	• 주의 단계에서 발생한 사고 식품이 대량 유통되거나 관련 언론보도가 확산된 경우 • 2개 이상 지역에서 동일 원인으로 추정되는 100인 이상 집단식중독 환자가 발생한 경우 • 이슈 사항에 대하여 부정적인 언론보도가 지속적으로 반복되어 위기가 확산되는 경우
심각	• 주의 단계에서 발생한 사고 식품으로 인해 사망자 발생 등 심각하게 국민 불안감이 야기된 경우 • 원인불명에 의해 전국적으로 대규모 집단식중독 환자가 발생한 경우 • 이슈제기 사항에 대한 부정적 언론보도 확산으로 심각하게 국민 불안감이 야기된 경우

① A시와 B시에서 동일 원인에 의한 식중독 환자가 각각 40명과 70명 발생한 경우는 '경계' 단계에 해당된다.

② 사고 식품에 의한 사망자가 한 지역에서 3명 발생하였을 경우 '심각' 단계에 해당된다.

③ 환자나 사망자 없이 언론보도로 인한 불안감 증폭 시에도 위기경보 수준이 단계별로 변동될 수 있다.

④ 풍수해로 인한 농산물의 오염 시에는 최소 위기경보 수준이 '경계' 단계이다.

⑤ 언론을 통한 불안감 증폭이 없는 상황에서 실제로 환자가 발생하지 않을 경우, 위기경보 수준은 '관심' 단계를 유지하게 된다.

19. 다음 글을 읽고 빈칸에 들어갈 알맞은 진술로 가장 적합한 것은?

'실은 몰랐지만 넘겨짚어 시험의 정답을 맞힌' 경우와 '제대로 알고 시험의 정답을 맞힌' 경우를 구별할 수 있을까? 또 무작정 외워서 쓴 경우와 제대로 이해하고 쓴 경우는 어떤가? 전자와 후자는 서로 다르게 평가받아야 할까, 아니면 동등한 평가를 받는 것이 마땅한가?

선택형 시험의 평가는 오로지 답안지에 표기된 선택지가 정답과 일치하는가의 여부에만 달려 있다. 이는 위의 첫 번째 물음이 항상 긍정으로 대답되지는 않으리라는 사실을 말해준다. 그러나 만일 시험관이 답안지를 놓고 응시자와 면담할 기회가 주어진다면, 시험관은 응시자에게 그가 정답지를 선택한 근거를 물음으로써 그가 과연 문제에 관해 올바른 정보와 추론 능력을 가지고 있었는지 검사할 수 있을 것이다.

예를 들어 한 응시자가 '대한민국의 수도가 어디냐?'는 물음에 대해 '서울'이라고 답했다고 하자. 그렇게 답한 이유가 단지 '부모님이 사시는 도시라 이름이 익숙해서'였을 뿐, 정작 대한민국의 지리나 행정에 관해서는 아는 바 없다는 사실이 면접을 통해 드러났다고 하자. 이 경우에 시험관은 이 응시자가 대한민국의 수도에 관한 올바른 정보를 갖고 있다고 인정하기 어려울 것이다. 이 예는 응시자가 올바른 답을 제시하는데 필요한 정보가 부족한 경우이다.

그렇다면, 어떤 사람이 문제의 올바른 답을 추론해내는 데 필요한 모든 정보를 갖고 있었고 실제로도 정답을 제시했다는 것이, 그가 문제에 대한 올바른 추론 능력을 가지고 있다고 할 필요충분조건이라고 할 수 있는가?

어느 도난사건을 함께 조사한 홈즈와 왓슨이 사건의 모든 구체적인 세부사항, 예컨대 범행 현장에서 발견된 흙발자국의 토양 성분 등에 관한 정보뿐 아니라 올바른 결론을 내리는 데 필요한 모든 일반적 정보, 예컨대 영국의 지역별 토양의 성분에 관한 정보 등을 똑같이 갖고 있었고, 실제로 동일한 용의자를 범인으로 지목했다고 하자. 이 경우 두 사람의 추론을 동등하게 평가해야 하는가? 그렇지 않다. 예컨대 왓슨은 모든 정보를 완비하고 있었음에도 불구하고, 이름에 모음의 수가 가장 적다는 엉터리 이유로 범인을 지목했다고 하자. 이런 경우에도 우리는 왓슨의 추론에 박수를 보낼 수 있을까? 아니다. 왜냐하면

_____

① 왓슨은 일반적으로 타당한 개인적 경험을 토대로 추론했기 때문이다.

② 왓슨은 올바른 추론의 방법을 알고 있었음에도 불구하고 요행을 우선시했기 때문이다.

③ 왓슨은 추론에 필요한 전문적인 훈련을 받지 못해서 범인을 잘못 골랐기 때문이다.

④ 왓슨은 올바른 추론에 필요한 정보를 가지고 있긴 했지만 그 정보와 무관하게 범인을 지목했기 때문이다.

⑤ 왓슨은 올바른 추론에 필요한 논리적 능력은 갖추고 있음에도 불구하고 범인을 추론하는 데 필요한 관련 정보가 부족했기 때문이다.

20.

다음은 2019년 5월과 2020년 5월 한 달 동안의 요일별 인천 공항 운항 통계이다. 이에 대한 설명으로 옳은 것은?

〈2019. 5월〉

(단위 : 편, 명, 톤)

요일	운항			여객			화물		
	도착	출발	합계	도착	출발	합계	도착	출발	합계
월요일	2,173	2,159	4,332	401,234	383,752	784,986	11,514	9,412	20,926
화요일	2,132	2,151	4,283	355,311	336,667	691,978	13,406	13,536	26,942
수요일	2,767	2,774	5,541	443,481	457,383	900,864	20,623	20,149	40,771
목요일	2,751	2,801	5,552	431,058	471,167	902,225	20,093	20,531	40,625
금요일	2,812	2,770	5,582	467,817	500,072	967,889	19,504	18,569	38,073
토요일	2,204	2,228	4,432	377,973	387,202	765,175	15,837	16,353	32,191
일요일	2,263	2,222	4,485	412,144	395,119	807,263	15,488	13,940	29,428
합계	17,102	17,105	34,207	2,889,018	2,931,362	5,820,380	116,465	112,490	228,955

〈2020. 5월〉

(단위 : 편, 명, 톤)

요일	운항			여객			화물		
	도착	출발	합계	도착	출발	합계	도착	출발	합계
월요일	407	372	779	9,813	3,745	13,558	11,283	9,553	20,836
화요일	451	499	950	8,380	3,286	11,666	12,006	14,457	26,463
수요일	546	506	1,052	11,943	4,183	16,126	14,689	15,142	29,831
목요일	538	558	1,096	11,780	4,544	16,324	15,445	15,373	30,817
금요일	688	708	1,396	20,661	13,880	34,541	18,446	19,175	37,621
토요일	666	607	1,273	17,938	4,600	22,538	17,505	17,279	34,784
일요일	580	621	1,201	14,371	8,800	23,171	20,838	18,580	39,418
합계	3,876	3,871	7,747	94,886	43,038	137,924	110,212	109,559	219,772

※ 도착 출발은 인천 공항 기준

① 2019년 5월과 2020년 5월 모두 도착 및 출발한 화물량이 가장 많았던 요일은 수요일이다.

② 2019년 5월과 2020년 5월 모두 인천공항을 출발한 여객의 수가 가장 적었던 요일은 월요일이다.

③ 2020년 5월 한 달 동안 도착 및 출발한 여객 중 주말에 도착 및 출발한 여객이 차지하는 비중은 33%를 넘지 않는다.

④ 2019년 5월 대비 2020년 5월 항공기 운항 편 수의 감소율이 가장 높은 요일은 월요일이다.

⑤ 2019년 5월에 비해 2020년 5월 화물기 운항 편 수는 증가했다.

21.

다음 글을 근거로 유추할 경우 옳은 내용만을 바르게 짝지은 것은?

◎ 9명의 참가자는 1번부터 9번까지의 번호 중 하나를 부여받고, 동시에 제비를 뽑아 3명은 범인, 6명은 시민이 된다.

◎ '1번의 오른쪽은 2번, 2번의 오른쪽은 3번, …, 8번의 오른쪽은 9번, 9번의 오른쪽은 1번'과 같이 번호 순서대로 동그랗게 앉는다.

◎ 참가자는 본인과 바로 양 옆에 앉은 사람이 범인인지 시민인지 알 수 있다.

◎ "옆에 범인이 있다."라는 말은 바로 양 옆에 앉은 2명 중 1명 혹은 2명이 범인이라는 뜻이다.

◎ "옆에 범인이 없다."라는 말은 바로 양 옆에 앉은 2명 모두 범인이 아니라는 뜻이다.

◎ 범인은 거짓말만 하고, 시민은 참말만 한다.

㉠ 1, 4, 6, 7, 8번의 진술이 "옆에 범인이 있다."이고, 2, 3, 5, 9번의 진술이 "옆에 범인이 없다."일 때, 8번이 시민임을 알면 범인들을 모두 찾아낼 수 있다.

㉡ 만약 모두가 "옆에 범인이 있다."라고 진술한 경우, 범인이 부여받은 번호의 조합은 (1, 4, 7) / (2, 5, 8) / (3, 6, 9) 3가지이다.

㉢ 한 명만이 "옆에 범인이 없다."라고 진술한 경우는 없다.

① ㉡

② ㉢

③ ㉠㉡

④ ㉠㉢

⑤ ㉠㉡㉢

22. O회사에 근무하고 있는 채과장은 거래 업체를 선정하고자 한다. 업체별 현황과 평가기준이 다음과 같을 때, 선정되는 업체는?

<업체별 현황>

업체명	시장매력도	정보화수준	접근가능성
	시장규모(억 원)	정보화순위	수출액(백만 원)
A업체	550	106	9,103
B업체	333	62	2,459
C업체	315	91	2,597
D업체	1,706	95	2,777
E업체	480	73	3,888

<평가기준>

- 업체별 종합점수는 시장매력도(30점 만점), 정보화수준(30점 만점), 접근가능성(40점 만점)의 합계(100점 만점)로 구하며, 종합점수가 가장 높은 업체가 선정된다.
- 시장매력도 점수는 시장매력도가 가장 높은 업체에 30점, 가장 낮은 업체에 0점, 그 밖의 모든 업체에 15점을 부여한다. 시장규모가 클수록 시장매력도가 높다.
- 정보화수준 점수는 정보화순위가 가장 높은 업체에 30점, 가장 낮은 업체에 0점, 그 밖의 모든 업체에 15점을 부여한다.
- 접근가능성 점수는 접근가능성이 가장 높은 업체에 40점, 가장 낮은 업체에 0점, 그 밖의 모든 업체에 20점을 부여한다. 수출액이 클수록 접근가능성이 높다.

① A 　　　　② B
③ C 　　　　④ D
⑤ E

23. 소프트웨어는 사용권(저작권)에 따라 분류될 수 있다. 다음 중 이에 따라 분류된 소프트웨어의 특징에 대한 설명으로 올바르지 않은 것은 어느 것인가?

① Shareware – 배너 광고를 보는 대가로 무료로 사용하는 소프트웨어
② Freeware – 무료 사용 및 배포, 기간 및 기능에 제한이 없는 누구나 사용할 수 있는 소프트웨어
③ 베타(Beta) 버전 – 정식 버전이 출시되기 전에 프로그램에 대한 일반인의 평가를 받기 위해 제작된 소프트웨어
④ 상용 소프트웨어 – 사용 기간의 제한 없이 무료 사용과 배포가 가능한 프로그램
⑤ 데모(Demo) 버전 – 정식 프로그램의 기능을 홍보하기 위해 기능 및 기간을 제한하여 배포하는 프로그램

24. 다음에서 설명하고 있는 미래의 활용 기술을 일컫는 말은 어느 것인가?

- 재난 안전 관리 기관과 지하시설물 관리 기관, 지반정보 활용 기관에서 공유함으로써 안전 관리, 시설물 관리, 지하개발 등에 유용하게 활용한다.
- 국민의 실생활과 밀접한 건축, 토지, 부동산, 주택 거래, 아파트 관리 등 민원 행정업무 처리와 지하시설물 등 복잡하고 다양한 정보를 효과적으로 제공하기 위해 건축, 토지, 부동산, 주택, 도시계획 등의 업무 시스템을 구축, 운영할 수 있게 해 준다.
- 최근 다양한 산업과 융·복합해 새로운 부가가치를 창출하고 있는 핵심 정보로, 자율주행차 등 4차 산업혁명의 기반으로 수요가 계속 증가하고 있다.

① 딥러닝 알고리즘 　　② 도시개발 정보
③ 빅 데이터 　　　　④ 공간정보
⑤ ICT 융복합 정보

25. 다음은 인천국제공항공사 출입증 발급 및 사용에 관한 규정의 일부이다. 이에 대한 설명으로 옳은 것은?

<출입증 발급 및 사용>

제29조(인원정규출입증)
① 인원정규출입증은 다음에서 정하는 자에 대하여 발급한다.
　㉠ 인천공항에 상주하고 있는 기관, 항공사, 업체의 소속직원으로 보호구역 내에서 상시적으로 업무를 수행하는 자
　㉡ 보호구역내 공항운영, 유지보수, 건설공사 등을 위하여 3개월 이상 상주하고 공사 및 상주기관(업체)과 계약을 통하여 업무를 수행하는 업체의 소속직원으로 보호구역 내에서 상시적으로 업무를 수행하는 자
　㉢ 주한공관원(외교관 신분증, 특별 신분증 소지자에 한함)으로서 보호구역에서 업무를 수행하는 자
　㉣ 공사 소속 직원으로서 보호구역에서 업무를 수행할 필요성이 있는 자
　㉤ 합동회의에서 출입증 발급이 필요하다고 인정된 자

제30조(인원임시출입증)
① 인원임시출입증은 상주임시출입증, 비상주임시출입증, 순찰임시출입증 및 비표로 구분되며, 업무상 보호구역 출입이 필요하다고 사장이 인정하거나 위원회 또는 합동회의에서 승인한 자에 대하여 발급한다.
② 상주임시출입증은 다음의 어느 하나에 해당하는 경우에 발급하며, 특별한 사유가 없는 경우에는 1회 발급 시 90일을 초과할 수 없다. 다만, ㉢에 해당하는 자에 대해서는 사용 기간을 형사 사건(재판)이나 처분이 확정될 때까지로 한다.
　㉠ 신원조사 완료된 자가 공항운영 및 시설공사 등의 목적으로 보호구역 출입이 필요한 경우

ⓛ 정규출입증 소지자로서 허가구역 이외의 구역을 출입하고자 하는 경우

ⓒ 정규출입증 발급이 제한된 경우

ⓔ 위원회 또는 합동회의에서 심의·의결한 경우

③ 비상주임시출입증은 인원정규출입증 및 상주임시출입증 발급요건을 충족하지 못한 자에게 발급하며, 사용기간은 업무상 소요기간 이내로 하되, 90일을 초과할 수 없다.

④ 순찰임시출입증은 감사, 점검 등 항공보안 및 안전의 확보를 위하여 공무상 필요한 경우 해당 인원 또는 차량에 대하여 발급할 수 있다. 다만, 정규출입증 소지자가 순찰 임시출입증을 발급받을 경우에는 관리부서 책임 하에 정규출입증과 순찰출입증의 반납 및 발급에 대한 기록을 유지하여야 한다.

⑤ 비표는 훈련, 취재, 교육, 국가 행사 등 필요하다고 사장이 인정한 경우에 한하여 제한적으로 발급한다. 다만, 정부에서 직접 주관하여 비표를 발급할 경우에는 사전에 사장과 협의하여야 하며, 협의 후 확인된 비표에 한하여 사용이 가능하다.

제32조(방문 출입증)

① 사장은 다음의 어느 하나에 해당하는 경우 심사를 통하여 방문 출입증(이하 "방문증"이라 한다)을 발급한다.

ⓐ 공항 업무를 위하여 보호구역내 방문이 필요하다고 사장이 인정한 경우

ⓑ 기타의 목적으로 보호구역내 방문이 필요하다고 사장이 인정한 경우

〈출입증 발급 및 반납 관련 기간〉

출입증 종류		처리절차	신청업체 준수기간	출입증 발급 소요기간	출입증 신청 기준일	비고
인원	정규출입증	신원조사		10일 이내	발급 15일 전	출입증발급 소요기간은 공휴일제외
		심사		5일 이내		
		보안교육	10일 이내			
		사진촬영				
		발급		7일 이내		
		수령	10일 이내			
		반납	7일 이내			
	임시출입증	심사		3일 이내	발급 3일 전	
		발급		3일 이내		
		수령	10일 이내			
		반납	7일 이내			
	방문증	심사		당일	발급 전	
		발급		당일		
		반납	당일			

※ 신원조사의 경우 신원조사기관의 사정에 따라 일정 변동 가능

※ 사전 협의없이 신청업체 준수기한 초과 시 공사에서 임의 조치 가능

※ 상주임시출입증 신청자가 신원조사 필요한 경우에는 발급 15일전, 행사 및 순찰 등과 관련된 임시출입증은 발급 전 신청

① 인천공항에 상주하고 있는 업체의 소속직원으로 보호구역 내에서 상시적으로 업무를 수행해야 하는 甲의 경우 상주임시출입증을 발급 3일 전에 신청해야 한다.

② 국가 행사에 필요한 경우 사장과 협의가 없더라도 정부에서 직접 주관하여 비표를 발급할 수 있다.

③ 정규출입증 발급이 제한된 乙에게 상주임시출입증을 발급할 경우에는 1회 발급 시 90일을 초과할 수도 있다.

④ 丙이 공항 안전 점검 등의 이유로 순찰임시출입증을 발급받아야 한다면 발급 3일전 신청하면 된다.

⑤ 공항 업무를 위하여 보호구역내 방문이 필요하다고 사장이 인정하여 방문증을 발급받은 丁은 방문증을 7일 이내 반납하여야 한다.

26. 다음은 2015 ~ 2019년 A국의 예산 및 세수입 실적과 2019년 세수입항목별 세수입 실적에 관한 자료이다. 이에 대한 설명으로 옳지 않은 것은?

〈2015~2019년 A국의 예산 및 세수입 실적〉

(단위 : 십억 원)

연도 \ 구분	예산액	징수결정액	수납액	불납결손액
2015	175,088	198,902	180,153	7,270
2016	192,620	211,095	192,092	8,200
2017	199,045	208,745	190,245	8
2018	204,926	221,054	195,754	2,970
2019	205,964	237,000	208,113	2,321

〈2019년 A국의 세수입항목별 세수입 실적〉

(단위 : 십억 원)

세수입항목 \ 구분	예산액	징수 결정액	수납액	불납 결손액
총 세수입	205,964	237,000	208,113	2,321
내국세	183,093	213,585	185,240	2,301
교통·에너지·환경세	13,920	14,110	14,054	10
교육세	5,184	4,922	4,819	3
농어촌특별세	2,486	2,674	2,600	1
종합부동산세	1,281	1,709	1,400	6

※ 미수납액 = 징수결정액 − 수납액 − 불납결손액

※ 수납비율(%) = $\dfrac{\text{수납액}}{\text{예산액}} \times 100$

※ 단, 계산 값은 소수점 둘째 자리에서 반올림한다.

① 미수납액이 가장 큰 연도는 2019년이다.

② 2019년 내국세 미수납액은 총 세수입 미수납액의 95% 이상을 차지한다.

③ 2019년 세수입항목 중 수납비율이 가장 높은 항목은 종합부동산세이다.

④ 2019년 교통·에너지·환경세 미수납액은 교육세 미수납액보다 크다.

⑤ 수납비율이 가장 높은 연도는 2015년이다.

27. A, B 두 개의 건물로 이뤄진 ○○회사가 있다. A 건물에서 일하는 남사원은 참말만 하고 여사원은 거짓말만 한다. B 건물에서 일하는 남사원은 거짓말만 하고 여사원은 참말만 한다. ○○회사에서 일하는 사원은 남자거나 여자이다. A 건물에 사원 두 명과 B 건물에 사원 두 명이 다음과 같이 대화하고 있을 때, 보기에서 반드시 참인 것을 모두 고르면?

> 甲 : 나는 B 건물에서 일해.
> 乙 : 나는 B 건물에서 일해. 甲은 남사원이야.
> 丙 : 乙은 B 건물에서 일해. 乙은 남사원이야.
> 丁 : 乙은 A 건물에서 일해. 丙은 A 건물에서 일해.

> 〈보기〉
> ㉠ 甲과 乙은 다른 건물에서 일한다.
> ㉡ 乙과 丙은 같은 건물에서 일한다.
> ㉢ 乙, 丙, 丁 가운데 둘은 B 건물에서 일한다.
> ㉣ 이 대화에 참여하고 있는 이들은 모두 여사원이다.

① ㉠
② ㉡
③ ㉢㉣
④ ㉠㉡㉢
⑤ ㉠㉡㉣

┃28～29┃ 다음은 G사 영업본부 직원들의 담당 업무와 다음 달 주요 업무 일정표이다. 다음을 참고로 이어지는 물음에 답하시오.

〈다음 달 주요 업무 일정〉

일	월	화	수	목	금	토
		1 사업계획 초안 작성(2)	2	3	4 사옥 이동 계획 수립(2)	5
6	7	8 인트라넷 요청사항 정리(2)	9 전 직원 월간회의	10	11 TF팀 회의(1)	12
13	14 법무실무 담당자 회의(3)	15	16	17 신제품 진행과정 보고(1)	18	19
20	21 매출부진 원인분석(2)	22	23 홍보자료 작성(3)	24 인사고과(2)	25	26
27	28 매출 집계(2)	29 부서경비 정리(2)	30	31		

* ( )안의 숫자는 해당 업무 소요 일수

〈담당자별 업무〉

담당자	담당업무
갑	부서 인사고과, 사옥 이동 관련 이사 계획 수립, 내년도 사업계획 초안 작성
을	매출부진 원인 분석, 신제품 개발 진행과정 보고
병	자원개발 프로젝트 TF팀 회의 참석, 부서 법무실무 교육 담당자 회의
정	사내 인트라넷 구축 관련 요청사항 정리, 대외 홍보자료 작성
무	월말 부서 경비집행 내역 정리 및 보고, 매출 집계 및 전산 입력

28. 위의 일정과 담당 업무를 참고할 때, 다음 달 월차 휴가를 사용하기에 적절한 날짜를 선택한 직원이 아닌 것은 어느 것인가?

① 갑 – 23일
② 을 – 8일
③ 병 – 4일
④ 정 – 25일
⑤ 무 – 24일

29. 갑작스런 해외 거래처의 일정 변경으로 인해 다음 달 넷째 주에 영업본부에서 2명이 일주일 간 해외 출장을 가야 한다. 위에 제시된 5명의 직원 중 담당 업무에 지장이 없는 2명을 뽑아 출장을 보내야 할 경우, 출장자로 적절한 직원은 누구인가?

① 갑, 병
② 을, 정
③ 정, 무
④ 을, 병
⑤ 병, 무

30. 다음은 '데이터 통합'을 실행하기 위한 방법을 설명하고 있다. 〈보기〉에 설명된 실행 방법 중 올바른 설명을 모두 고른 것은 어느 것인가?

〈보기〉
㉠ 원본 데이터가 변경되면 자동으로 통합 기능을 이용해 구한 계산 결과가 변경되게 할지 여부를 선택할 수 있다.
㉡ 여러 시트에 입력되어 있는 데이터들을 하나로 통합할 수 있으나 다른 통합 문서에 입력되어 있는 데이터를 통합할 수는 없다.
㉢ 통합 기능에서는 표준편차와 분산 함수도 사용할 수 있다.
㉣ 다른 원본 영역의 레이블과 일치하지 않는 레이블이 있는 경우에도 통합 기능을 수행할 수 있다.

① ㉡, ㉢
② ㉠, ㉢
③ ㉠, ㉡, ㉣
④ ㉠, ㉢, ㉣
⑤ ㉡, ㉢, ㉣

31. 다음 C그룹의 사례는 무엇에 대한 설명인가?

올 하반기에 출시한 C그룹의 스마트폰에 대한 매출 증대는 전 세계 스마트폰 시장에 새로운 계기를 마련할 것으로 기대된다. 앞서 C그룹의 올해 상반기 매출은 전년 대비 약 23% 줄어든 것으로 밝혀진 반면 같은 경쟁사인 B그룹의 올 상반기 매출은 전년 대비 약 35% 늘어 같은 업종에서도 기업별 실적 차이가 뚜렷이 나타난 것을 볼 수 있었다. 이는 C그룹이 최근 치열해진 스마트폰 경쟁에서 새로운 기술을 개발하지 못한 반면 B그룹은 작년 말 인수한 외국의 소프트웨어 회사를 토대로 새로운 기술을 선보인 결과라 할 수 있다. 뒤늦게 이러한 사실을 깨달은 C그룹은 B그룹의 신기술 개발을 응용해 자사만의 독특한 제품을 올 하반기에 선보여 스마트폰 경쟁에서 재도약을 꾀할 목표를 세웠고 이를 위해 기존에 있던 다수의 계열사들 중 실적이 저조한 일부 계열사를 매각하는 대신 외국의 경쟁력을 갖춘 소프트웨어 회사들을 잇달아 인수하여 새로운 신기술 개발에 박차를 가했다. 그 결과 C그룹은 세계 최초로 스마트폰을 이용한 결제시스템인 ○○페이와 더불어 홍채인식 보안프로그램을 탑재한 스마트폰을 출시하게 된 것이다.

① 글로벌 벤치마킹
② 내부 벤치마킹
③ 비경쟁적 벤치마킹
④ 경쟁적 벤치마킹
⑤ 간접적 벤치마킹

32. 신재생 에너지의 보급과 관련된 다음 글을 참고할 때, 밑줄 친 '솔루션'이 갖추어야 할 특성으로 가장 거리가 먼 것은?

신재생 에너지란 태양, 바람, 해수와 같이 자연을 이용한 신에너지와 폐열, 열병합, 폐열 재활용과 같은 재생에너지가 합쳐진 말이다. 현재 신재생 에너지는 미래 인류의 에너지로서 다양한 연구가 이루어지고 있다. 특히 과거에는 이들의 발전 효율을 높이는 연구가 주로 이루어졌으나 현재는 이들을 관리 하고 사용자가 쉽게 사용하도록 하는 연구와 개발이 많이 진행 되고 있다. 신재생 에너지는 화석 연료의 에너지 생산 비용에 근접하고 있으며 향후에 유가가 상승되고 신재생 에너지 시스 템의 효율이 높아짐에 따라 신재생 에너지의 생산 비용이 오히 려 더 저렴해질 것으로 보인다.

따라서 미래의 신재생 에너지의 보급은 지금 보다 훨씬 광 범위하게 다양한 곳에서 이루어 질 것이며 현재의 전력 공급 체계를 변화시킬 것이다. 현재 중앙 집중식으로 되어있는 전력 공급의 체계가 미래에는 다양한 곳에서 발전이 이루어지는 분 산형으로 변할 것으로 보인다. 분산형 전원 시스템 체계에서 가장 중요한 기술인 스마트 그리드는 전력과 IT가 융합한 형태 로서 많은 연구가 이루어지고 있다.

스마트 그리드 기반의 분산형 전원 보급이 활발해질 미래에 는 곳곳에 중소규모의 신재생 에너지 시스템이 설치될 것으로 예상하며, 따라서 이들을 통합적으로 관리하고 정보 교환 기술 을 갖춘 다양한 솔루션이 등장할 것으로 보인다.

신재생 에너지 시스템의 보급은 인류의 에너지 문제를 해결 하는 유일한 방안이지만 화석 에너지와 달리 발전량을 쉽게 제 어할 수 없는 문제점을 가지고 있다. 또한 같은 시스템일지라 도 지역의 환경에 따라 발전량이 서로 다르게 될 것이기 때문 에 스마트 그리드를 기반으로 한 마이크로 그리드 시스템이 구 축될 때 정보 처리 기술은 신재생 에너지 시스템 관리 측면에 서 중요한 인자가 될 것이다.

신재생 에너지 시스템을 관리하기 위해선 에너지 데이터 처 리가 중요할 것으로 보인다. 특히 미래 신재생 에너지 관리 시 스템은 관리가 체계적으로 되어 있을 발전단지보다는 비교적 관리 체계가 확립되기 힘든 주택, 빌딩 등에서 필요할 것으로 보인다. 다시 말해 주택, 빌딩에 신재생 에너지 시스템이 설치 가 되면 이들을 관리할 수 있는 솔루션이 함께 설치해야 하며 이들을 운용하기 위한 애플리케이션도 함께 등장해야 한다.

① 소비자가 에너지의 생산과 소비를 모두 고려할 수 있는 지능형 에너지 서비스

② 잉여 에너지가 발생되지 않도록 수요와 공급에 맞는 발전 량 자동 조절 기능

③ 다양한 OS로 기능을 구현할 수 있는 웹 서비스 기반의 범호환적인 플랫폼 기술

④ 생성된 에너지 데이터를 종합·분석하여 맞춤형 서비스를 제공

⑤ 모니터링 및 제어가 가능한 모바일 컨트롤 기능

|33~34| 다음 자료를 보고 이어지는 물음에 답하시오.

〈연도별 대기오염물질 배출량 현황〉

(단위 : 톤)

구분	황산화물	일산화탄소	질소산화물	미세먼지	유기화합물질
2010	401,741	766,269	1,061,210	116,808	866,358
2011	433,959	718,345	1,040,214	131,176	873,108
2012	417,645	703,586	1,075,207	119,980	911,322
2013	404,660	696,682	1,090,614	111,563	913,573
2014	343,161	594,454	1,135,743	97,918	905,803

33. 다음 중 각 대기오염물질의 연도별 증감 추이가 같은 것끼리 짝지어진 것은?

① 일산화탄소, 유기화합물질

② 황산화물, 질소산화물

③ 미세먼지, 유기화합물질

④ 황산화물, 미세먼지

⑤ 일산화탄소, 질소산화물

34. 다음 중 2010년 대비 2014년의 총 대기오염물질 배출량의 증 감률로 올바른 것은?

① 약 4.2%

② 약 3.9%

③ 약 2.8%

④ 약 -3.9%

⑤ 약 -4.2%

35. 다음 자료를 바탕으로 판단할 때, 사장이 한 번에 최대금액을 갖는 가장 **빠른** 달과 그 금액은?

- A기업에서는 사장과 65명의 직원들이 매달 66만 원을 나누어 가지려고 한다. 매달 사장은 66만 원을 누구에게 얼마씩 나누어 줄지 제안할 수 있으며, 매달 그 방법을 새롭게 제안할 수 있다. 나누어 갖게 되는 돈은 만 원 단위이며, 그 총합은 매달 항상 66만 원이다.
- 매달 65명의 직원들은 사장의 제안에 대해 각자 찬성, 반대, 기권할 수 있다. 직원들은 그 달 자신의 몫에만 관심이 있다. 직원들은 자신의 몫이 전월보다 늘어나는 제안에는 찬성표를 행사하지만, 줄어드는 제안에는 반대표를 행사한다. 자신의 몫이 전월과 동일하면 기권한다.
- 찬성표가 반대표보다 많으면 사장이 제안한 방법은 그 달에 시행된다. 재투표는 없으며, 사장의 제안이 시행되지 않아 66명 모두가 돈을 갖지 못하는 달은 없다.
- 첫 번째 달에는 직원 33명이 각각 2만 원을 받았다.
- 두 번째 달부터 사장은 한 번에 최대금액을 가장 빨리 받기 위하여 합리적으로 행동한다.

	가장 빠른 달	최대금액
①	7번째 달	62만 원
②	7번째 달	63만 원
③	8번째 달	62만 원
④	8번째 달	63만 원
⑤	8번째 달	64만 원

36. 홍보팀장은 다음 달 예산안을 정리하며 예산 업무 담당자에게 간접비용이 전체 직접비용의 30%를 넘지 않게 유지되도록 관리하라는 지시를 내렸다. 홍보팀의 다음과 같은 예산안에서 빈칸 A와 B에 들어갈 수 있는 금액으로 적당한 것은 어느 것인가?

〈예산안〉
- 원재료비 : 1억 3천만 원
- 보험료 : 2천 5백만 원
- 장비 및 시설비 : 2억 5천만 원
- 시설 관리비 : 2천 9백만 원
- 출장비 : (A)
- 광고료 : (B)
- 인건비 : 2천 2백만 원
- 통신비 : 6백만 원

---

① A : 6백만 원, B : 7천만 원
② A : 8백만 원, B : 6천만 원
③ A : 1천만 원, B : 7천만 원
④ A : 5백만 원, B : 7천만 원
⑤ A : 5백만 원, B : 8천만 원

37. 다음 그림에서 A6 셀에 수식 '=$A$1+$A2'를 입력한 후 다시 A6 셀을 복사하여 C6와 C8에 각각 붙여넣기를 하였을 경우, (A)와 (B)에 나타나게 되는 숫자의 합은 얼마인가?

	A	B	C	D
1	7	2	8	
2	3	3	8	
3	1	5	7	
4	2	5	2	
5				
6			(A)	
7				
8				
9			(B)	

① 10
② 12
③ 14
④ 16
⑤ 19

┃38~40┃ 다음은 어느 회사 로봇청소기의 〈고장신고 전 확인사항〉이다. 이를 보고 물음에 답하시오.

확인사항	조치방법
주행이 이상합니다.	• 센서를 부드러운 천으로 깨끗이 닦아주세요. • 초극세사 걸레를 장착한 경우라면 장착 상태를 확인해 주세요. • 주전원 스위치를 끈 후, 다시 켜주세요.
흡입력이 약해졌습니다.	• 흡입구에 이물질이 있는지 확인하세요. • 먼지통을 비워주세요. • 먼지통 필터를 청소해 주세요.
소음이 심해졌습니다.	• 먼지통이 제대로 장착되었는지 확인하세요. • 먼지통 필터가 제대로 장착되었는지 확인하세요. • 회전솔에 이물질이 끼어있는지 확인하세요. • Wheel에 테이프, 껌 등 이물이 묻었는지 확인하세요.
리모컨으로 작동시킬 수 없습니다.	• 배터리를 교환해 주세요. • 본체와의 거리가 3m 이하인지 확인하세요. • 본체 밑면의 주전원 스위치가 켜져 있는지 확인하세요.
회전솔이 회전하지 않습니다.	• 회전솔을 청소해 주세요. • 회전솔이 제대로 장착이 되었는지 확인하세요.
충전이 되지 않습니다.	• 충전대 주변의 장애물을 치워주세요. • 충전대에 전원이 연결되어 있는지 확인하세요. • 충전 단자를 마른 걸레로 닦아 주세요. • 본체를 충전대에 붙인 상태에서 충전대 뒷면에 있는 리셋버튼을 3초간 눌러주세요.

자동으로 충전대 탐색을 시작합니다. 자동으로 전원이 꺼집니다	로봇청소기가 충전 중이지 않은 상태로 아무 동작 없이 10분이 경과되면 자동으로 충전대 탐색을 시작합니다. 충전대 탐색에 성공하면 충전을 시작하고 충전대를 찾지 못하면 처음위치로 복귀하여 10분 후에 자동으로 전원이 꺼집니다.

38. 로봇청소기 서비스센터에서 근무하고 있는 L씨는 고객으로부터 소음이 심해졌다는 문의전화를 받았다. 이에 대한 조치방법으로 L씨가 잘못 답변한 것은?

① 먼지통 필터가 제대로 장착되었는지 확인하세요.

② 회전솔에 이물질이 끼어있는지 확인하세요.

③ Wheel에 테이프, 껌 등 이물이 묻었는지 확인하세요.

④ 흡입구에 이물질이 있는지 확인하세요.

⑤ 먼지통이 제대로 장착되었는지 확인하세요.

39. 로봇청소기가 충전 중이지 않은 상태로 아무 동작 없이 10분이 경과되면 자동으로 충전대 탐색을 시작하는데 충전대를 찾지 못하면 어떻게 되는가?

① 아무 동작 없이 그 자리에 멈춰 선다.

② 처음위치로 복귀하여 10분 후에 자동으로 전원이 꺼진다.

③ 계속 청소를 한다.

④ 계속 충전대를 찾아 돌아다닌다.

⑤ 그 자리에서 바로 전원이 꺼진다.

40. 로봇청소기가 갑자기 주행이 이상해졌다. 고객이 시도해보아야 하는 조치방법으로 옳은 것은?

① 충전 단자를 마른 걸레로 닦는다.

② 회전솔을 청소한다.

③ 센서를 부드러운 천으로 깨끗이 닦는다.

④ 먼지통을 비운다.

⑤ 본체 밑면의 주전원 스위치를 켠다.

41. 다음 중 주어진 글에서 언급되지 않은 내용은?

우리나라의 합계 출산율은 OECD 회원국 중 가장 낮은 수준으로 2016년 합계 출산율은 1.17명에 불과하다. 저출산·고령화의 심화로 인한 노동공급 감소, 노동 생산성 저하 등에 대응하고 지속가능한 발전을 위해서는 여성의 노동시장 참여가 절실히 요구되고 있다. 우리나라의 여성경제활동 참가율은 2008년 54.7%, 2009년 53.9%로 계속 낮아지다가 2010년 54.5%, 2011년 54.9%, 2012년 55.2%, 2013년 55.6%, 2014년 57.0%, 2015년 57.9%, 2016년 58.4%로 상승하여 2000년 이후 가장 높은 수준을 보이고 있으나 선진국에 비하여 여전히 낮은 수준이다.

정부는 저출산 위기를 극복하고 여성의 경제활동 참여를 증진하기 위해 '일·가정 양립'을 핵심개혁과제로 선정하여 여성 고용률 제고 및 일·가정 양립 문화 확산을 적극적으로 추진하였고 이러한 범국가적 정책방향은 제3차 저출산·고령사회 기본계획('15.12월)에도 반영되었다. 정부는 우선 여성의 경제활동 참여를 촉진하기 위해 시간선택제 일자리를 확산하는 한편, 여성이 경력단절 없이 계속 일할 수 있는 여건 조성을 위하여 아빠의 달 기간 확대(1개월→3개월), 둘째 자녀부터 아빠의 달 상한액 인상(월 150→200만), 임신기 근로시간 단축제도 전 사업장 확대 등 법·제도를 개선하였다.

또한 중소기업의 직장어린이집 설치를 유도하기 위해 산업단지 등 중소기업 밀집지역에 입주한 사업주 단체 등이 직장어린이집을 설치하는 경우 지원 수준을 최대 20억 원까지 지원할 수 있도록 제도를 확대하였다.

우리나라 청년 고용률(15~24세 기준)은 OECD 회원국 중 낮은 수준으로 '15년 기준 OECD 평균은 38.7%인 반면, 한국의 청년 고용률은 26.9%이며, OECD 34개국 중 27위이다. 그러나 한국의 청년 고용률은 '13년 24.2%, '14년 25.8%으로 매년 조금씩 상승하고 있지만 '00년 29.4%에 비하면 낮은 수준을 못 벗어나고 있다. 아울러 청년층이 노동시장에 진입하는 연령이 점차 늦춰지고 있는 것을 감안해서 청년층을 15~29세로 확대해서 살펴보면 '15년 OECD 평균 고용률은 51.4%이고 한국은 41.5%로서, 15~24세의 OECD 평균 고용률의 격차 11.8%보다는 작은 9.9%의 차이를 보이고 있다.

이처럼 우리나라 청년 고용률이 낮은 이유는 높은 대학 진학률과 함께 제한된 일자리에 선호가 집중됨에 따라 과도한 스펙 쌓기로 인해 노동시장 진입이 늦어지는 등 15~24세 비경제활동 인구가 증가함에 따른 것으로 볼 수 있다. 저출산 고령화 사회 우리경제의 지속성장을 위해 대규모 은퇴가 예정되어 있는 베이비부머를 청년층이 대체할 필요가 심각함에도 불구하고, 청년층의 취업시기의 지연은 임금소득 감소 및 불안정한 고용상태로 귀착될 우려가 있다. 따라서 청년층의 교육·직업훈련, 구직·취업, 직장유지 및 이동 등 전 단계에 대한 실태분석을 통해 맞춤형 대책을 중점 추진할 필요가 있다.

① 연도별 우리나라 여성의 경제활동 참가율

② 여성의 경제활동 참여를 위한 정부의 구체적인 지원정책

③ 청년층에 대한 중소기업 지원 유인책 제시

④ 청년층 범위 규정에 따른 OECD 회원국과의 고용률 차이

⑤ 우리나라의 낮은 청년 고용률에 대한 원인

〈국민해외관광객〉

(단위 : 백만 명)

구분	국민해외관광객
2012년	13.7
2013년	14.8
2014년	16.1
2015년	19.3
2016년	22.4
2017년	26.5

〈한국관광수지〉

(단위 : 백만 달러, 달러)

구분	관광수입	1인당 관광수입($)	관광지출
2012년	13,357	1,199	16,495
2013년	14,525	1,193	17,341
2014년	17,712	1,247	19,470
2015년	15,092	1,141	21,528
2016년	17,200	998	23,689
2017년	13,324	999	27,073

※ 1인당 관광수입＝관광수입 ÷ 방한외래관광객

※ 1인당 관광지출＝관광지출 ÷ 국민해외관광객

※ 관광수지＝관광수입－관광지출

42. 다음 중 2012년의 1인당 관광 지출로 알맞은 것은? (소수점 이하 버림으로 처리함)

① 1,155달러　　　② 1,180달러

③ 1,204달러　　　④ 1,288달러

⑤ 1,358달러

43. 다음 중 연간 관광수지가 가장 높은 해와 가장 낮은 해의 관광수지 차액은 얼마인가?

① 11,991백만 달러

② 12,004백만 달러

③ 12,350백만 달러

④ 12,998백만 달러

⑤ 13,045백만 달러

44. 다음 글의 내용이 참일 때 반드시 참인 것만을 〈보기〉에서 모두 고르면?

A 부서에서는 새로운 프로젝트를 진행할 예정이다. A 부서는 남자 사원 경호, 수호, 민호, 영호 4명과 여자 사원 경지, 수지, 민지 3명으로 구성되어 있다.

아래의 조건을 지키면서 이들 가운데 4명을 뽑아 새로운 프로젝트의 전담팀을 꾸리고자 한다.

• 남자 사원 가운데 적어도 한 사람은 뽑아야 한다.

• 여자 사원 가운데 적어도 한 사람은 뽑지 말아야 한다.

• 경호, 수호 중 적어도 한 사람을 뽑으면 영호와 민지도 뽑아야 한다.

• 민호를 뽑으면, 경지와 수지는 뽑지 말아야 한다.

• 민지를 뽑으면, 경지도 뽑아야 한다.

〈보기〉

㉠ 남녀 동수로 팀이 구성된다.

㉡ 민호와 수지 둘 다 팀에 포함되지 않는다.

㉢ 영호와 경지 둘 다 팀에 포함된다.

① ㉠　　　　　　② ㉡

③ ㉠㉡　　　　　④ ㉡㉢

⑤ ㉠㉡㉢

45. 다음 자료를 참고할 때, B7 셀에 '=SUM(B2:CHOOSE(2,B3, B4,B5))'의 수식을 입력했을 때 표시되는 결과값으로 올바른 것은 어느 것인가?

	A	B	C
1	이름	성과 점수	
2	오〇〇	85	
3	민〇〇	90	
4	백〇〇	92	
5	최〇〇	88	
6			
7	부분 합계		
8			

① 175　　　　　　② 355

③ 267　　　　　　④ 177

⑤ 265

(가) 당뇨병 환자가 밤잠을 잘 못 이룬다면 합병증의 신호일 수 있어 주의를 해야 한다. 당뇨병 환자가 가장 많이 겪는 합병증인 '당뇨병성 신경병증'이 있는 경우 다리 화끈거림 등의 증상으로 수면장애를 겪는 경우가 많기 때문이다. 당뇨병성 신경병증은 높은 혈당에 의해 말초신경이 손상돼 생기며, 당뇨병 합병증 중에 가장 먼저 생기는 질환이다. 그 다음이 당뇨병성 망막병증, 당뇨병성 콩팥질환 순으로 발병한다. 2013년 자료에 따르면, 전체 당뇨병 환자의 14.4%가 당뇨병성 신경병증을 앓고 있다.

(나) 통증(Pain)잡지에 발표된 논문에 따르면 당뇨병성 신경병증은 일반적으로 아침에 가장 통증이 적고 오후시간이 되면서 통증이 점차 증가해 밤 시간에 가장 극심해진다. 또한 당뇨병성 신경병증은 통증 등의 증상이 누워있을 때 악화되는 경우도 많아 수면의 질에 큰 영향을 미친다. 실제로 당뇨병성 신경병증 통증을 갖고 있는 환자 1,338명을 대상으로 수면장애 정도를 조사한 결과, 수면의 질을 100점으로 했을 경우 '충분히 많이 잠을 잤다'고 느끼는 경우는 32.69점, '일어났을 때 잘 쉬었다'고 느끼는 경우는 38.27점에 머물렀다. '삶의 질'에 대한 당뇨병성 신경병증 환자의 만족도 역시 67.65점에 머물러 합병증이 없는 당뇨병 환자 74.29점보다 낮았다. 이는 일반인의 평균점수인 90점에는 크게 못 미치는 결과이다.

(다) 당뇨병성 신경병증은 당뇨병 진단 초기에 이미 환자의 6%가 앓고 있을 정도로 흔하다. 당뇨병 진단 10년 후에는 20%까지 증가하고, 25년 후에는 50%에 달해 당뇨병 유병기간이 길수록 당뇨병성 신경병증에 걸릴 확률이 크게 높아진다. 따라서 당뇨병을 오래 앓고 있는 사람은 당뇨병성 신경병증의 신호를 잘 살펴야 한다. 당뇨병 진단을 처음 받았거나 혈당 관리를 꾸준히 잘 해온 환자 역시 당뇨병성 신경병증 위험이 있으므로 증상을 잘 살펴야 한다.

(라) 당뇨병성 신경병증의 4대 증상은 찌르는 듯한 통증, 스멀거리고 가려운 이상감각, 화끈거리는 듯한 작열감, 저리거나 무딘 무감각증이다. 환자에 따라 '화끈거린다', '전기자극을 받는 것 같다', '칼로 베거나 찌르는 듯하다', '얼어버린 것 같다'는 등의 증상을 호소하는 경우가 많다. 당뇨병성 신경병증의 가장 큰 문제는 피부 감각이 둔해져 상처를 입어도 잘 모르는데다, 상처를 입으면 치유가 잘 되지 않아 궤양, 감염이 잘 생긴다는 것이다. 특히 발에 궤양·감염이 잘 생기는데, 심하면 발을 절단해야 하는 상황에까지 이르게 된다. 실제로 족부 절단 원인의 절반은 당뇨병으로 인한 것이라는 연구 결과도 있다. 따라서 당뇨병 환자는 진단받은 시점부터 정기적으로 감각신경·운동신경 검사를 받아야 한다.

(마) 모든 당뇨병 합병증과 마찬가지로 당뇨병성 신경병증 또한 혈당조절을 기본으로 한다. 혈당 조절은 당뇨병성 신경병증의 예방뿐만 아니라 당뇨병성 망막병증 같은 눈의 합병증, 당뇨병성 콩팥질환 같은 콩팥 합병증이 생기는 것도 막을 수 있다. 그러나 이미 신경병증으로 인해 통증이 심한 환자의 경우에는 통증에 대한 약물 치료가 필요한 경우도 있다. 치료제로는 삼환계항우울제, 항경련제, 선택적 세로토닌/노르아드레날린 재흡수억제제, 아편유사제, 국소도포제 등이 처방되고 있다. 다만 약제 선택 시 통증 이외에도 수면장애 등 동반되는 증상까지 고려하고, 다른 약물과의 상호작용이 적은 약제를 선택해야 한다. 말초 혈액순환을 원활하게 하는 것도 중요하다. 그래야 말초 신경 손상이 악화되는 것을 예방할 수 있다. 말초 혈액순환을 원활히 하기 위해서는 금연이 중요하다. 당뇨병 환자가 금연을 하면 당뇨병성 신경병증이 약화되는 것은 물론, 눈·콩팥 등 다른 합병증도 예방할 수 있다.

46. 윗글의 각 단락별 내용을 참고할 때, 다음과 같은 글이 삽입되기에 가장 적절한 단락은 어느 것인가?

> 대다수가 앓고 있는 제2형 당뇨병의 경우는 발병 시점이 명확하지 않기 때문에 당뇨병을 얼마나 앓았는지 모르는 경우가 많다. 당장 당뇨병성 신경병증이 없더라도 대한당뇨병학회는 당뇨병 환자라면 매년 한 번씩 진찰을 받으라고 권하고 있다.

① (가) ② (나)
③ (다) ④ (라)
⑤ (마)

47. 윗글에서 필자가 논점을 전개하는 방식에 대한 설명 중 적절한 것은?

① 특정 환자들의 사례를 구체적으로 제시하여 논리의 근거를 마련하였다.
② 각 증상별 차이를 비교 분석하여 질환의 정도를 설명하였다.
③ 해당 병증을 앓고 있는 환자들의 통계를 분석하여 일반화된 정보를 추출하였다.
④ 의학계의 전문가 소견을 참고로 논리를 정당화시켰다.
⑤ 각 단락이 모두 유기적인 인과관계를 통하여 기승전결의 구성을 완성하였다.

48. 형인 갑과 동생 을의 올해 나이의 합은 31이다. 갑이 을의 나이였던 해의 갑과 을의 나이의 합은 올해 갑의 나이의 $\frac{7}{6}$이었다. 올해 을의 나이는 얼마인가?

① 7세 ② 9세
③ 11세 ④ 13세
⑤ 15세

49. 다음 조건을 바탕으로 을순이의 사무실과 어제 갔던 식당이 위치한 곳을 올바르게 짝지은 것은?

- 갑동, 을순, 병호는 각각 10동, 11동, 12동 중 한 곳에 사무실이 있으며 서로 같은 동에 사무실이 있지 않다.
- 이들 세 명은 어제 각각 자신의 사무실이 있는 건물이 아닌 다른 동에 있는 식당에 갔었으며, 서로 같은 동의 식당에 가지 않았다.
- 병호는 12동에서 근무하며, 갑동이와 을순이는 어제 11동 식당에 가지 않았다.
- 을순이는 병호가 어제 갔던 식당이 있는 동에서 근무한다.

	사무실	식당
①	11동	10동
②	10동	11동
③	12동	12동
④	11동	12동
⑤	10동	11동

┃50~51┃ 다음 자료를 보고 이어지는 물음에 답하시오.

〈입장료 안내〉

좌석명	입장권가격 주중	입장권가격 주말/공휴일	K팀 성인회원 주중	K팀 성인회원 주말/공휴일	K팀 어린이회원 주중	K팀 어린이회원 주말/공휴일
프리미엄석	70,000원					
테이블석	40,000원					
블루석	12,000원	15,000원	10,000원	13,000원	6,000원	7,500원
레드석	10,000원	12,000원	8,000원	10,000원	5,000원	6,000원
옐로석	9,000원	10,000원	7,000원	8,000원	4,500원	5,000원
그린석 (외야)	7,000원	8,000원	5,000원	6,000원	무료입장	

〈S카드 할인〉

구분	할인내용	비고
K팀 S카드	3,000원/장 할인	청구 시 할인 (카드명세서 청구 시 반영)
K팀 L카드	3,000원/장 할인	결제 시 할인
S카드	2,000원/장 할인	청구 시 할인 (카드명세서 청구 시 반영)
L카드	2,000원/장 할인	결제 시 할인

주말 가격은 금/토/일 및 공휴일 경기에 적용됩니다.(임시 공휴일 포함)

2. 어린이 회원은 만 15세 이하이며, 본인에 한해 할인이 적용됩니다.(매표소에서 회원카드 제시)

3. 국가유공자, 장애우, 경로우대자(65세 이상)는 국가유공자증, 복지카드 및 신분증 제시 후 본인에 한하여 외야석 50% 할인됩니다. On-line 인증 문제로 예매 시에는 혜택이 제공되지 않습니다.

4. 우천 취소 시 예매 및 카드구입은 자동 결제 취소되며, 현장 현금 구매분은 매표소에서 환불 받으실 수 있습니다.

5. 보호자 동반 미취학 아동(7세 이하)은 무료입장이 가능하나, 좌석은 제공되지 않습니다.

6. 암표 구입 시 입장이 제한됩니다.

※ 올 시즌 변경사항(취소수수료 청구)
→다양한 회원들의 관람을 위해 금년부터 예매 익일 취소할 경우 결제금액의 10%에 해당하는 취소수수료가 청구됩니다.(최소 취소수수료 1,000원 청구) 단, 예매일과 취소일이 같을 경우 취소수수료는 청구되지 않습니다.

50. 다음 중 위의 안내 사항에 대한 올바른 판단이 아닌 것은?

① "내일 경기 관람을 위해 오늘 예매한 입장권을 수수료 없이 취소하려면 오늘 중에 취소해야 하는 거구나."

② "여보, 우리 애는 5살이니까 당신이 데려 가면 무료입장도 가능하네요. 외야 자리만 가능하다니까 그린석으로 당신 표 얼른 예매하세요."

③ "다음 주 월요일이 공휴일이니까 연속 4일 간은 주말 요금이 적용되겠구나."

④ "난 K팀 L카드가 있는 성인회원이니까, 주중에 레드석에서 관람하려면 5,000원밖에 안 들겠구나."

⑤ "K팀 성인회원은 블루석 이하는 언제 가든 일반 입장권보다 2,000원이 싼 가격이네."

51. 김 과장은 여름 휴가철을 맞아 아이들과 함께 평소 좋아하던 K팀의 야구 경기를 보러가려 한다. 다음 인원이 함께 야구 관람을 할 경우, 카드 결제를 해야 할 전 인원의 총 입장료 지불 금액은 얼마인가?

- 관람일 15일 금요일, 전원 블루석에서 관람 예정
- 김 과장(K팀 성인회원), 김 과장 아내(비회원), 김 과장 노부 (72세, 비회원)
- 큰 아들(18세, 비회원), 작은 아들(14세, K팀 어린이 회원)
- 작은 아들 친구 2명(K팀 어린이 회원)
- 김 과장의 가족 5인은 김 과장이 K팀 L카드로 결제하며, 작은 아들의 친구 2명은 각각 S카드로 결제함.

① 58,000원   ② 60,000원

③ 61,000원   ④ 63,000원

⑤ 65,500원

52. 다음은 엑셀의 사용자 지정 표시 형식과 그 코드를 설명하는 표이다. ㉠~㉤중 올바른 설명이 아닌 것은 어느 것인가?

년	yy	연도를 뒤의 두 자리로 표시
	yyyy	연도를 네 자리로 표시
월	m	월을 1~12로 표시
	mm	월을 01~12로 표시
	mmm	월을 001~012로 표시 → ㉠
	mmmm	월을 January~December로 표시
일	d	일을 1~31로 표시
	dd	일을 01~31로 표시 → ㉡
요일	ddd	요일을 Sun~Sat로 표시
	dddd	요일을 Sunday~Saturday로 표시
	aaa	요일을 월~일로 표시
	aaaa	요일을 월요일~일요일로 표시 → ㉢
시	h	시간을 0~23으로 표시
	hh	시간을 00~23으로 표시 → ㉣
분	m	분을 0~59로 표시 → ㉤
	mm	분을 00~59로 표시
초	s	초를 0~59로 표시
	ss	초를 00~59로 표시

① ㉠   ② ㉡

③ ㉢   ④ ㉣

⑤ ㉤

53. 기술은 새로운 발명 및 혁신 등을 통해서 인간의 삶을 윤택하게 바꾸어 준다. 이를 기반으로 하였을 때 아래에 제시된 사례를 통해 글쓴이가 말하고자 하는 것은?

성수대교는 길이 1,161m, 너비 19.4m(4차선)로 1977년 4월에 착공해서 1979년 10월에 준공한, 한강에 11번째로 건설된 다리였다. 성수대교는 15년 동안 별 문제없이 사용되다가 1994년 10월 21일 오전 7시 40분경 다리의 북단 5번째와 6번째 교각 사이 상판 50여 미터가 내려앉는 사고가 발생하였으며, 당시 학교와 직장에 출근하던 시민 32명이 사망하고 17명이 부상을 입었다. 이 사고는 오랫동안 별 문제없이 서 있던 다리가 갑자기 붕괴했고, 이후 삼풍백화점 붕괴사고, 지하철 공사장 붕괴사고 등 일련의 대형 참사의 서곡을 알린 사건으로 국민들에게 충격을 안겨주었다.

이후 전문가 조사단은 오랜 조사를 통해 성수대교의 붕괴의 원인을 크게 두 가지로 밝혔다. 첫 번째는 부실시공이었고, 두 번째는 서울시의 관리 소홀이었다. 부실시공에 관리 불량이 겹쳐서 발생한 성수대교 붕괴사고는 일단 짓고 보자는 식의 급속한 성장만을 추구하던 우리나라의 단면을 상징적으로 잘 보여준 것이다.

① 정부의 안일한 대처를 말하고 있다.

② 많은 비용을 들여 외국으로부터의 빠른 기술도입을 말하고 있다.

③ 기술적 실패 또는 실패한 기술이 우리 사회에 미치는 영향을 말하고 있다.

④ 기술적 발전은 천천히 이루어져야 함을 역설하고 있다.

⑤ 부실시공으로 인한 많은 예산의 투입이 이루어지고 있음을 말하고 있다.

54. 15% 소금물 400g에서 100g의 물을 증발 시켰더니 x% 소금물이 되었고, 15% 소금물 400g에서 100g의 물을 넣었더니 y% 소금물이 되었다고 한다면 $x-y$의 값은 얼마인가?

① 5

② 6

③ 7

④ 8

⑤ 9

55. 다음 설명을 참고할 때, 대출금 지급이 조기에 만료되는 경우를 〈보기〉에서 모두 고른 것은? (단, 모두 주택연금 대출자로 가정한다)

[대출금 지급의 조기 만료]

주택담보노후연금대출을 받고 본인에게 다음 각 항목의 사유 중 하나라도 발생한 경우 은행으로부터 독촉, 통지 등이 없어도 본인은 당연히 은행에 대한 당해 채무의 기한의 이익을 상실하여 곧 이를 갚아야 할 의무를 지며, 대출 기한일과 관계 없이 대출금 지급이 조기에 종료됩니다.

- 본인 및 배우자가 모두 사망한 경우
- 본인이 사망한 후 배우자가 6월 이내에 담보주택의 소유권이 전등기 및 채권자에 대한 보증부대출 채무의 인수를 마치지 아니한 경우
- 본인 및 배우자 담보주택에서 다른 장소로 이사한 경우
- 본인 및 배우자가 1년 이상 계속하여 담보주택에서 거주하지 아니한 경우. 다만, 입원 등 은행이 정하여 인터넷 홈페이지에 공고하는 불가피한 사유로 거주하지 아니한 경우는 제외한다.
- 본인이 담보주택의 소유권을 상실한 경우
- 주택담보노후연금대출 원리금이 근저당권의 설정 최고액을 초과할 것으로 예상되는 경우로서 채권자의 설정 최고액 변경 요구에 응하지 아니하는 경우
- 그밖에 은행의 주택금융운영위원회가 정하는 일정한 사유가 발생한 경우

〈보기〉

㉮ 7개월 전 대출 명의자인 남편이 사망하였으며, 은행에 보증부대출 채무 인수를 두 달 전 완료하여 소유권이전등기는 하지 않은 배우자 A씨

㉯ 5/1일부터 이듬해 4/30일까지의 기간 중 본인 및 배우자 모두 병원 입원 기간이 각각 1년을 초과하는 B씨 부부

㉰ 주택연금대출을 받고 3개월 후 살고 있던 집을 팔고 더 큰 집을 사서 이사한 C씨

㉱ 연금 대출금과 수시 인출금의 합이 담보주택에 대해 은행에서 행사할 수 있는 근저당권 최고금액을 초과하여 은행의 설정 최고액 변경 요구에 따라 필요한 절차를 수행하고 있는 D씨

① ㉮, ㉰
② ㉯, ㉱
③ ㉮, ㉯, ㉱
④ ㉮, ㉰, ㉱
⑤ ㉯, ㉰, ㉱

▮56~57▮ 다음은 A, B 두 경쟁회사의 판매제품별 시장 내에서의 기대 수익을 표로 나타낸 자료이다. 이를 보고 이어지는 물음에 답하시오.

〈판매 제품별 수익체계〉

		B회사		
		P제품	Q제품	R제품
A회사	P 제품	(5, −1)	(3, −1)	(−6, 3)
	Q 제품	(−1, 3)	(−3, 2)	(3, 2)
	R 제품	(−2, 6)	(4, −1)	(−1, −2)

- 괄호 안의 숫자는 A회사와 B회사의 제품으로 얻는 수익(억원)을 뜻한다.(A회사 월 수익 액, B회사의 월 수익 액)
- ex) A회사가 P제품을 판매하고 B회사가 Q제품을 판매하였을 때 A회사의 월 수익 액은 3억 원이고, B회사의 월 수익 액은 −1억 원이다.

〈분기별 소비자 선호 품목〉

구분	1분기	2분기	3분기	4분기
선호 품목	Q제품	P제품	R제품	P, R제품

- 제품별로 분기에 따른 수익의 증감률을 의미한다.
- 시기별 해당 제품의 홍보를 진행하면 월 수익의 50%가 증가, 월 손해의 50%가 감소된다.

---

56. 다음 중 4분기의 A회사와 B회사의 수익의 합이 가장 클 경우는 양사가 각각 어느 제품을 판매하였을 때인가?

① A회사 : Q제품, B회사 : Q제품
② A회사 : R제품, B회사 : Q제품
③ A회사 : Q제품, B회사 : P제품
④ A회사 : P제품, B회사 : R제품
⑤ A회사 : R제품, B회사 : P제품

---

57. 1분기와 2분기에 모두 양사가 소비자 선호 제품을 홍보하였을 때, 1분기로부터 변동된 2분기의 수익 현황에 대하여 바르게 설명한 것은?

① A회사는 R제품을 판매할 때의 수익 현황에 변동이 있다.
② 1분기와 2분기에 가장 많은 수익이 발생하는 양사 제품의 조합은 동일하다.
③ 1분기와 2분기에 동일한 수익 구조가 발생하는 양사 제품의 조합은 없다.
④ B회사는 1분기에 Q제품을 판매하는 것이 2분기에 Q제품을 판매하는 것보다 더 유리하다.
⑤ B회사는 R제품을 판매할 때의 수익액이 더 감소한다.

58. 다음에 제시된 9개의 단어 중 관련된 3개의 단어를 통해 유추할 수 있는 것은?

인터넷, 계산기, 밀가루, 비타민, 제과점, 단팥, 휴대폰, 캐릭터, 달력

① 빵
② 농구
③ 소풍
④ 김밥
⑤ 장미

59. 민준이는 탁구장을 운영하기 위해 300원짜리 연습구와 500원짜리 시합구를 구매하려고 한다. 연습구와 시합구를 합쳐 탁구공 총 100개를 35,000원 이내로 구매하려고 한다면 시합구는 최대 몇 개까지 구매할 수 있는가?

① 17개
② 19개
③ 21개
④ 23개
⑤ 25개

60. 아래의 내용을 통해 구체적으로 알 수 있는 사실은?

P화학 약품 생산 공장에 근무하고 있는 M대리. 퇴근 후 가족과 뉴스를 보다가 자신이 근무하고 있는 화학 약품 생산 공장에서 발생한 대형화재에 대한 뉴스를 보게 되었다. 수십 명의 사상자를 발생시킨 이 화재의 원인은 노후된 전기 설비로 인한 누전 때문으로 추정된다고 하였다. 불과 몇 시간 전까지 같이 근무했던 사람들의 사망소식에 M대리는 어찌할 바를 모른다. 그렇지 않아도 공장장에게 노후한 전기설비를 교체하지 않으면 큰 일이 날지도 모른다고 늘 강조해왔는데 결국에는 돌이킬 수 없는 대형사고를 터트리고 만 것이다.
"사전에 조금만 주의를 기울였다면 이러한 대형 사고는 충분히 막을 수 있었을 텐데....." "내가 더 적극적으로 공장장을 설득하여 전기설비를 교체했더라면 오늘과 같이 소중한 동료들을 잃는 일은 없었을 텐데....."라며 자책하고 있는 M대리.
이와 같은 대형 사고는 사전에 위험 요소에 대한 조그만 관심만 있었더라면 충분히 예방할 수 있는 경우가 매우 많다. 그럼에도 불구하고 끊임없이 반복하여 발생하는 이유는 무엇일까?

① 산업재해는 무조건 예방이 가능하다.
② 산업재해는 어느 정도의 예측이 가능하며 이로 인한 예방이 가능하다.
③ 산업재해는 어떠한 경우라도 예방이 불가능하다.
④ 산업재해는 전문가만이 예방할 수 있다.
⑤ 산업재해는 근무자가 아닌 의사결정자들이 항상 예의주시해야 한다.

✎ 직무수행능력평가(전기이론·전기기기 – 50문항/60분)

1. 단상 교류전압 $v = 300\sqrt{2}\cos wt[\text{V}]$를 전파 정류하였을 때, 정류회로 출력 평균전압[V]은? (단, 이상적인 정류 소자를 사용하여 정류회로 내부의 전압강하는 없다)

① 150
② $\dfrac{300}{2\pi}$
③ $\dfrac{300}{\pi}$
④ $\dfrac{600\sqrt{2}}{\pi}$
⑤ $\dfrac{600\sqrt{2}}{2\pi}$

2. 다음 식으로 표현되는 비정현파 전압의 실횻값[V]은?

$$v = 2 + 5\sqrt{2}\sin wt + 4\sqrt{2}\sin(3wt) + 2\sqrt{2}\sin(5wt)[V]$$

① $13\sqrt{2}$
② 11
③ 7
④ 2
⑤ 1

3. 다음 회로와 같이 평형 3상 전원을 평형 3상 Δ결선 부하에 접속하였을 때 Δ결선 부하 1상의 유효전력이 P[W]였다. 각 상의 임피던스 Z를 그대로 두고 Y결선으로 바꾸었을 때 Y결선 부하의 총전력[W]은?

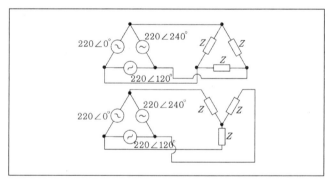

① $\dfrac{\text{P}}{3}$
② P
③ $\sqrt{3}\,\text{P}$
④ 2P
⑤ 3P

4. 철심 코어에 권선수 10인 코일이 있다. 이 코일에 전류 10[A]를 흘릴 때, 철심을 통과하는 자속이 0.001[Wb]이라면 이 코일의 인덕턴스[mH]는?

① 100 ② 10

③ 1 ④ 0.1

⑤ 0.01

5. 이상적인 단상 변압기의 2차측에 부하를 연결하여 2.2[kW]를 공급할 때의 2차측 전압이 220[V], 1차측 전류가 50[A]라면 이 변압기의 권선비 $N_1 : N_2$는? (단, N_1은 1차측 권선수이고 N_2는 2차측 권선수이다)

① 1 : 5 ② 5 : 1

③ 1 : 10 ④ 10 : 1

⑤ 1 : 1

6. 4[μF]과 6[μF]의 정전용량을 가진 두 콘덴서를 직렬로 연결하고 이 회로에 100[V]의 전압을 인가할 때 6[μF]의 양단에 걸리는 전압[V]은?

① 40 ② 60

③ 80 ④ 100

⑤ 120

7. 다음 전력계통 보호계전기의 기능에 대한 설명 중 옳은 것만을 모두 고르면?

> (가) 과전류 계전기(Overcurrent Relay) : 일정값 이상의 전류 (고장전류)가 흘렀을 때 동작하고 보호협조를 위해 동작시간을 설정할 수 있다.
>
> (나) 거리 계전기(Distance Relay) : 전압, 전류를 통해 현재 선로의 임피던스를 계산하여 고장여부를 판단하고 주로 배전계통에 사용된다.
>
> (다) 재폐로기(Recloser) : 과전류계전기능과 차단기능이 함께 포함된 보호기로 고장전류가 흐를 경우, 즉각적으로 일시에 차단을 하게 된다.
>
> (라) 차동 계전기(Differential Relay) : 전류의 차를 검출하여 고장을 판단하는 계전기로 보통 변압기, 모선, 발전기 보호에 사용된다

① (가), (나), (다)

② (가), (다), (라)

③ (가), (라)

④ (나), (다)

⑤ (다), (라)

8. 그림은 이상적인 연산증폭기(Op Amp)이다. 이에 대한 설명으로 옳은 것은?

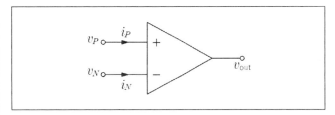

① 입력 전압 v_P와 v_N은 같은 값을 갖는다.

② 입력 저항은 0의 값을 갖는다.

③ 입력 전류 i_P와 i_N은 서로 다른 값을 갖는다.

④ 출력 저항은 무한대의 값을 갖는다.

⑤ 개방전압이득이 0이다.

9. 평형 3상회로에 대한 설명 중 옳은 것을 모두 고르면? (단, 전압, 전류는 페이저로 표현되었다고 가정한다.)

> (가) Y결선 평형 3상회로에서 상전압은 선간전압에 비해 크기가 $1/\sqrt{3}$ 배이다.
>
> (나) Y결선 평형 3상회로에서 상전류는 선전류에 비해 크기가 $\sqrt{3}$ 배이다.
>
> (다) Δ결선 평형 3상회로에서 상전압은 선간전압에 비해 크기가 $\sqrt{3}$ 배이다.
>
> (라) Δ결선 평형 3상회로에서 상전류는 선전류에 비해 크기가 $1/\sqrt{3}$ 배이다.

① (가), (나)

② (가), (다)

③ (가), (라)

④ (나), (라)

⑤ (다), (라)

10. 다음의 합성저항의 값으로 옳은 것은?

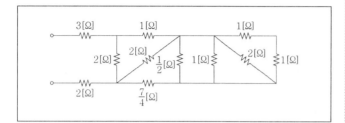

① 9[Ω]　　　　　　② 8[Ω]

③ 7[Ω]　　　　　　④ 6[Ω]

⑤ 5[Ω]

11. 정격 100[V], 2[kW]의 전열기가 있다. 소비전력이 2,420[W]라 할 때 인가된 전압은 몇 [V]인가?

① 90　　　　　　② 100

③ 110　　　　　　④ 120

⑤ 130

12. $e = 100\sqrt{2}\,sinwt + 50\sqrt{2}\,sin3wt + 25\sqrt{2}\,sin5wt\,[V]$인 전압을 $R = 8[\Omega]$, $wL = 2[\Omega]$의 직렬회로에 인가할 때 제3고조파 전류의 실횻값[A]은?

① 2.5　　　　　　② 5

③ $5\sqrt{2}$　　　　　　④ 10

⑤ $10\sqrt{2}$

13. 그림과 같은 회로에서 저항 R의 양단에 걸리는 전압을 V라고 할 때 기전력 E[V]의 값은?

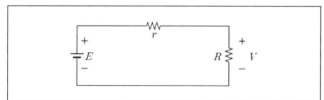

① $V(1 - \dfrac{R}{r})$　　　　② $V(1 + \dfrac{r}{R})$

③ $V(1 - \dfrac{r}{R})$　　　　④ $V(1 + \dfrac{2R}{r})$

⑤ $V(1 + \dfrac{R}{r})$

14. $e = E_m \sin(wt + 30°)[V]$이고 $i = I_m \cos(wt - 60°)[A]$일 때 전류는 전압보다 위상이 어떻게 되는가?

① $\dfrac{\pi}{6}$[rad]만큼 앞선다.

② $\dfrac{\pi}{6}$[rad]만큼 뒤선다.

③ $\dfrac{\pi}{3}$[rad]만큼 뒤선다.

④ $\dfrac{\pi}{2}$[rad]만큼 앞선다.

⑤ 전압과 전류는 동상이다.

15. 다음 설명 중 옳은 것을 모두 고르면?

> 가. 부하율 : 수용가 또는 변전소 등 어느 기간 중 평균 수요전력과 최대 수요전력의 비를 백분율로 표시한 것
> 나. 수용률 : 어느 기간 중 수용가의 최대 수요전력과 사용전기설비의 정격용량[W]의 합계의 비를 백분율로 표시한 것
> 다. 부등률 : 하나의 계통에 속하는 수용가의 각각의 최대 수요전력의 합과 각각의 사용전기설비의 정격용량[W]의 합의 비

① 가

② 가, 나

③ 가, 다

④ 나, 다

⑤ 가, 나, 다

16. RLC 직렬회로에서 R, L, C 값이 각각 2배가 되면 공진 주파수는 어떻게 변하는가?

① 변화 없다.

② 2배 커진다.

③ $\sqrt{2}$ 배 커진다.

④ 1/2로 줄어든다.

⑤ 1/$\sqrt{2}$ 로 줄어든다.

17. 진공상태에 놓여있는 정전용량이 6 [μF]인 평행 평판 콘덴서에 두께가 극판간격(d)과 동일하고 길이가 극판길이(L)의 $\frac{2}{3}$에 해당하는 비유전율이 3인 운모를 그림과 같이 삽입하였을 때 콘덴서의 정전용량[μF]은?

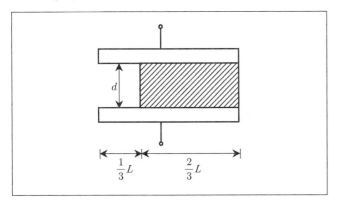

① 12
② 14
③ 16
④ 18
⑤ 20

18. 220 [V], 55 [W] 백열등 2개를 매일 30분씩 10일간 점등했을 때 사용한 전력량과 110 [V], 55 [W]인 백열등 1개를 매일 1시간씩 10일간 점등했을 때 사용한 전력량의 비는?

① 1 : 1
② 1 : 2
③ 1 : 3
④ 1 : 4
⑤ 1 : 5

19. 상호인덕턴스가 10 [mH]이고, 두 코일의 자기인덕턴스가 각각 20 [mH], 80 [mH]일 경우 상호 유도 회로에서의 결합계수 k는?

① 0.125
② 0.25
③ 0.375
④ 0.5
⑤ 1

20. 직각좌표계의 진공 중에 균일하게 대전되어 있는 무한 $y-z$ 평면 전하가 있다. x축 상의 점에서 r만큼 떨어진 점에서의 전계 크기는?

① r^2에 반비례한다.
② r에 반비례한다.
③ r에 비례한다.
④ r^2에 비례한다.
⑤ r과 관계없다.

21. $R = 90$ [Ω], $L = 32$ [mH], $C = 5$ [μF]의 직렬회로에 전원전압 $v(t) = 750\cos(5000t + 30°)$ [V]를 인가했을 때 회로의 리액턴스[Ω]는?

① 40
② 90
③ 120
④ 160
⑤ 200

22. 20 [V]를 인가했을 때 400 [W]를 소비하는 굵기가 일정한 원통형 도체가 있다. 체적을 변하지 않게 하고 지름이 $\frac{1}{2}$로 되게 일정한 굵기로 잡아 늘였을 때 변형된 도체의 저항 값[Ω]은?

① 10
② 12
③ 14
④ 16
⑤ 18

23. 전압과 전류의 순시값이 아래와 같이 주어질 때 교류 회로의 특성에 대한 설명으로 옳은 것은?

$$v(t) = 200\sqrt{2}\sin\left(\omega t + \frac{\pi}{6}\right) [V]$$

$$i(t) = 10\sin\left(\omega t + \frac{\pi}{3}\right) [A]$$

① 전압의 실횻값은 $200\sqrt{2}$ [V]이다.
② 전압의 파형률은 1보다 작다.
③ 전류의 파고율은 10이다.
④ 전류의 최댓값은 $\frac{10}{\sqrt{2}}$이다.
⑤ 위상이 30° 앞선 진상 전류가 흐른다.

24. 진공 중에 두 개의 긴 직선도체가 6 [cm]의 거리를 두고 평행하게 놓여있다. 각 도체에 10 [A], 15 [A]의 전류가 같은 방향으로 흐르고 있을 때 단위 길이당 두 도선 사이에 작용하는 힘[N/m]은? (단, 진공 중의 투자율 $\mu_0 = 4\pi \times 10^{-7}$이다)

① 5.0×10^{-5}　　　② 5.0×10^{-4}

③ 3.3×10^{-3}　　　④ 4.1×10^2

⑤ 3.3×10^3

25. 부하 양단 전압이 $v(t) = 60\cos(\omega t - 10°)$ [V]이고 부하에 흐르는 전류가 $i(t) = 1.5\cos(\omega t + 50°)$ [A]일 때 복소전력 S [VA]와 부하 임피던스 Z [Ω]는?

	S [VA]	Z [Ω]
①	$45 \angle 40°$	$40 \angle 60°$
②	$45 \angle 40°$	$40 \angle -60°$
③	$45 \angle -40°$	$40 \angle 60°$
④	$45 \angle -60°$	$40 \angle 60°$
⑤	$45 \angle -60°$	$40 \angle -60°$

26. 다음 직류발전기에 대한 설명 중 옳은 것을 모두 고른 것은?

㉠ 교차기자력은 계자기자력과 전기각도 90°의 방향으로 발생하는 기자력이다.
㉡ 편자작용에 의해 직류발전기는 전기적 중성축이 회전방향으로 이동한다.
㉢ 보극이나 보상권선을 설치하여 전기자 반작용에 의한 악영향을 줄일 수 있다.

① ㉠　　　　　② ㉠, ㉡

③ ㉠, ㉢　　　④ ㉡, ㉢

⑤ ㉠, ㉡, ㉢

27. 매극의 유효자속이 0.01[Wb], 전기자 총 도체수가 100인 4극의 단중 중권 직류발전기를 1200[rpm]으로 회전시킬 때의 기전력 [V]은?

① 10　　　　　② 20

③ 50　　　　　④ 100

⑤ 120

28. 3상 유도전동기의 1차 권선저항이 15[Ω], 1차측으로 환산한 2차권선 저항은 9[Ω], 슬립이 0.1일 때, 효율[%]로 가장 가까운 값은? (단, 여자 전류는 무시하고, 손실은 1차 권선 및 2차 권선에 의한 동손만 존재한다.)

① 55　　　　　② 66

③ 77　　　　　④ 88

⑤ 99

29. 직류 발전기를 병렬운전하려고 한다. 다음 중 필요한 조건이 아닌 것은?

① 각 발전기의 단자 전압의 극성이 동일할 것

② 각 발전기의 전부하 단자전압이 동일할 것

③ 각 발전기의 외부특성곡선이 수하특성일 것

④ 각 발전기의 계자전류가 동일할 것

⑤ 백분율 부하전류의 외부특성곡선이 일치할 것

30. 회전자계 이론을 기반으로 한 단상 유도전동기의 정방향 회전자계의 속도가 n_0 [rpm], 회전자의 방향 회전속도가 n [rpm]일 때 역방향 회전자계에 대한 슬립[pu]은?

① $\dfrac{n_0 - n}{n_0}$　　　　② $\dfrac{2n_0 - n}{n_0}$

③ $\dfrac{n_0 + n}{n_0}$　　　　④ $\dfrac{2n_0 + n}{n_0}$

⑤ $\dfrac{n_0 - 2n}{n_0}$

31. 단자전압 150 [V], 전기자전류 10 [A], 전기자저항 2 [Ω], 회전속도 1800 [rpm]인 직류전동기의 역기전력[V]은?

① 100　　　　② 110

③ 120　　　　④ 130

⑤ 140

32. 지상 역률 0.6의 부하 300 [kW]에 100 [kW]를 소비하는 동기전동기를 병렬로 접속하여 합성 부하 역률을 지상 0.8로 하기 위해 필요한 동기전동기의 진상 무효전력[kvar]은?

① 100

② 150

③ 200

④ 250

⑤ 300

33. BLDC 전동기에서 직류기의 정류작용을 위한 정류자와 브러시의 역할을 하는 구성요소는?

① 전류센서와 다이오드 정류기

② 전류센서와 인버터

③ 홀센서와 다이오드 정류기

④ 홀센서와 인버터

⑤ 전류센서와 홀센서

34. 그림과 같이 일정 전압으로 부하를 구동 중인 직류 직권전동기와 직류 분권전동기에 같은 크기의 전류가 공급되고 있다. 각각의 전동기에 인가된 부하토크가 4배로 증가할 때 I_{series}, I_{shunt} 및 I_{total}의 변화는? (단, 자기포화 및 전기자 반작용은 무시한다)

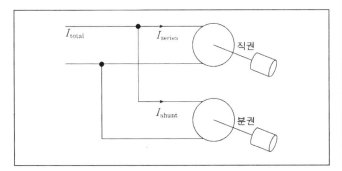

	I_{series}	I_{shunt}	I_{total}
①	4배로 증가	2배로 증가	3배로 증가
②	4배로 증가	2배로 증가	6배로 증가
③	2배로 증가	4배로 증가	3배로 증가
④	2배로 증가	4배로 증가	6배로 증가
⑤	2배로 증가	4배로 증가	8배로 증가

35. 정격전압을 인가한 직류 분권전동기의 무부하 회전속도는 1200 [rpm]이다. 이 전동기의 계자전류만을 1.2배로 조정했을 때, 전동기의 무부하 회전속도[rpm]는? (단, 자기포화는 무시한다)

① 800

② 900

③ 1000

④ 1100

⑤ 1200

36. 변압기유가 갖추어야 할 조건으로 옳지 않은 것은?

① 인화의 위험성이 없고 인화점이 높아야 한다.

② 절연 저항 및 절연 내력이 높아야 한다.

③ 비열과 열전도도가 크며 점성도가 낮아야 한다.

④ 응고점이 높고, 투명하여야 한다.

⑤ 절연재료 및 금속재료와 화학작용이 일어나지 않아야 한다.

37. 단자전압 210 [V], 부하전류 50 [A]일 때 회전수가 1,500 [rpm]인 직류 직권전동기가 있다. 단자전압을 106 [V]로 하는 경우 부하전류가 30 [A]이면 회전수[rpm]는? (단, 전기자권선과 계자권선의 합성저항은 0.2 [Ω]이며, 자기회로는 불포화 상태이다)

① 900

② 1,250

③ 1,500

④ 1,800

⑤ 2,500

38. 동기발전기의 전기자권선을 Y결선하는 이유로 옳지 않은 것은?

① 중성점을 접지할 수 있어서 이상전압에 대한 대책이 용이하다.

② 상전압은 선간전압의 $\frac{1}{\sqrt{3}}$이 되므로 코일의 절연이 용이하다.

③ 제3고조파 전류에 의한 순환전류가 흐르지 않는다.

④ 전기자 반작용이 감소하여 출력이 향상된다.

⑤ 보호계전기의 동작을 확실하게 하고 절연레벨을 낮게 할 수 있다.

39. 2극 3상 유도전동기에서 회전자의 기계적 각속도가 동기 각속도보다 큰 경우, 관계식으로 옳은 것은? (단, P_g는 공극 전력, P_m은 기계적 출력, P_r은 회전자 동손이다)

① $P_g < 0, P_m < 0, P_r > 0$

② $P_g > 0, P_m < 0, P_r > 0$

③ $P_g < 0, P_m > 0, P_r < 0$

④ $P_g > 0, P_m > 0, P_r > 0$

⑤ $P_g < 0, P_m < 0, P_r < 0$

40. 분권 직류발전기가 개방회로에서 유도전압은 240 [V]이며, 부하가 연결되었을 때 단자전압이 230 [V]이다. 계자저항이 50 [Ω], 전기자저항이 0.05 [Ω]일 때 부하전류[A]는? (단, 전기자 반작용과 브러시 전압 강하는 무시한다)

① 180.4

② 190.6

③ 195.4

④ 204.6

⑤ 210.4

41. 3,000[V], 1,500[kVA], 동기임피던스 3[Ω]인 동일 정격의 두 동기발전기를 병렬 운전하던 중 한쪽 여자전류가 증가해서 각 상의 유도기전력 사이에 480[V]의 전압차가 발생했다면 두 발전기 사이에 흐르는 무효횡류[A]는 얼마인가?

① 50

② 60

③ 70

④ 80

⑤ 90

42. 출력 전압이 직류 전압인 것은?

① 단상 하프브리지 인버터

② 단상 풀브리지 인버터

③ 초퍼형 컨버터

④ 사이클로 컨버터

⑤ 3상 인버터

43. 3상 유도전동기의 전 전압 기동토크는 전부하시의 1.6배이다. 전 전압의 1/2로 기동할 때 기동토크는 전부하시의 몇 배인가?

① 0.4

② 0.5

③ 0.6

④ 0.8

⑤ 1

44. 전압변동률 10[%]인 직류발전기의 정격전압이 100[V]일 때 무부하 전압[V]은?

① 10

② 90

③ 100

④ 110

⑤ 120

45. 전기기기의 운전 안정성을 위해 K-SC-4004로 규정된 절연 등급에 따른 최대 허용온도 등급이 온도의 오름차순으로 표현된 것은?

① F-E-B-H

② E-B-F-H

③ H-F-E-B

④ H-E-F-B

⑤ E-F-B-H

46. 변압기의 1차측 권선이 240회이고 1차측 유도기전력의 실효치 240[V]을 발생시키는 50[Hz] 전원에 접속되어 있다고 할 때 철심 내의 정현파 자속의 최대치의 근삿값은?

① 4.5×10^{-3}[Wb]

② 3.2×10^{-2}[Wb]

③ 4.5×10^{-5}[Wb]

④ 3.2×10^{-1}[Wb]

⑤ 7.1×10^{-5}[Wb]

47. 유도전동기에서 동기속도와 극수의 관계에 대한 설명으로 옳은 것은?

① 동기속도는 극수의 제곱에 비례한다.

② 동기속도는 극수에 비례한다.

③ 동기속도는 극수에 무관하게 일정하다.

④ 동기속도는 극수에 반비례한다.

⑤ 동기속도는 극수의 제곱에 반비례한다.

48. 두 대의 직류발전기가 병렬운전 중일 때, 발전기 A에 흐르는 전기자 전류 I_A [A]는? (단, 두 전기자 전류 사이에는 $I_B = 2 I_A$의 관계가 있다)

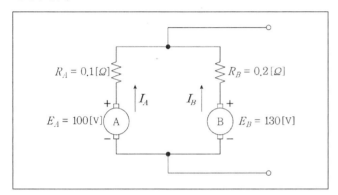

① 100   ② 200

③ 300   ④ 400

⑤ 500

49. 변압기의 2차측에 연결된 부하 3 + j4 [Ω]에 전압 200 [V]의 1차측 전원에서 300 [W]의 전력을 공급할 경우, 이 변압기의 권선비는? (단, 변압기는 이상적인 것으로 가정한다)

① 1   ② 2

③ 4   ④ 8

⑤ 16

50. 교류전원 $v_S(t) = \sqrt{2}\, V_S \sin\omega t$ [V]이 연결된 정류회로에서 다이오드 D_1에 걸리는 전압 $v_{D_1}(t)$의 최대 역전압(Peak Inverse Voltage)의 크기[V]는? (단, 부하 R의 한 쪽 단자는 변압기 2차측 권선의 중간 탭에 연결되어 있고, 다이오드와 변압기는 이상적이라고 가정한다)

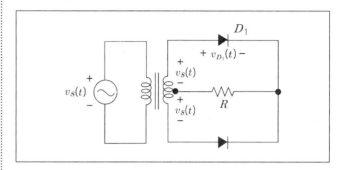

① $\sqrt{2}\, V_S$

② $2\sqrt{2}\, V_S$

③ $3\sqrt{2}\, V_S$

④ $4\sqrt{2}\, V_S$

⑤ $5\sqrt{2}\, V_S$

인천국제공항공사

기술분야(전기)

필기시험 모의고사

제 3 회	영 역	직업기초능력평가, 직무수행능력평가(전기이론 · 전기기기)
	문항수	110문항
	시 간	125분
	비 고	객관식 5지 택일형

SEOWONGAK
(주)서원각

제3회 필기시험 모의고사

✎ **직업기초능력평가(60문항/65분)**

1. 다음 글을 비판하는 내용으로 적절하지 못한 것은?

사이버공간은 관계의 네트워크이다. 사이버공간은 광섬유와 통신위성 등에 의해 서로 연결된 컴퓨터들의 물리적인 네트워크로 구성되어 있다. 그러나 사이버공간이 물리적인 연결만으로 이루어지는 것은 아니다. 사이버공간을 구성하는 많은 관계들은 오직 소프트웨어를 통해서만 실현되는 순전히 논리적인 연결이기 때문이다. 양쪽 차원 모두에서 사이버공간의 본질은 관계적이다.

인간 공동체 역시 관계의 네트워크에 위해 결정된다. 가족끼리의 혈연적인 네트워크, 친구들 간의 사교적인 네트워크, 직장 동료들 간의 직업적인 네트워크 등과 같이 인간 공동체는 여러 관계들에 의해 중첩적으로 연결되어 있다.

사이버공간과 마찬가지로 인간의 네트워크도 물리적인 요소와 소프트웨어적 요소를 모두 가지고 있다. 예컨대 건강관리 네트워크는 병원 건물들의 물리적인 집합으로 구성되어 있지만, 동시에 환자를 추천해주는 전문가와 의사들 간의 비물질적인 네트워크에 크게 의존한다.

사이버공간을 유지하려면 네트워크 간의 믿을 만한 연결을 유지하는 것이 결정적으로 중요하다. 다시 말해, 사이버공간 전체의 힘은 다양한 접속점들 간의 연결을 얼마나 잘 유지하느냐에 달려 있다. 이것은 인간 공동체의 힘 역시 접속점 즉 개인과 개인, 다양한 집단과 집단 간의 견고한 관계 유지에 달려 있다는 점을 보여준다. 사이버공간과 마찬가지로 인간의 사회 공간도 공동체를 구성하는 네트워크의 힘과 신뢰도에 결정적으로 의존한다.

① 사이버공간의 익명성이 인간 공동체에 위협이 될 수도 있음을 지적한다.

② 유의미한 비교를 하기에는 양자 간의 차이가 너무 크다는 것을 보여준다.

③ 네트워크의 개념이 양자의 비교 근거가 될 만큼 명확하지 않다는 것을 보여준다.

④ 사이버공간과 인간 공동체 간에 있다고 주장된 유사성이 실제로는 없음을 보여준다.

⑤ 사이버공간과 인간 공동체의 공통점으로 거론된 네트워크라는 속성이 유비추리를 뒷받침할 만한 적합성을 갖추지 못했음을 보여준다.

2. 다음은 물품 A ~ E의 가격에 대한 자료이다. 아래 조건에 부합하는 물품의 가격으로 가장 가능한 것은?

(단위 : 원/개)

물품	가격
A	24,000
B	㉠
C	㉡
D	㉢
E	16,000

[조건]
- 갑, 을, 병의 가방에 담긴 물품은 각각 다음과 같다.
- 갑 : B, C, D
- 을 : A, C
- 병 : B, D, E
- 가방에는 해당 물품이 한 개씩만 담겨 있다.
- 가방에 담긴 물품 가격의 합이 높은 사람부터 순서대로 나열하면 갑 > 을 > 병 순이다.
- 병의 가방에 담긴 물품 가격의 합은 44,000원이다.

	㉠	㉡	㉢
①	11,000	23,000	14,000
②	12,000	14,000	16,000
③	12,000	19,000	16,000
④	13,000	19,000	15,000
⑤	13,000	23,000	15,000

3. 다음 글에서 의열단 내의 변절자는 모두 몇 명인가?

일본 경찰의 지속적인 추적으로 인하여 다수의 의열단원이 체포되는 상황이 벌어졌다. 의열단의 단장인 약산 김원봉 선생은 의열단 내 변절자가 몇 명이나 되는지 알아보고자 세 명의 간부에게 물었다.

간부 1 : 서른 명 이상입니다.

간부 2 : 제 생각은 다릅니다. 서른 명보다는 적습니다.

간부 3 : 아닙니다. 적어도 한 명 이상입니다.

다만, 약산 김원봉 선생은 세 명의 간부는 모두 변절자가 아니지만, 오직 한 명만 상황을 정확히 파악하고 있다는 것을 알고 있다.

① 0명   ② 1명

③ 3명   ④ 5명

⑤ 30명 이상

4. N사 기획팀에서는 해외 거래처와의 중요한 계약을 성사시키기 위해 이를 담당할 사내 TF팀 인원을 보강하고자 한다. 다음 상황을 참고할 때, 반드시 선발해야 할 2명의 직원은 누구인가?

기획팀은 TF팀에 추가로 필요한 직원 2명을 보강해야 한다. 계약실무, 협상, 시장조사, 현장교육 등 4가지 업무는 새롭게 선발될 2명의 직원이 분담하여 모두 수행해야 한다.

4가지 업무를 수행하기 위해 필수적으로 갖추어야 할 자질은 다음과 같다.

업무	필요 자질
계약실무	스페인어, 국제 감각
협상	스페인어, 설득력
시장조사	설득력, 비판적 사고
현장교육	국제 감각, 의사 전달력

* 기획팀에서 1차로 선발한 직원은 오 대리, 최 사원, 남 대리, 조 사원 4명이며, 이들은 모두 3가지씩의 '필요 자질'을 갖추고 있다.
* 의사 전달력은 남 대리를 제외한 나머지 3명이 모두 갖추고 있다.
* 조 사원이 시장조사 업무를 제외한 모든 업무를 수행하려면, 스페인어 자질만 추가로 갖추면 된다.
* 오 대리는 계약실무 업무를 수행할 수 있고, 최 사원과 남 대리는 시장조사 업무를 수행할 수 있다.
* 국제 감각을 갖춘 직원은 2명이다.

① 오 대리, 최 사원   ② 오 대리, 남 대리

③ 최 사원, 조 사원   ④ 최 사원, 조 사원

⑤ 남 대리, 조 사원

5. 다양한 정보 중 어떤 것들은 입수한 그 자리에서 판단해 처리하고 미련 없이 버리는 것이 바람직한 '동적정보' 형태인 것들이 있다. 다음 중 이러한 동적정보에 속하지 않는 것은 어느 것인가?

① 각국의 해외여행 시 지참해야 할 물품을 기록해 둔 목록표

② 비행 전, 목적지의 기상 상태를 확인하기 위해 알아 본 인터넷 정보

③ 신문에서 확인한 해외 특정 국가의 질병 감염 가능성이 담긴 여행 자제 권고 소식

④ 입국장 검색 절차가 한층 복잡해졌음을 알리는 뉴스 기사

⑤ 각국의 환율과 그에 따른 원화가치 환산 그래프 자료

▎6~7▎ 효율적인 업무를 위해 새롭게 문서 세단기를 구입한 총무팀에서는 제품을 설치하여 사용 중이다. 문서 세단기 옆 벽면에는 다음과 같은 사용설명서가 게시되어 있다. 이어지는 물음에 답하시오.

〈사용 방법〉

1. 전원 코드를 콘센트에 연결해 주세요.
2. 기기의 프런트 도어를 연 후 전원 스위치를 켜 주세요.
3. 프런트 도어를 닫은 후 'OLED 표시부'에 '세단대기'가 표시되면 세단할 문서를 문서투입구에 넣어주세요.(CD 및 카드는 CD 투입구에 넣어주세요)
4. 절전모드 실행 중에는 전원버튼을 눌러 켠 후 문서를 넣어주세요.
5. 'OLED 표시부'에 부하량이 표시되면서 완료되면 '세단완료'가 표시됩니다.

〈사용 시 주의사항〉

1. 투입부에 종이 이외는 투입하지 마세요.
2. 부품에 물기가 묻지 않도록 주의하세요.
3. 넥타이 및 옷소매 등이 투입부에 말려들어가지 않도록 주의하세요.
4. 가스나 기타 인화물질 근처에서는 사용하지 마세요.
5. '파지비움' 표시의 경우 파지함을 비워주세요.
6. 세단량이 많을 경우 고장의 원인이 되므로 적정량을 투입하세요.
7. 세단량이 많아 '모터과열' 표시의 경우 모터 보호를 위해 정상적으로 멈추는 것이니 30분 정도 중지 후 다시 사용하세요.

<고장신고 전 OLED 표시부 확인사항>

증상	조치
1. 전원버튼을 눌러도 제품이 동작하지 않을 때 2. 전원스위치를 ON 시켜도 동작하지 않을 때	◆ 전원코드가 꽂혀 있는지 확인합니다. ◆ 프런트 도어를 열고 전원스위치가 ON 되어 있는지 확인합니다.
3. 자동 역회전 후 '세단포기'가 표시되면서 제품이 정지했을 때	◆ 투입구에서 문서를 꺼낸 후 적정량만 투입합니다.
4. '모터과열'이 표시되면서 제품이 정지했을 때	◆ 과도한 투입 및 장시간 연속동작 시 모터가 과열되어 제품이 멈춘 상태이니 전원을 끄고 30분 후 사용합니다.
5. '파지비움'이 표시되면서 제품이 정지했을 때	◆ '프런트 도어'가 표시되면 프런트 도어를 열고 파지함을 비워줍니다. ◆ 파지함을 비워도 '파지비움' 표시가 없어지지 않으면 (파지 감지스위치에 이물질이 쌓여있을 수 있습니다.) 파지 감지판을 흔들어 이물질을 제거합니다.
6. 문서를 투입하지 않았는데 자동으로 제품이 동작될 경우	◆ 투입구 안쪽으로 문서가 걸려있는 경우 종이 2~3장을 여러 번 접어 안쪽에 걸려있는 문서를 밀어 넣습니다.
7. 전원을 켰을 때 '세단대기'가 표시되지 않고 세팅화면이 표시될 때	◆ 전원버튼을 길게 눌러 세팅모드에서 빠져 나옵니다.

6. 다음 중 문서 세단기가 정상 작동하지 않는 원인이 아닌 것은 어느 것인가?

① 파지를 비우지 않아 파지함이 꽉 찼을 경우
② 투입구 안쪽에 문서가 걸려있을 경우
③ 절전모드에서 전원버튼을 눌렀을 경우
④ 문서투입구에 CD가 투입될 경우
⑤ 파지 감지스위치에 이물질이 쌓여있을 경우

7. 다음의 OLED 표시부 표시 내용 중 성격이 나머지와 다른 것은 어느 것인가?

① 세단포기　　　　　② 파지비움
③ 모터과열　　　　　④ 프런트 도어
⑤ 세단대기

8. 다음 글에 나타난 아우구스티누스의 주장에 대한 비판으로 가장 적절하지 않은 것은?

신은 전지(全知)·전능(全能)·전선(全善)한 존재라고 여겨진다. 만일 신이 전지하다면 세상에 존재하는 악에 대해 알고 있을 것이고, 그리고 전선하다면 이러한 악을 제거하길 원할 것이고, 또한 전능하다면 그렇게 할 수 있을 것이다. 그렇다면 도대체 왜 세상에 악이 존재하는 것일까? 중세 철학자 아우구스티누스는 이러한 악의 문제를 해결하기 위해 다음과 같이 주장한다. "의지는 스스로 의지하지 않는 한 결코 악해지지 않는다. 의지의 결함은 외부의 악에 의한 것이 아니라 그 자체가 악이다. 이는 신이 부여한 좋은 본성을 저버리고 나쁜 것을 선택했기 때문이다. 탐욕은 황금에 내재되어 있는 악이 아니라, 정의에 어긋나게 황금을 과도하게 사랑하는 사람에게 내재된 악이다. 사치는 아름답고 멋진 대상 자체에 내재된 악이 아니라, 보다 높은 차원의 기쁨을 주는 대상으로 우리를 인도해 주는 절제를 망각하고 과도하게 감각적 즐거움을 탐닉하는 마음의 잘못이다. 그리고 삼위일체에 의해 세상의 모든 사물은 최상의 상태로, 평등하게, 그리고 변하지 않는 선으로 창조됐다. 어떤 대상은 개별적으로 분리해 볼 때 마치 아름다운 그림 속의 어두운 색과 같이 그 자체는 추해 보일 수 있지만, 전체적으로 볼 때 멋진 질서와 아름다움을 갖고 있는 전체 우주의 일부분을 구성하기 때문에, 선한 것이다."

① 다른 사람의 악행의 결과로 고통받는 사람들이 많다.
② 갓 태어난 아기가 선천적 질병으로 죽는 경우가 비일비재하다.
③ 세상에 존재하는 악은 세상을 조화롭고 아름답게 하기에 적당한 정도라고 보기 어렵다.
④ 지진, 홍수, 가뭄과 같은 자연재해에 아무런 책임이 없는 사람들이 이러한 자연재해 때문에 고통받는 경우가 많다.
⑤ 많은 악행에도 불구하고 온갖 권력과 쾌락을 누리다가 죽는 사람들이 있다는 것은 선과 악의 대결에서 항상 선이 승리하는 것만은 아님을 보여 준다.

9. 다음 그림처럼 화살표에서 시작해서 시계방향으로 수와 사칙연산기호가 배열되어 있다. (?)에서 시작한 값이 마지막에 등호(=)로 연결되어 식을 완성한다. (?) 안에 알맞은 수로 옳은 것은? (단, 사칙연산기호의 연산순서는 무시하고, 그림에 있는 순서대로 계산한다)

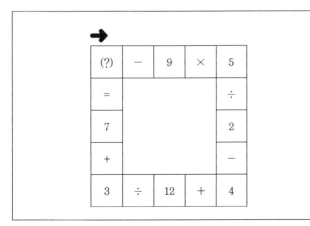

(?)	−	9	×	5
=				÷
7				2
+				−
3	÷	12	+	4

① 11 ② 12

③ 13 ④ 14

⑤ 15

10. 동건, 우성, 인성은 임의의 순서로 빨간색·파란색·노란색 지붕을 가진 집에 나란히 이웃하여 살고 있으며, 개·고양이·도마뱀이라는 서로 다른 애완동물을 기르며, 광부·농부·의사라는 서로 다른 직업을 갖고 있다. 알려진 정보가 다음과 같을 때 반드시 참이라고 할 수 없는 내용을 〈보기〉에서 모두 고른 것은?

(개) 인성은 광부이다.
(내) 가운데 집에 사는 사람은 개를 키우지 않는다.
(대) 농부와 의사의 집은 서로 이웃해 있지 않다.
(래) 노란 지붕 집은 의사의 집과 이웃해 있다.
(매) 파란 지붕 집에 사람은 고양이를 키운다.
(배) 우성은 빨간 지붕 집에 산다.

〈보기〉
㉠ 동건은 빨간 지붕 집에 살지 않고, 우성은 개를 키우지 않는다.
㉡ 노란 지붕 집에 사는 사람은 도마뱀을 키우지 않는다.
㉢ 동건은 파란 지붕 집에 살거나, 우성은 고양이를 키운다.
㉣ 동건은 개를 키우지 않는다.
㉤ 우성은 농부다.

① ㉠㉡ ② ㉡㉢

③ ㉢㉣ ④ ㉠㉡㉤

⑤ ㉠㉢㉤

┃11~12┃ 다음은 '대한 국제 회의장'의 예약 관련 자료이다. 이를 보고 이어지는 물음에 답하시오.

〈대한 국제 회의장 예약 현황〉

행사구분	행사주체	행사일	시작시간	진행시간	예약인원	행사장
학술대회	A대학	3/10	10:00	2H	250명	전시홀
공연	B동아리	2/5	17:00	3H	330명	그랜드볼룸
학술대회	C연구소	4/10	10:30	6H	180명	전시홀
국제회의	D국 무역관	2/13	15:00	4H	100명	컨퍼런스홀
국제회의	E제품 바이어	3/7	14:00	3H	150명	그랜드볼룸
공연	F사 동호회	2/20	15:00	4H	280명	전시홀
학술대회	G학회	4/3	10:00	5H	160명	컨퍼런스홀
국제회의	H기업	2/19	11:00	3H	120명	그랜드볼룸

〈행사장별 행사 비용〉

	행사 비용
전시홀	350,000원(기본 2H), 1시간 당 5만 원 추가, 200명 이상일 경우 기본요금의 15% 추가
그랜드볼룸	450,000원(기본 2H), 1시간 당 5만 원 추가, 250명 이상일 경우 기본요금의 20% 추가
컨퍼런스홀	300,000원(기본 2H), 1시간 당 3만 원 추가, 150명 이상일 경우 기본요금의 10% 추가

11. 다음 중 대한 국제 회의장이 2월 중 얻게 되는 기본요금과 시간 추가 비용의 수익금은 모두 얼마인가? (인원 추가 비용 제외)

① 172만 원 ② 175만 원

③ 177만 원 ④ 180만 원

⑤ 181만 원

12. 다음 중 인원 추가 비용이 가장 큰 시기부터 순서대로 올바르게 나열된 것은 어느 것인가?

① 4월, 2월, 3월 ② 3월, 4월, 2월

③ 3월, 2월, 4월 ④ 2월, 3월, 4월

⑤ 2월, 4월, 3월

13. 국내에서 사용하는 인터넷 도메인(Domain)은 현재 2단계 도메인으로 구성되어 있다. 다음 중 도메인 종류와 해당 기관의 성격이 올바르게 연결되지 않은 것은 어느 것인가?

① re.kr – 연구기관

② pe.kr – 개인

③ kg.kr – 유치원

④ ed.kr – 대학

⑤ mil.kr – 국방

14. 다음 글에서 추론할 수 있는 내용으로 옳은 것만을 고른 것은?

> 예술과 도덕의 관계, 더 구체적으로는 예술작품의 미적 가치와 도덕적 가치의 관계는 동서양을 막론하고 사상사의 중요한 주제들 중 하나이다. 그 관계에 대한 입장들로는 '극단적 도덕주의', '온건적 도덕주의', '자율성주의'가 있다. 이 입장들은 예술작품이 도덕적 가치판단의 대상이 될 수 있느냐는 물음에 각기 다른 대답을 한다.
>
> 극단적 도덕주의 입장은 모든 예술작품을 도덕적 가치판단의 대상으로 본다. 이 입장은 도덕적 가치를 가장 우선적인 가치이자 가장 포괄적인 가치로 본다. 따라서 모든 예술 작품은 도덕적 가치에 의해서 긍정적으로 또는 부정적으로 평가된다. 또한 도덕적 가치는 미적 가치를 비롯한 다른 가치들보다 우선한다. 이러한 입장을 대표하는 사람이 바로 톨스토이이다. 그는 인간의 형제애에 관한 정서를 전달함으로써 인류의 심정적 통합을 이루는 것이 예술의 핵심적 가치라고 보았다.
>
> 온건적 도덕주의는 오직 일부 예술작품만이 도덕적 판단의 대상이 된다고 보는 입장이다. 따라서 일부의 예술작품들에 대해서만 긍정적인 또는 부정적인 도덕적 가치판단이 가능하다고 본다. 이 입장에 따르면, 도덕적 판단의 대상이 되는 예술작품의 도덕적 가치와 미적 가치는 서로 독립적으로 성립하는 것이 아니다. 그것들은 서로 내적으로 연결되어 있기 때문에 어떤 예술작품이 가지는 도덕적 장점이 그 예술작품의 미적 장점이 된다. 또한 어떤 예술작품의 도덕적 결함은 그 예술작품의 미적 결함이 된다.
>
> 자율성주의는 어떠한 예술작품도 도덕적 가치판단의 대상이 될 수 없다고 보는 입장이다. 이 입장에 따르면, 도덕적 가치와 미적 가치는 서로 자율성을 유지한다. 즉, 도덕적 가치와 미적 가치는 각각 독립적인 영역에서 구현되고 서로 다른 기준에 의해 평가된다는 것이다. 결국 자율성주의는 예술작품에 대한 도덕적 가치판단을 범주착오에 해당하는 것으로 본다.

ⓐ 자율성주의는 극단적 도덕주의와 온건한 도덕주의가 모두 범주착오를 범하고 있다고 볼 것이다.

ⓑ 극단적 도덕주의는 모든 도덕적 가치가 예술작품을 통해 구현된다고 보지만 자율성주의는 그렇지 않을 것이다.

ⓒ 온건한 도덕주의에서 도덕적 판단의 대상이 되는 예술작품들은 모두 극단적 도덕주의에서도 도덕적 판단의 대상이 될 것이다.

① ㄱ   ② ㄴ

③ ㄱㄷ   ④ ㄴㄷ

⑤ ㄱㄴㄷ

15. 다음은 학생들의 시험성적에 관한 자료이다. 순위산정방식을 이용하여 순위를 산정할 경우 옳은 설명만으로 바르게 짝지어진 것은?

학생들의 시험성적

(단위 : 점)

학생＼과목	국어	영어	수학	과학
미연	75	85	90	97
수정	82	83	79	81
대현	95	75	75	85
상민	89	70	91	90

〈순위산정방식〉

• A방식 : 4개 과목의 총점이 높은 학생부터 순서대로 1, 2, 3, 4위로 하되, 4개 과목의 총점이 동일한 학생의 경우 국어 성적이 높은 학생을 높은 순위로 한다.

• B방식 : 과목별 등수의 합이 작은 학생부터 순서대로 1, 2, 3, 4위로 하되, 과목별 등수의 합이 동일한 학생의 경우 A방식에 따라 산정한 순위가 높은 학생을 높은 순위로 한다.

• C방식 : 80점 이상인 과목의 수가 많은 학생부터 순서대로 1, 2, 3, 4위로 하되, 80점 이상인 과목의 수가 동일한 학생의 경우 A방식에 따라 산정한 순위가 높은 학생은 높은 순위로 한다.

ⓐ A방식과 B방식으로 산정한 대현의 순위는 동일하다.

ⓑ C방식으로 산정한 상민의 순위는 2위이다.

ⓒ 상민의 과학점수만 95점으로 변경된다면, B방식으로 산정한 미연의 순위는 2위가 된다.

① ㄱ   ② ㄴ

③ ㄷ   ④ ㄱㄴ

⑤ ㄱㄴㄷ

16. 영식이는 자신의 업무에 필요하다고 생각하여 국제인재개발원에서 수강할 과목을 선택하려고 한다. 영식이가 선택할 과목에 대해 주변의 지인 A~E가 다음과 같이 진술하였는데 이 중 한 사람의 진술은 거짓이고 나머지 사람들의 진술은 모두 참인 것으로 밝혀졌다. 영식이가 반드시 수강할 과목만으로 바르게 짝지어진 것은?

> A : 영어를 수강할 경우 중국어도 수강한다.
> B : 영어를 수강하지 않을 경우, 일본어도 수강하지 않는다.
> C : 영어와 중국어 중 적어도 하나를 수강한다.
> D : 일본어를 수강할 경우에만 중국어를 수강한다.
> E : 일본어를 수강하지만 영어는 수강하지 않는다.

① 일본어

② 영어

③ 일본어, 중국어

④ 일본어, 영어

⑤ 일본어, 영어, 중국어

17. 근로자의 근로 여건에 대한 다음 자료를 바탕으로 〈보기〉에서 옳은 것을 모두 고르면?

〈근로자 근로시간 및 임금〉

(단위 : 일, 시간, 천 원)

구분	2014	2015	2016	2017
근로일수	21.3	21.1	20.9	21.1
근로시간	179.9	178.1	177.1	178.4
임금총액	3,178	3,299	3,378	3,490

〈보기〉

(가) 1일 평균 근로시간은 2016년이 가장 많다.
(나) 1일 평균 임금총액은 매년 증가하였다.
(다) 1시간 당 평균 임금총액은 매년 증가하였다.
(라) 근로시간이 더 많은 해에는 임금총액도 더 많다.

① (가), (나)   ② (나), (다)

③ (다), (라)   ④ (가), (나), (다)

⑤ (나), (다), (라)

18. 다음 중 필요한 정보를 효과적으로 수집하기 위하여 가져야 하는 정보 인식 태도에 대한 설명으로 적절하지 않은 것은 어느 것인가?

① 중요한 정보를 수집하기 위해서는 우선적으로 신뢰관계가 전제가 되어야 한다.

② 정보는 빨리 취득하는 것보다 항상 정보의 질과 내용을 우선시하여야 한다.

③ 단순한 인포메이션을 수집할 것이 아니라 직접적으로 도움을 줄 수 있는 인텔리전스를 수집할 필요가 있다.

④ 수집된 정보를 효과적으로 분류하여 관리할 수 있는 저장 툴을 만들어두어야 한다.

⑤ 정보수집용 하드웨어에만 의존하지 말고 머릿속에 적당한 정보 저장 공간을 마련한다.

19. 다음과 같은 스위치의 기능을 참고할 때, 〈보기〉와 같은 모양의 변화가 일어나기 위해서 세 번의 스위치를 눌렀다면, 순서대로 누른 스위치가 올바르게 짝지어진 것은 어느 것인가? (〈보기〉 : 위에서부터 순서대로 1~4번 도형임)

스위치	기능
★	1번, 3번 도형을 시계 방향으로 90도 회전 후 1번만 색깔 변경
☆	2번, 4번 도형을 시계 방향으로 90도 회전 후 4번만 색깔 변경
▲	1번, 2번 도형을 시계 반대 방향으로 90도 회전 후 짝수만 색깔 변경
△	3번, 4번 도형을 시계 반대 방향으로 90도 회전 후 홀수만 색깔 변경

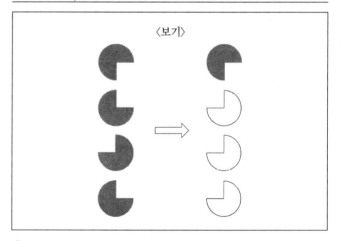

〈보기〉

① ☆, ☆, ▲   ② ★, ▲, △

③ ▲, △, ★   ④ ▲, ▲, ★

⑤ ▲, ☆, △

20. 다음 글의 관점 A~C에 대한 평가로 적절한 것만을 고른 것은?

> 위험은 우리의 안전을 위태롭게 하는 실제 사건의 발생과 진행의 총체라고 할 수 있다. 위험에 대해 사람들이 취하는 태도에 대해서는 여러 관점이 존재한다.
>
> 관점 A에 따르면, 위험 요소들은 보편타당한 기준에 따라 계산 가능하고 예측 가능하기 때문에 객관적이고 중립적인 것으로 인식될 수 있다. 그 결과, 각각의 위험에 대해 개인이나 집단이 취하게 될 태도 역시 사고의 확률에 대한 객관적인 정보에 의해서만 결정된다. 하지만 이 관점은 객관적인 발생가능성이 높지 않은 위험을 민감하게 받아들이는 개인이나 사회가 있다는 것을 설명하지 못한다.
>
> 한편 관점 B는 위험에 대한 태도가 객관적인 요소뿐만 아니라 위험에 대한 주관적 인지와 평가에 의해 좌우된다고 본다. 예를 들어 위험이 발생할 객관적인 가능성은 크지 않더라도, 그 위험의 발생을 스스로 통제할 수 없는 경우에 사람들은 더욱 민감하게 반응한다. 그뿐만 아니라 위험을 야기하는 사건이 자신에게 생소한 것이어서 그에 대한 지식이 부족할수록 사람들은 그 사건을 더 위험한 것으로 인식하는 경향이 있다. 하지만 이것은 동일한 위험에 대해 서로 다른 문화와 가치관을 가지고 있는 사회 또는 집단들이 다른 태도를 보이는 이유를 설명하지 못한다.
>
> 이와 관련해 관점 C는 위험에 대한 태도가 개인의 심리적인 과정에 의해서만 결정되는 것이 아니라, 개인이 속한 집단의 문화적 배경에도 의존한다고 주장한다. 예를 들어 숙명론이 만연한 집단은 위험을 통제 밖의 일로 여겨 위험에 대해서 둔감한 태도를 보이게 되며, 구성원의 안전 문제를 다른 무엇보다도 우선시하는 집단은 그렇지 않은 집단보다 위험에 더 민감함 태도를 보이게 될 것이다.

> ㉠ 관점 A와 달리 관점 B는 위험에 대한 사람들의 태도가 객관적인 요소에 영향을 받지 않는다고 주장한다.
> ㉡ 관점 B와 관점 C는 사람들이 동일한 위험에 대해서 다른 태도를 보이는 사례를 설명할 수 있다.
> ㉢ 관점 A는 민주화 수준이 높은 사회일수록 사회 구성원들이 기후변화의 위험에 더 민감한 태도를 보인다는 것을 설명할 수 있지만, 관점 C는 그렇지 않다.

① ㉠   ② ㉡
③ ㉠㉢   ④ ㉡㉢
⑤ ㉠㉡㉢

---

21. 다음은 2020년 1월과 2020년 5월 한 달 동안의 인천공항 미주 운항 통계이다. 이에 대한 설명으로 가장 적절하지 않은 것은? (단, 계산 값은 소수점 이하 생략한다)

〈2020 1월〉

(단위 : 편, 명, 톤)

국가명	운항			여객			화물		
	도착	출발	합계	도착	출발	합계	도착	출발	합계
멕시코	36	37	73	4,542	5,693	10,235	545	557	1,102
미국	1,243	1,179	2,422	205,074	227,983	433,057	15,875	23,418	39,293
브라질	8	8	16	0	0	0	9	186	195
칠레	0	0	0	0	0	0	328	0	328
캐나다	110	112	222	27,358	28,852	56,210	1,729	833	2,562
페루	0	0	0	0	0	0	226	0	226
합계	1,397	1,336	2,733	236,974	262,528	499,502	18,711	24,994	43,705

〈2020 5월〉

(단위 : 편, 명, 톤)

국가명	운항			여객			화물		
	도착	출발	합계	도착	출발	합계	도착	출발	합계
멕시코	17	16	33	322	124	446	401	266	667
미국	1,398	1,203	2,601	30,122	12,283	42,405	18,443	34,516	52,959
브라질	9	9	18	0	0	0	63	295	358
칠레	0	0	0	0	0	0	262	0	262
캐나다	23	22	45	3,635	1,375	5,010	1,506	346	1,853
페루	0	0	0	0	0	0	134	0	134
합계	1,447	1,250	2,697	34,079	13,782	47,861	20,809	35,424	56,233

※도착 출발은 인천 공항 기준

① 1월과 5월에 인천공항에서 출발하여 페루로 이동한 여객은 없다.
② 5월에 인천공항에서 미국으로 출발한 여객기가 279대라면 1대당 44명이 탑승한 것이 된다.
③ 1월에 비해 5월에는 인천공항과 미국을 이동한 여객기 운항 편 수가 감소했음을 알 수 있다.
④ 1월 대비 5월의 여객 수 감소율은 멕시코가 가장 높다.
⑤ 인천공항과 미주 지역을 이동한 전체 화물량에서 인천공항과 미국을 이동한 화물량이 차지하는 비중은 1월과 5월 모두 90%를 넘는다.

22. 다음의 내용을 근거로 판단할 때 옳은 내용만을 바르게 짝지은 것은?

- 직원이 50명인 서원각은 야유회에서 경품 추첨 행사를 한다.
- 직원들은 1명당 3장의 응모용지를 받고, 1~100 중 원하는 수 하나씩을 응모용지별로 적어서 제출한다. 한 사람당 최대 3장까지 원하는 만큼 응모할 수 있고, 모든 응모용지에 동일한 수를 적을 수 있다.
- 사장이 1~100 중 가장 좋아하는 수 하나를 고르면 해당 수를 응모한 사람이 당첨자로 결정된다. 해당 수를 응모한 사람이 없으면 사장은 당첨자가 나올 때까지 다른 수를 고른다.
- 당첨 선물은 사과 총 100개이고, 당첨된 응모용지가 n장이면 응모용지 1장당 사과를 $\frac{100}{n}$개씩 나누어 준다.
- 만약 한 사람이 2장의 응모용지에 똑같은 수를 써서 당첨된다면 2장 몫의 사과를 받고, 3장일 경우는 3장 몫의 사과를 받는다.

- ㉠ 직원 갑과 을이 함께 당첨된다면 갑은 최대 50개의 사과를 받는다.
- ㉡ 직원 중에 갑과 을 두 명만이 사과를 받는다면 갑은 최소 25개의 사과를 받는다.
- ㉢ 당첨된 수를 응모한 직원이 갑 밖에 없다면, 갑이 그 수를 1장 써서 응모하거나 3장 써서 응모하거나 같은 개수의 사과를 받는다

① ㉠
② ㉢
③ ㉠, ㉡
④ ㉠, ㉢
⑤ ㉡, ㉢

23. J회사 관리부에서 근무하는 L씨는 소모품 구매를 담당하고 있다. 2020년 5월 중에 다음 조건 하에서 A4용지와 토너를 살 때, 총 비용이 가장 적게 드는 경우는? (단, 2020년 5월 1일에는 A4용지와 토너는 남아 있다고 가정하며, 다 썼다는 말이 없으면 그 소모품들은 남아있다고 가정한다)

- A4용지 100장 한 묶음의 정가는 1만 원, 토너는 2만 원이다 (A4용지는 100장 단위로 구매함).
- J회사와 거래하는 ◇◇오피스는 매달 15일에 전 품목 20% 할인 행사를 한다.
- ◇◇오피스에서는 5월 5일에 A사 카드를 사용하면 정가의 10%를 할인해 준다.
- 총 비용이란 소모품 구매가격과 체감비용(소모품을 다 써서 느끼는 불편)을 합한 것이다.
- 체감비용은 A4용지와 토너 모두 하루에 500원이다.
- 체감비용을 계산할 때, 소모품을 다 쓴 당일은 포함하고 구매한 날은 포함하지 않는다.
- 소모품을 다 쓴 당일에 구매하면 체감비용은 없으며, 소모품이 남은 상태에서 새 제품을 구입할 때도 체감비용은 없다.

① 3일에 A4용지만 다 써서 5일에 A사 카드로 A4용지와 토너를 살 경우
② 13일에 토너만 다 써서 당일 토너를 사고, 15일에 A4용지를 살 경우
③ 10일에 A4용지와 토너를 다 써서 15일에 A4용지와 토너를 같이 살 경우
④ 3일에 A4용지만 다 써서 당일 A4용지를 사고, 13일에 토너를 다 써서 15일에 토너만 살 경우
⑤ 4일에 A4용지와 토너를 다 써서 5일에 A사 카드로 A4용지와 토너를 살 경우

24. 다음 중 컴퓨터에서 사용되는 자료의 물리적 단위가 큰 것부터 순서대로 올바르게 나열된 것은 어느 것인가?

① Word – Byte – Nibble – Bit
② Byte – Word – Nibble – Bit
③ Word – Byte – Bit – Nibble
④ Word – Nibble – Byte – Bit
⑤ Bit – Byte – Nibble – Word

스위치		기 능
방향 조작	★	1번째, 3번째 기계를 시계 방향으로 90도 회전함
	☆	2번째, 4번째 기계를 시계 방향으로 90도 회전함
	▲	1번째, 2번째 기계를 시계 반대 방향으로 90도 회전함
	△	3번째, 4번째 기계를 시계 반대 방향으로 90도 회전함
운전 조작	■	1번째와 3번째 기계 작동 / 정지
	◆	2번째와 3번째 기계 작동 / 정지
	◉	2번째와 4번째 기계 작동 / 정지

※ ⬛ : 작동, ◖ : 정지

※ 작동 중인 기계에 운전 조작 스위치를 한 번 더 누르면 해당 기계는 정지된다.

25. 왼쪽과 같은 상태에서 다음과 같이 스위치를 누르면, 어떤 상태로 변하겠는가?

1)▲ 2)☆ 3)■ →

① ② ③ ④ ⑤

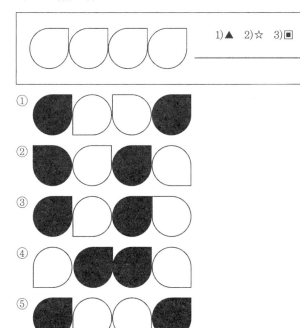

26. 시작 상태(◖◖◖◖)에서 1번 기계와 2번 기계는 원래 방향을 가리키고, 3번 기계와 4번 기계의 방향만 바꾸려고 한다. 그리고 그 상태에서 1번 기계와 4번 기계만 작동시키려고 할 때, 다음 중 누르지 않아도 되는 스위치는?

① ☆
② ▲
③ △
④ ■
⑤ ◉

27. 다음 글의 논지 전개 방식과 관련한 서술상의 특징으로 적절하지 않은 것은?

생명은 탄생과 죽음으로 하나의 단위를 형성한다. 우리의 관심은 '잘 사는 것'과 '잘 죽는 것'으로 표현할 수 있다. 죽음은 인간의 총체를 형성하는 결정적인 요소이다. 이러한 요소 때문에 탄생보다는 죽음에 대한 철학적이고 문화적인 이해가 훨씬 더 많이 발달할 수밖에 없었다. 게다가 죽음이란 한 존재의 사멸, 부정의 의미이므로 여러 가지 인격을 갖고 살아가고 있는 현대인의 어떤 정체성을 부정하거나 사멸시키는 하나의 행위로서 은유적으로 사용되기도 한다. 이것은 죽음이 철학적 사변의 대상이 될 뿐만 아니라 어느 시대나 그 시대를 살아가는 문화적 관습의 근거가 되기도 하며 더 나아가 예술의 핵심을 형성하고 있다는 말이 된다. 그러한 물음을 모아보면 다음과 같은 것들을 꼽을 수 있다. 모든 인간 하나하나는 자신이 죽는다는 사실을 확실하게 아는가? 인간은 모든 인간은 죽는다는 사실을 확실하게 아는가? 죽는다는 사실은 나쁜 것인가?

많은 심리학자들은 죽음에 대한 이해는 인간이 타고나면서 저절로 알게 되는 것은 아니라고 한다. 그보다는 죽음이란 이 세상을 살아가면서 배워서 아는 것이라고 한다. 말하자면 어린이들은 죽음에 대한 개념이 없다가 점차 주변의 죽음을 이해하고 죽음에 대한 가르침을 통해서 죽음이란 무엇인가를 배운다는 것이다. 또 지금까지 많은 사람들이 죽었다고 해서 모든 사람들이 다 죽는다고 결론을 내릴 수 없다는 것은 상식이다. 죽음을 이겨낸 사람이 있다는 믿음을 가진 사람들이 있고 죽음이 필연적이라는 데 대해서 확고한 증거를 제시할 수도 없다.

생명의 출발로부터 시작해서 죽음에 이르는 긴 시간의 과정이 바로 삶의 전체이다. 하지만 생명의 출발에 대한 이해도 여러 가지의 국면으로 나누어 이해할 수 있다. 나 자신의 물질적인 근거, 생물학적인 존재로서 나의 출발이다. 수정되어 태아 상태를 거쳐 하나의 성체가 되기까지의 나의 존재의 기원을 물질주의적으로 생물학적으로 묻는다.

또 하나는 철학적, 목적적으로 묻는 일이다. 즉 나는 이 세상에 왜 태어났는가 하는 것이다. 나의 이 세상에서 살아야 하는 목적을 묻게 되면 필연적으로 그것은 철학적, 윤리적, 가치론적 입장이 되지 않을 수가 없다. 인간 종의 기원에 대한 물음도 물질주의적 생물학적인 근거를 추적하는 일과 존재론적인, 목적론적인 원인을 추적하는 일로 나누어 생각해볼 수 있다. 그래서 인간의 기원을 외부로부터 들어온 유기물이 원시 지구의 환경 속에서 성장한 것이라고 생각할 수도 있겠지만, 두루미나 호박벌이 가져온 골칫거리라고 생각할 수도 있다. 어느 것이 더 믿을 만하냐고 묻더라도 어떤 종류의 믿음을 말하느냐에 따라 달라진다.

이처럼 인간이라는 한 존재의 기원과 소멸까지는 단순히 하나의 분과 학문으로서만 이해할 수 있는 성질의 것은 아니다. 여러 학문, 특히 과학 기술적 접근과 인문주의적 접근이 동시에 이루어짐으로써 그것에 대하여 보다 풍성한 이해를 유도할 수 있다.

① 핵심 단어에 대한 정의를 찾아가며 논점을 전개하고 있다.
② 드러난 상식으로부터 새로운 가치를 도출하려는 시도를 하려고 한다.
③ 특정 현상을 다양한 각도에서 조명해 보고자 한다.
④ 일반적인 통념에 대한 심도 있는 고찰 방법을 제시하고 있다.
⑤ 반대되는 논거를 제시하여 절충된 가치를 통해 글의 주제에 접근하고 있다.

28. 다음은 甲국의 전기자동차 충전요금 산정기준과 계절별 부하 시간대에 대한 자료이다. 이에 대한 설명으로 옳은 것은?

〈전기자동차 충전요금 산정기준〉

월 기본요금 (원)	전력량 요율(원/kWh)			
	계절\시간대	여름 (6~8월)	봄(3~5월), 가을(9~10월)	겨울 (1~2월, 11~12월)
2,390	경부하	57.6	58.7	80.7
	중간부하	145.3	70.5	128.2
	최대부하	232.5	75.4	190.8

※ 월 충전요금(원) = 월 기본요금
　+(경부하 시간대 전력량 요율 × 경부하 시간대 충전 전력량)
　+(중간부하 시간대 전력량 요율 × 중간부하 시간대 충전 전력량)
　+(최대부하 시간대 전력량 요율 × 최대부하 시간대 충전 전력량)
※ 월 충전요금은 해당 월 1일에서 말일까지의 충전 전력량을 사용하여 산정한다.
※ 1시간에 충전되는 전기자동차의 전력량은 5kWh이다.

〈계절별 부하 시간대〉

계절\시간대	여름 (6~8월)	봄(3~5월), 가을(9~10월)	겨울 (1~2월, 11~12월)
경부하	00:00~09:00 23:00~24:00	00:00~09:00 23:00~24:00	00:00~09:00 23:00~24:00
중간부하	09:00~10:00 12:00~13:00 17:00~23:00	09:00~10:00 12:00~13:00 17:00~23:00	09:00~10:00 12:00~17:00 20:00~22:00
최대부하	10:00~12:00 13:00~17:00	10:00~12:00 13:00~17:00	10:00~12:00 17:00~20:00 22:00~23:00

① 모든 시간대에서 봄, 가을의 전력량 요율이 가장 낮다.
② 월 100kWh를 충전했을 때 월 충전요금의 최댓값과 최솟값 차이는 16,000원 이하이다.
③ 중간부하 시간대의 총 시간은 6월 1일과 12월 1일이 동일하다.
④ 22시 30분의 전력량 요율이 가장 높은 계절은 여름이다.
⑤ 12월 중간부하 시간대에만 100kWh를 충전한 월 충전요금은 14,210원이다.

제12조〈계약전력 산정〉

1. 계약전력산정을 위한 사용설비 용량은 다음과 같이 산정한다.

① 사용설비 용량이 출력만 표시된 경우에는 아래 표에 따라 입력으로 환산한다. 이때 전동기의 출력이 kW와 마력(HP) 두 가지로 표시된 경우에는 kW를 기준으로, 마력(HP)으로만 표시된 경우에는 1마력을 750W로 보고 kW로 환산한 후 해당 입력환산율을 적용하며, 특수기기는 당해 기기의 변압기용량을 기준으로 해당 입력환산율을 적용한다.

사용설비별		출력표시	입력(kW) 환산율
백열전등 및 소형기기		W	100%
전열기		kW	100%
특수기기 (전기용접기 및 전기로)		kW 또는 kVA	100%
전동기	저압 단상	kW	133%
	저압 삼상	kW	125%
	고압, 특별고압	kW	118%

② 조명기구는 다음에 따라 사용설비의 용량을 계산한다.

　㉠ 형광등 : 형광등의 환산용량은 표시된 정격용량(W)의 125%로 한다.

　㉡ 수은등·메탈등·나트륨등 등의 방전등 : 방전등의 환산용량은 표시된 정격용량(W)의 115%로 한다.

　㉢ 고효율안정기를 설치한 조명기구 : 고효율안정기를 설치한 형광등, 메탈등, 나트륨등 등 고효율에너지기자재는 표시된 정격용량의 100%로 한다.

③ 소형기기(小型器機)의 수(數)가 콘센트의 수와 서로 다른 경우에는 다음에 따라 사용설비의 용량을 계산한다. 이 때 분기(分岐)소켓 등 고정적이지 않은 것은 콘센트로 보지 않는다.

　㉠ 소형기기의 수(數)가 콘센트의 수보다 많은 경우 : 소형기기의 용량이 큰 순서대로 콘센트 수에 해당하는 소형기기의 용량을 합한 것을 사용설비의 용량으로 한다.

　㉡ 소형기기의 수(數)가 콘센트의 수보다 적은 경우 : 소형기기의 수를 초과하는 콘센트의 수에 대하여 다음 기준에 따라 용량을 산출하고, 이를 소형기기의 합계용량에 가산한 것을 사용설비의 용량으로 한다.

　　• 주택, 독신자합숙소 등 주거용 시설 : 초과 1콘센트마다 50W

　　• 그 밖의 시설 : 초과 1콘센트마다 100W

④ 가로등(갑)은 사용설비에 따라 계약전력을 결정하며 단위는 와트(W)로 한다.

⑤ 주택용전력은 사용설비의 합계가 3kW 미만일 경우 계약전력을 3kW로 한다.

⑥ 정격소비전력이 표시된 전기기기는 소비전력 용량을 입력용량으로 한다.

⑦ 보호장치나 계기용변압기는 계약전력 산정대상 사용설비나 변압기설비로 보지 않는다.

⑧ 명판에 따라 입력환산할 수 없는 전기기기의 용량은 한전의 입력시험(용량시험)에 따라 결정한다.

⑨ 회전위상변환기를 사용하는 고객의 계약전력은 변환기 2차측 사용설비에 따라 결정한다.

⑩ 수중전동기의 계약전력은 정격출력에 다음 표의 입력환산율을 적용한다.

구분			수중전동기 입력환산율
오·배수용	저압	단상	146%
		삼상	138%
	고압		129%
깊은 우물용	저압	단상	159%
		삼상	150%
	고압		141%

29. 다음 자료에 대한 설명으로 옳지 않은 것은? (단, 1kW = 1,000W이다)

① 50W 형광등의 사용설비 용량은 62.5W이다.

② 전열기의 출력표시는 kW이다.

③ 저압 삼상 전동기(2HP)의 경우 사용설비 용량은 1.995kW 이다.

④ 주거용 시설에 콘센트의 수가 5개이며 소형기기의 수가 3개일 때 사용설비 용량은 소형기기의 합계용량에 100W를 가산한 값이다.

⑤ 주택용전력의 사용설비 합계가 2.8kW이면 계약전력은 3kW가 된다.

30. 다음 수중전동기의 계약전력으로 옳은 것은? (단, 1kW = 1,000W이다)

㉠ 정격출력이 2.2kW인 배수용 저압 단상 수중전동기
㉡ 정격출력이 5마력인 배수용 저압 삼상 수중전동기
㉢ 정격출력이 2,000kW인 깊은 우물용 고압 수중전동기

	㉠	㉡	㉢
①	3.212kW	5.175kW	2760kW
②	3.212kW	5.175kW	2820kW
③	3.212kW	5.625kW	2820kW
④	3.036kW	5.625kW	2820kW
⑤	3.036kW	5.625kW	2760kW

▌31~32▐ D회사에서는 1년에 1명을 선발하여 해외연수를 보내주는 제도가 있다. 김부장, 최과장, 오과장, 홍대리, 박사원 5명이 지원한 가운데 〈선발 기준〉과 〈지원자 현황〉은 다음과 같다. 다음을 보고 물음에 답하시오.

〈선발 기준〉

구분	점수	비고
외국어 성적	50점	
근무 경력	20점	15년 이상이 만점 대비 100%, 10년 이상 15년 미만이 70%, 10년 미만이 50%이다. 단, 근무경력이 최소 5년 이상인 자만 선발 자격이 있다.
근무 성적	10점	
포상	20점	3회 이상이 만점 대비 100%, 1~2회가 50%, 0회가 0%이다.
계	100점	

〈지원자 현황〉

구분	김 부장	최 과장	오 과장	홍 대리	박 사원
근무경력	30년	20년	10년	3년	2년
포상	2회	4회	0회	5회	1회

※ 외국어 성적은 김 부장과 최 과장이 만점 대비 50%이고, 오 과장이 80%, 홍 대리와 박사원이 100%이다.
※ 근무 성적은 최 과장과 박 사원이 만점이고, 김 부장, 오 과장, 홍 대리는 만점 대비 90%이다.

31. 위의 선발 기준과 지원자 현황에 따를 때 가장 높은 점수를 받은 사람이 선발된다면 선발되는 사람은?

① 김부장
② 최과장
③ 오과장
④ 홍대리
⑤ 박사원

32. 회사 규정의 변경으로 인해 선발 기준이 다음과 같이 변경되었다면, 새로운 선발 기준 하에서 선발되는 사람은? (단, 가장 높은 점수를 받은 사람이 선발된다)

구분	점수	비고
외국어 성적	40점	
근무 경력	40점	30년 이상이 만점 대비 100%, 20년 이상 30년 미만이 70%, 20년 미만이 50%이다. 단, 근무경력이 최소 5년 이상인 자만 선발 자격이 있다.
근무 성적	10점	
포상	10점	3회 이상이 만점 대비 100%, 1~2회가 50%, 0회가 0%이다.
계	100점	

① 김부장
② 최과장
③ 오과장
④ 홍대리
⑤ 박사원

33. 다음은 그래픽(이미지) 데이터의 파일 형식에 대한 설명이다. 각 항목의 설명과 파일명을 올바르게 짝지은 것은 어느 것인가?

㉠ Windows에서 기본적으로 지원하는 포맷으로, 고해상도 이미지를 제공하지만 압축을 사용하지 않으므로 파일의 크기가 크다.
㉡ 사진과 같은 정지 영상을 표현하기 위한 국제 표준 압축 방식으로 24비트 컬러를 사용하여 트루 컬러로 이미지를 표현한다.
㉢ 인터넷 표준 그래픽 파일 형식으로, 256가지 색을 표현하지만 애니메이션으로도 표현할 수 있다.
㉣ Windows에서 사용하는 메타 파일 방식으로, 비트맵과 벡터 정보를 함께 표현하고자 할 경우 적합하다.
㉤ 데이터의 호환성이 좋아 응용프로그램 간 데이터 교환용으로 사용하는 파일 형식이다.
㉥ GIF와 JPEG의 효과적인 기능들을 조합하여 만든 그래픽 파일 포맷이다.

① ㉥ – BMP
② ㉠ – JPG(JPEG)
③ ㉣ – PNG
④ ㉡ – WMF
⑤ ㉢ – GIF

34. 다음 글의 내용에 부합하지 않는 것은?

최근 환경부와 학계의 연구 결과에 의하면 우리나라 초미세먼지의 고농도 발생 시의 주된 성분은 질산암모늄인 것으로 알려졌다. 질산암모늄은 일반적으로 화석연료의 연소로부터 발생되는 질산화물(NO_X)의 영향과 농업, 축산, 공업 등으로부터 배출되는 암모니아(NH_3)의 주된 영향을 받는다고 할 수 있다. 황산화물(SO_X)이 주로 중국의 기원을 가리키는 지표물질이며, 질산암모늄과 같은 질소계열의 미세먼지는 국내영향을 의미하기 때문에 고농도 시에는 국내 배출의 영향을 받는다는 것을 알 수 있으며, 이 때문에 평소의 국내 질소계열의 오염물질 감소에 정책 우선순위를 두어야 한다.

우리나라 전국 배출 사업장(공장)의 수는 약 5만 8천 개에 이르고 있으나 자동 굴뚝측정망으로 실시간 감시가 되는 대형 사업장의 수는 전체 사업장의 10% 이하이다. 대다수를 차지하고 있는 중소 사업장의 배출량은 대형 사업장에 미치지 못하나 문제는 날로 늘어가고 있는 중소 사업장의 숫자이다. 이는 배출물질과 배출량의 파악을 갈수록 어렵게 하여 배출원 관리 문제와 미세먼지 증가를 유발할 수 있다는 점에서 이에 대한 철저한 관리 감독이 가능하도록 국가적 역량을 집중할 필요가 있다.

2000년대 이후 국내 경유 차량의 수가 크게 증가한 것도 미세먼지 관리가 어려운 이유 중 하나이다. 특히 육상 차량 중 초미세먼지 배출의 약 70%를 차지하고 있는 경유 화물차는 2009~2018년 사이 약 17%가 증가하여 현재 약 330만 대를 상회하고 있다. 이 중 약 1/4를 차지하고 있는 경유차가 'Euro3' 수준의 초미세먼지를 배출하고 있는데, 이러한 미세먼지와 질산화물을 과다배출하고 있는 노후 경유차에 대한 조기 폐차 유도, 친환경차 전환 지원, 저감장치 보급과 관리감독이 여전히 시급한 상황이다.

암모니아(NH_3)는 현재 국내 가장 중요한 국내 미세먼지 발생 원인으로 받아들여지고 있다. 암모니아의 가장 주요한 배출원은 농업과 축산분야인데 주로 비료사용과 가축 분뇨 등에 의해 대기 중에 배출되는 특성을 보이고 있으며, 비료사용이 시작되는 이른 봄과 따뜻한 온도의 영향을 주로 받는다.

우리나라는 2000년 이후 암모니아의 농도가 정체 혹은 소폭 증가하고 있는 경향을 보이고 있다. 또한 2010년 이후 암모니아 배출에 영향을 주고 있는 가축분뇨 발생량과 농약 및 화학비료 사용량도 줄지 않고 있는 정체 현상을 보이고 있다. 암모니아 배출량은 바람과 온습도, 강우 등 기상조건의 영향을 받는데 국내의 암모니아 배출량 산정은 이러한 물리적 조건을 반영하지 않고 있어 매우 불확실하다. 따라서 비료 및 가축분뇨 등이 미세먼지의 주요 원료인 만큼 환경부뿐 아니라 농림수산식품부 차원의 적극적인 관리 정책도 시급하다고 할 수 있다.

① 가축의 분뇨 배출량 증가는 고농도 초미세먼지 발생을 유발할 수 있다.
② 현재 약 80만 대 이상의 경유 화물차가 'Euro3' 수준의 초미세먼지를 배출하고 있다.
③ 유해 물질을 배출하는 전국의 사업장 중 실시간 감시가 가능한 사업장의 수는 계속 감소하고 있다.
④ 이른 봄은 다른 시기보다 농업 분야에서의 초미세먼지 원인 물질 배출이 더 많아진다.
⑤ 초미세먼지 관리에는 원인 물질 배출량뿐 아니라 기상조건의 변화에도 주의를 기울여야 한다.

35. 새로 정할 교칙 Y에 대하여 교사 甲～辛 8명은 찬성이나 반대 중 한 의견을 제시하였다. 이들의 찬반 의견이 다음 〈조건〉과 같다고 할 때, 반대 의견을 제시한 최소 인원 수는?

〈조건〉
• 甲이나 乙이 반대하면, 丙과 丁은 찬성하고 戊는 반대한다.
• 乙이나 丙이 찬성하면, 己 또는 庚 중 적어도 한 명이 찬성한다.
• 丁과 辛 중 한 명만이 찬성한다.
• 乙이나 丁 중 적어도 한 명이 반대하면, 戊가 반대하거나 辛이 찬성한다.
• 戊가 반대하면, 辛은 찬성한다.
• 丁은 찬성한다.

① 0명
② 1명
③ 2명
④ 3명
⑤ 4명

36. 대한은행이 출시한 다음 적금 상품에 대한 설명으로 올바르지 않은 것은?

1. 상품특징
- 영업점 창구에서 가입 시보다 높은 금리(+0.3%p)가 제공되는 비대면 채널 전용상품

2. 거래조건

구분	내용
가입자격	개인(1인 1계좌)
가입금액	초입금 5만 원 이상, 매회 1만 원 이상(계좌별), 매월 2천만 원 이내(1인당), 총 불입액 2억 원 이내(1인당)에서 자유적립(단, 계약기간 3/4 경과 후 월 적립 가능 금액은 이전 월 평균 적립금액의 1/2 이내)
가입기간	1년 이상 3년 이내 월 단위
적용금리	<table><tr><td>가입기간</td><td>1년 이상</td><td>2년</td><td>3년</td></tr><tr><td>기본금리(연%)</td><td>2.18</td><td>2.29</td><td>2.41</td></tr></table>
우대금리	■ 가입일 해당월로부터 만기일 전월말까지 대한카드 이용실적이 100만 원 이상인 경우 : 0.2%p ■ 예금가입고객이 타인에게 이 상품을 추천하고 타인이 이 상품에 가입한 경우 : 추천 및 피추천계좌 각 0.1%p(최대 0.3%p)
예금자 보호	이 예금은 예금자보호법에 따라 예금보험공사가 보호하되, 보호한도는 본 은행에 있는 귀하의 모든 예금보호대상 금융상품의 원금과 소정의 이자를 합하여 1인당 최고 5천만 원이며, 5천만 원을 초과하는 나머지 금액은 보호하지 않습니다.

① 은행원의 도움을 직접 받아야 하는 어르신들이라도 창구를 직접 찾아가서 가입할 수 있는 상품이 아니다.

② 1년 계약을 한 가입자가 9개월이 지난 후 불입 총액이 90만 원이었다면, 10개월째부터는 월 5만 원이 적립 한도금액이 된다.

③ 가입기간이 길수록 우대금리가 적용되는 상품이다.

④ 상품의 특징을 활용하여 적용받을 수 있는 가장 높은 금리는 연리 2.71%이다.

⑤ 유사 시, 가입 상품에 불입한 금액의 일부를 잃게 될 수도 있다.

37. 다음과 같은 네 명의 카드 사용실적에 관한 자료를 토대로 한 함수식의 결과값이 동일한 것을 〈보기〉에서 모두 고른 것은 어느 것인가?

	A	B	C	D	E	F
1		갑	을	병	정	
2	1일 카드사용 횟수	6	7	3	5	
3	평균 사용금액	8,500	7,000	12,000	10,000	
4						

〈보기〉

㉠ =COUNTIF(B2:E2,"◇"&E2)
㉡ =COUNTIF(B2:E2,">3")
㉢ =INDEX(A1:E3,2,4)
㉣ =TRUNC(SQRT(C2),2)

① ㉠, ㉡, ㉢　　　　② ㉠, ㉡, ㉣
③ ㉠, ㉢, ㉣　　　　④ ㉡, ㉢, ㉣
⑤ ㉠, ㉡, ㉢, ㉣

┃38~39┃ 다음은 그래프 구성 명령어 실행의 두 가지 예시이다. 이를 참고하여 이어지는 물음에 답하시오.

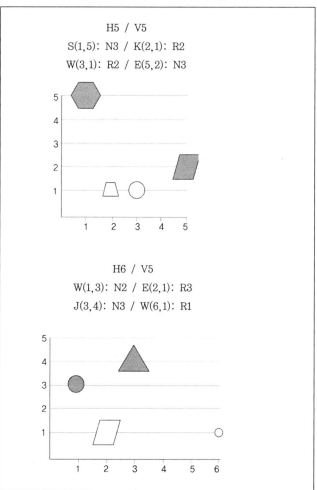

14

38. 위의 그래프 구성 명령어 실행 예시를 통하여 알 수 있는 사항으로 올바르지 않은 것은 어느 것인가?

① S는 육각형을 의미하며, 항상 가장 큰 크기로 표시된다.

② 가로축과 세로축이 네 칸씩 있는 그래프는 H4 / V4로 표시된다.

③ N과 R은 도형의 내부 채색 여부를 의미한다.

④ 도형의 크기는 명령어의 가장 마지막에 표시된다.

⑤ 삼각형과 평행사변형은 각각 J와 E로 표시된다.

39. 다음과 같은 그래프에 해당하는 그래프 구성 명령어로 올바른 것은 어느 것인가?

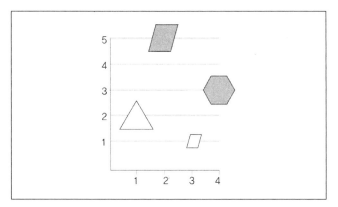

① H5 / V4   J(1,2): N3 / E(2,5): R3 / E(3,1): N2 / S(4,3): R3

② H4 / V5   J(1,2): R3 / E(2,5): W3 / E(3,1): R2 / S(4,3): W3

③ H5 / V4   J(1,2): W3 / E(2,5): N3 / E(3,1): W2 / S(4,3): N3

④ H4 / V5   J(1,2): N3 / E(2,5): R3 / E(3,1): N2 / S(4,3): R3

⑤ H4 / V5   J(1,2): R3 / E(2,5): N3 / E(3,1): R2 / S(4,3): N3

40. 다음 글을 통해 알 수 있는 내용으로 옳지 않은 것은?

우리의 공간은 태초부터 존재해 온 기본 값으로서 3차원으로 비어 있다. 우리가 일상 속에서 생활하는 거리나 광장의 공간이나 우주의 비어 있는 공간은 똑같은 공간이다. 우리가 흐린 날 하늘을 바라보면 검은색으로 깊이감이 없어 보인다. 마찬가지로 우주왕복선에서 찍은 사진 속의 우주 공간도 무한한 공간이지만 실제로는 잘 인식이 되지 않는다. 하지만 거기에 별과 달이 보이기 시작하면 공간감이 생겨나기 시작한다. 이를 미루어 보아 공간은 인식 불가능하지만 그 공간에 물질이 생성되고 태양빛이 그 물질을 때리게 되고 특정한 파장의 빛만 반사되어 우리 눈에 들어오게 되면서 공간은 인식되기 시작한다는 것을 알 수 있다. 인류가 건축을 하기 전에도 지구상에는 땅, 나무, 하늘의 구름 같은 물질에 의지해서 공간이 구획된다. 그 빈 땅 위에 건축물이 들어서게 되면서 건물과 건물 사이에 거리라는 새로운 공간이 구축되고 우리는 인식하게 된다. 그리고 이 거리는 주변에 들어선 건물의 높이와 거리의 폭에 의해서 각기 다른 형태의 보이드 공간(현관, 계단 등 주변에 동선이 집중된 공간과 대규모 홀, 식당 등 내부 구성에서 열려 있는 빈 공간)을 갖게 된다. 우리는 정지된 물리량인 도로와 건물을 만들고, 그로 인해서 만들어지는 부산물인 비어 있는 보이드 공간을 사용한다. 그리고 그 빈 공간에 사람과 자동차 같은 움직이는 객체가 들어가게 되면서 공간은 비로소 쓰임새를 가지며 완성이 된다. 이처럼 도로와 건물 같은 물리적인 조건 이외에 거리에서 움직이는 개체도 거리의 성격을 규정하는 한 요인이 된다. 움직이는 개체들이 거리라는 공간에 에너지를 부여하기 때문에 움직이는 개체의 속도가 중요하다. 왜냐하면 물체의 속도는 그 물체의 운동에너지($E = \frac{1}{2}mv^2$, m은 질량, v는 속력)를 결정하는 요소이기 때문이다.

이처럼 공간은 움직이는 개체가 공간에 쏟아 붓는 운동에너지에 의해서 크게 변한다. 이와 비슷한 현상은 뉴욕의 록펠러 센터의 선큰가든에서도 일어난다. 록펠러 센터 선큰가든은 여름에는 정적인 레스토랑으로 운영되고, 겨울에는 움직임이 많은 스케이트장으로 운영이 된다. 같은 물리적인 공간이지만 그 공간이 의자에 앉아 있는 레스토랑 손님으로 채워졌을 때와 스케이트 타는 사람으로 채워졌을 때는 느낌이 달라진다.

① 공간은 건축물에 의해서만 우리 눈에 인식되는 것은 아니다.

② 거리에 차도보다 주차장 면적이 넓을수록 공간 에너지는 줄어들게 된다.

③ 록펠러 센터의 선큰가든은 여름보다 겨울에 공간 내의 에너지가 더 많다.

④ 거리의 사람들의 움직이는 속력이 평균 1km/h에서 8km/h로 빨라지면 공간 에너지는 16배 많아진다.

⑤ 공간은 어떠한 행위자로 채워지느냐에 따라 그 공간의 느낌과 성격이 달라진다.

41. 다음과 같은 분석 내용에 부합하는 그래프는 어느 것인가?

미국과 중국의 상호 관세 부과의 영향으로 양국의 수출에는 모두 타격이 가해졌다. 그러나 우리나라의 대미, 대중 수출은 상반된 모습을 보였다. 대미 수출은 미중 간 교역 감소에 따른 중간재 수요 하락, 미국의 성장둔화 등에 따른 수출 감소 효과에도 불구하고 무역전환 효과에 힘입어 제재품목에 대한 미국의 대한국 수입은 크게 증가했다. 반면, 중국의 대한국 수입은 중국 경기둔화 및 중간재 수요 감소에 따른 영향이 더 크게 작용하면서 크게 감소했다.

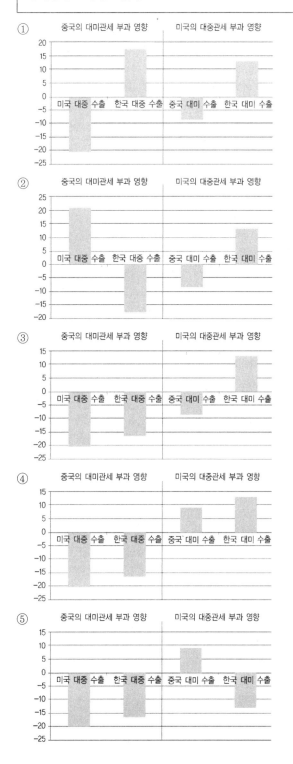

42. 한국전자는 영업팀 6명의 직원(A~F)과 관리팀 4명의 직원(갑~정)이 매일 각 팀당 1명씩 총 2명이 당직 근무를 선다. 2일 날 A와 갑 직원이 당직 근무를 서고 팀별 순서(A~F, 갑~정)대로 돌아가며 근무를 선다면, E와 병이 함께 근무를 서는 날은 언제인가? (단, 근무를 서지 않는 날은 없다고 가정한다)

① 10일 ② 11일
③ 12일 ④ 13일
⑤ 14일

43. 다음은 A씨가 알아본 여행지의 관광 상품 비교표이다. 월요일에 A씨 부부가 여행을 갈 경우 하루 평균 가격이 가장 비싼 여행지부터 순서대로 올바르게 나열한 것은? (단, 출발일도 일정에 포함, 1인당 가격은 할인 전 가격이며, 가격 계산은 버림 처리하여 정수로 표시한다)

관광지	일정	1인당 가격	비고
갑지	5일	599,000원	–
을지	6일	799,000원	주중 20% 할인
병지	8일	999,000원	동반자 20% 할인
정지	10일	1,999,000원	동반자 50% 할인

① 을지 – 갑지 – 병지 – 정지
② 정지 – 병지 – 갑지 – 을지
③ 정지 – 갑지 – 을지 – 병지
④ 정지 – 갑지 – 병지 – 을지
⑤ 갑지 – 정지 – 병지 – 을지

44. 다음 중 'D10'셀에 '셔츠' 판매금액의 평균을 계산하는 수식으로 적절한 것은 어느 것인가?

	A	B	C	D	E
1	제품명	단가	수량	판매 금액	
2	셔츠	26,000	10	260,000	
3	바지	32,000	15	480,000	
4	셔츠	28,000	12	336,000	
5	신발	52,000	20	1,040,000	
6	신발	58,000	18	1,044,000	
7	바지	35,000	20	700,000	
8	셔츠	33,000	24	792,000	
9					
10	셔츠 판매금액의 평균				
11					

① =DCOUNT(A1:D8,D1,A1:A2)
② =DAVERAGE(A1:D8,D1,A1:A2)
③ =AVERAGE(A1:D8,D1,A1:A2)
④ =DCOUNT(A1:D8,A1:A2)
⑤ =DAVERAGE(A1:D8,A1:A2,D1)

45. 다음 글의 이후에 이어질 만한 내용으로 가장 거리가 먼 것은?

철도교통의 핵심 기능인 정거장의 위치 및 역간거리는 노선, 열차평균속도, 수요, 운송수입 등에 가장 큰 영향을 미치는 요소로 고속화, 기존선 개량 및 신선 건설시 주요 논의의 대상이 되고 있으며, 과다한 정차역은 사업비를 증가시켜 철도 투자를 저해하는 주요 요인으로 작용하고 있다.

한편, 우리나라의 평균 역간거리는 고속철도 46km, 일반철도 6.7km, 광역철도 2.1km로 이는 외국에 비해 59~84% 짧은 수준이다. 경부고속철도의 경우 천안·아산역~오송역이 28.7km, 신경주역~울산역이 29.6km 떨어져 있는 등 1990년 기본계획 수립 이후 오송, 김천·구미, 신경주, 울산역 등 다수의 역 신설로 인해 운행 속도가 저하되어 표정속도가 선진국의 78% 수준이며, 경부선을 제외한 일반철도의 경우에도 표정속도가 45~60km/h 수준으로 운행함에 따라 타 교통수단 대비 속도경쟁력이 저하된 실정이다. 또한, 추가역 신설에 따른 역간거리 단축으로 인해 건설비 및 운영비의 대폭 증가도 불가피한 바, 경부고속철도의 경우 오송역 등 4개 역 신설로 인한 추가 건설비는 약 5,000억 원에 달한다. 운행시간도 당초 서울~부산 간 1시간 56분에서 2시간 18분으로 22분 지연되었으며, 역 추가 신설에 따른 선로분기기, 전환기, 신호기 등 시설물이 추가로 설치됨에 따라 유지보수비 증가 등 과잉 시설의 한 요인으로 작용했다. 이러한 역간 거리와 관련하여 도시철도의 경우 도시철도건설규칙에서 정거장 간 거리를 1km 이상으로 규정함으로써 표준 역간거리를 제시하고 있으나, 고속철도, 일반철도 및 광역철도의 정거장 위치와 역간 거리는 교통수요, 정거장 접근거리, 운행속도, 여객 및 화물열차 운행방법, 정거장 건설 및 운영비용, 선로용량 등 단일 차량과 단일 정차패턴이 기본인 도시철도에 비해 복잡한 변수를 내포함으로써 표준안을 제시하기가 용이하지 않았으며 관련 연구가 매우 부족한 상황이다.

① 외국인 노선별 역간 거리 비교
② 역간 거리가 철도 운행 사업자에게 미치는 영향 분석
③ 역간 거리 연장을 어렵게 하는 사회적인 요인 파악
④ 신설 노선 적정 역간 거리 유지 시 기대효과 및 사회적 비용 절감 요소 분석
⑤ 역세권 개발과 부동산 시장과의 상호 보완요인 파악

46. ◇◇전시회의 관람료는 1인당 어른은 15,000원, 어린이는 6,000원이라고 한다. 총 12명이 전시회를 관람했을 때, 관람료로 108,000원 이내의 비용이 소요되었다고 한다면 어른은 최대 몇 명인가?

① 2명   ② 3명
③ 4명   ④ 5명
⑤ 6명

47. 영업팀 직원인 갑, 을, 병 3명은 어젯밤 과음을 한 것으로 의심되고 있다. 이에 대한 이들의 진술이 다음과 같을 때, 과음을 한 것이 확실한 직원과 과음을 하지 않은 것이 확실한 직원을 순서대로 바르게 짝지은 것은? (단, 과음을 한 직원은 거짓말을 하고, 과음을 하지 않은 직원은 사실을 말하였다)

갑 : "우리 중 1명만 거짓말을 하고 있습니다."
을 : "우리 중 2명이 거짓말을 하고 있습니다."
병 : "갑, 을 중 1명만 거짓말을 하고 있습니다."

① 갑, 을
② 을, 아무도 없음
③ 갑, 아무도 없음
④ 갑과 을, 병
⑤ 아무도 없음, 을

48. 다음 네 명의 임원들은 회의 참석차 한국으로 출장을 오고자 한다. 이들의 현지 이동 일정과 이동 시간을 참고할 때, 한국에 도착하는 시간이 빠른 순서대로 바르게 나열한 것은?

구분	출발국가	출발시각(현지시간)	소요시간
H상무	네덜란드	12월 12일 17:20	13시간
P전무	미국 동부	12월 12일 08:30	14시간
E전무	미국 서부	12월 12일 09:15	11시간
M이사	터키	12월 12일 22:30	9시간

※ 현지시간 기준 한국은 네덜란드보다 8시간, 미국 동부보다 14시간, 미국 서부보다 16시간, 터키보다 6시간이 빠르다. 예를 들어, 한국이 11월 11일 20시일 경우 네덜란드는 11월 11일 12시가 된다.

① P전무 – E전무 – M이사 – H상무
② E전무 – P전무 – H상무 – M이사
③ E전무 – P전무 – M이사 – H상무
④ E전무 – M이사 – P전무 – H상무
⑤ H상무 – P전무 – M이사 – E전무

| 49~50 | 다음 H상사의 물류 창고별 책임자와 각 창고 내 재고 물품의 코드 목록을 보고 이어지는 질문에 답하시오.

책임자	코드번호	책임자	코드번호
정 대리	11082D0200400135	강 대리	11056N0401100030
오 사원	12083F0200901009	윤 대리	11046O0300900045
권 사원	11093F0200600100	양 사원	11053G0401201182
민 대리	12107P0300700085	박 사원	12076N0200700030
최 대리	12114H0601501250	변 대리	12107Q0501300045
엄 사원	12091C0200500835	이 사원	11091B0100200770
홍 사원	11035L0601701005	장 사원	12081B0100101012

예시) 2011년 8월에 독일 액손 사에서 생산된 검정색 원단의 500번째 입고 제품

→ 1108 - 4H - 02005 - 00500

생산 연월	생산지		물품 코드		입고품 수량
	원산지 코드	제조사 코드	분야 코드	세부 코드	
예시; 2011년 10월 - 1110 2009년 1월 - 0901	1 미국	A 스카이	01 소품	001 폴리백	00001부터 다섯 자리 시리얼 넘버가 부여됨.
		B 영스		002 포스터	
		C 세븐럭		003 빨강	
	2 일본	D 히토리	02 원단	004 노랑	
		E 노바라		005 검정	
	3 중국	F 왕청		006 초록	
		G 메이		007 외장재	
	4 독일	H 액손	03 철제	008 내장재	
		I 바이스		009 프레임	
		J 네오		010 이음쇠	
	5 영국	K 페이스	04 플라스틱	011 공구	
		L S-10		012 팻치	
		M 마인스	05 포장구	013 박스	
	6 태국	N 홍차		014 스트링	
		O 덕홍		015 라벨지	
	7 베트남	P 비엣풍	06 라벨류	016 인쇄물	
		Q 웅산		017 내지	

49. 재고물품 중 2011년 영국 '페이스' 사에서 생산된 철제 프레임의 코드로 알맞은 것은 어느 것인가?

① 11035K0300901201
② 12025K0300800200
③ 11055K0601500085
④ 12074H0501400100
⑤ 11035K030070001723

50. 다음 중 생산지(국가)가 동일한 물품을 보관하는 물류 창고의 책임자들로 알맞게 짝지어진 것은 어느 것인가?

① 엄 사원, 변 대리
② 정 대리, 윤 대리
③ 오 사원, 양 사원
④ 민 대리, 박 사원
⑤ 최 대리, 양 사원

51. 다음 글을 통해 알 수 있는 '사회기술 시스템의 발전'의 가장 큰 시사점은 어느 것인가?

- 기술 시스템은 인공물의 집합체만이 아니라 회사, 투자 회사, 법적 제도, 정치, 과학, 자연자원을 모두 포함하는 것이기 때문에, 기술 시스템에는 기술적인 것(the technical)과 사회적인 것(the social)이 결합해서 공존하고 있다. 이러한 의미에서 기술 시스템은 사회기술 시스템(sociotechnical system)이라고 불리기도 한다.
- 기술 시스템은 경쟁 단계에서 기업가들의 역할이 더 중요시되며, 시스템이 공고해지면 자문 엔지니어와 금융전문가의 역할이 중요해진다.
- 기술 시스템의 사회기술적 접근의 일례로, 경비원 대신 폐쇄회로 시스템을 설치하여 관리를 용이하게 한 어느 박물관의 경우, 수천 건에 달하는 침입 중 단지 5%만을 적발한 사례가 있는데 이는 경비원 간 상호작용을 무시한 설계로 소외와 단조로움을 유발한 것이 원인이라는 연구 결과가 있다.

① 사회기술 시스템은 기술만으로 완성되는 것이 아니다.
② 사회기술 시스템은 단계적인 발전을 거친다.
③ 사회기술 시스템은 기술과 사람의 혼합과 조정이 중요하다.
④ 기업가와 자금력은 사회기술 시스템의 핵심 요소이다.
⑤ 사회기술 시스템이 발전해도 과거의 모습은 유지해야 한다.

52. 다음 글을 바탕으로 '자유무역이 가져다주는 이득'으로 추론할 수 있는 내용이 아닌 것은?

> 오늘날 세계경제의 개방화가 진전되면서 국제무역이 계속해서 크게 늘어나고 있다. 국가 간의 무역 규모는 수출과 수입을 합한 금액이 국민총소득(GNI)에서 차지하는 비율로 측정할 수 있다. 우리나라의 2014년 '수출입의 대 GNI 비율'은 99.5%로 미국이나 일본 등의 선진국과 비교할 때 매우 높은 편에 속한다.
>
> 그렇다면 국가 간의 무역은 왜 발생하는 것일까? 가까운 곳에서 먼저 예를 찾아보자. 어떤 사람이 복숭아를 제외한 여러 가지 과일을 재배하고 있다. 만약 이 사람이 복숭아가 먹고 싶을 때 이를 다른 사람에게서 사야만 한다. 이와 같은 맥락에서 나라 간의 무역도 부존자원의 유무와 양적 차이에서 일차적으로 발생할 수 있다. 헌데 이러한 무역을 통해 얻을 수 있는 이득이 크다면 왜 선진국에서조차 완전한 자유무역이 실행되고 있지 않을까? 세계 각국에 자유무역을 확대할 것을 주장하는 미국도 자국의 이익에 따라 관세 부과 등의 방법으로 무역에 개입하고 있는 실정이다. 그렇다면 비교우위에 따른 자유무역이 교역 당사국 모두에게 이익을 가져다준다는 것은 이상에 불과한 것일까?
>
> 세계 각국이 보호무역을 취하는 것은 무엇보다 자국 산업을 보호하기 위한 것이다. 비교우위가 없는 산업을 외국기업과의 경쟁으로부터 어느 정도의 경쟁력을 갖출 때까지 일정 기간 보호하려는 데 그 목적이 있는 것이다.
>
> 우리나라의 경우 쌀 농업에서 특히 보호주의가 강력히 주장되고 있다. 우리의 주식인 쌀을 생산하는 농업이 비교우위가 없다고 해서 쌀을 모두 외국에서 수입한다면 식량안보 차원에서 문제가 될 수 있으므로 국내 농사를 전면적으로 포기할 수 없다는 논리이다.
>
> 교역 당사국 각자는 비교우위가 있는 재화의 생산에 특화해서 자유무역을 통해 서로 교환할 경우 기본적으로 거래의 이득을 보게 된다. 자유무역은 이러한 경제적 잉여의 증가 이외에 다음과 같은 측면에서도 이득을 가져다준다.

① 각국 소비자들에게 다양한 소비 기회를 제공한다.

② 비교우위에 있는 재화의 수출을 통한 규모의 경제를 이루어 생산비를 절감할 수 있다.

③ 비교우위에 의한 자유무역의 이득은 결국 한 나라 내의 모든 경제주체가 누리게 된다.

④ 경쟁을 활성화하여 경제 전체의 후생 수준을 높일 수 있다.

⑤ 각국의 기술 개발을 촉진해주는 긍정적인 파급 효과를 발휘하기도 한다.

53. 5분 동안 6.25km를 달릴 수 있는 전기 자동차와 3분 동안 750m를 달릴 수 있는 자전거가 오전 8시에 동시에 서울역에서 대전역으로 이동하려고 한다. 전기 자동차와 자전거 간의 거리가 140km 차이가 날 때의 시간으로 옳은 것은?

① 오전 10시 10분
② 오전 10시 15분
③ 오전 10시 20분
④ 오전 10시 25분
⑤ 오전 10시 30분

54. 다음은 항공사업법상 과태료 부과기준에 대한 내용이다. 이에 대한 설명으로 옳지 않은 것은?

> 1. 일반기준
> ㉠ 위반행위의 횟수에 따른 과태료의 가중된 부과기준은 최근 1년간 같은 위반행위로 과태료 부과처분을 받은 경우에 적용한다. 이 경우 기간의 계산은 위반행위에 대하여 과태료 부과처분을 받은 날과 그 처분 후 다시 같은 위반행위를 하여 적발된 날을 기준으로 한다.
> ㉡ ㉠에 따라 가중된 부과처분을 하는 경우 가중처분의 적용 차수는 그 위반행위 전 부과처분 차수(㉠에 따른 기간 내에 과태료 부과처분이 둘 이상 있었던 경우에는 높은 차수를 말한다)의 다음 차수로 한다.
> ㉢ 부과권자는 다음의 어느 하나에 해당하는 경우에는 개별기준에 따른 과태료 금액의 2분의 1만큼 그 금액을 줄일 수 있다. 다만, 과태료를 체납하고 있는 위반행위자의 경우에는 그렇지 않다.
> • 위반행위가 사소한 부주의나 오류로 인한 것으로 인정되는 경우
> • 위반행위자가 법 위반상태를 시정하거나 해소하기 위하여 노력한 것이 인정되는 경우
> • 그 밖에 위반행위의 정도, 위반행위의 동기와 그 결과 등을 고려하여 감경할 필요가 있다고 인정되는 경우
> ㉣ 부과권자는 다음의 어느 하나에 해당하는 경우에는 개별기준에 따른 과태료 금액의 2분의 1만큼 그 금액을 늘릴 수 있다.
> • 위반의 내용·정도가 중대하여 공중에 미치는 영향이 크다고 인정되는 경우
> • 위반상태의 기간이 6개월 이상인 경우
> • 그 밖에 위반행위의 정도, 위반행위의 동기와 그 결과 등을 고려하여 가중할 필요가 있다고 인정되는 경우

2. 개별기준

(단위 : 만 원)

위반행위	과태료 금액		
	1차 위반	2차 위반	3차 이상 위반
㉠ 항공운송사업자가 자료를 제출하지 않거나 거짓의 자료를 제출한 경우			
• 자료를 제출하지 않은 경우	150	300	500
• 거짓의 자료를 제출한 경우	250	375	500
㉡ 항공운송사업자가 사업개선 명령을 이행하지 않은 경우	1,000	1,500	2,000
㉢ 항공운송사업자가 지연사유 및 진행 상황을 알리지 않은 경우	400	500	500
㉣ 항공교통이용자가 항공기에 탑승한 상태로 이동지역에서 항공기를 머무르게 하는 시간이 2시간을 초과하게 되었으나 항공운송사업자가 음식물을 제공하지 않거나 보고를 하지 않은 경우	400	500	500
㉤ 항공운송사업자가 운송약관을 신고 또는 변경신고하지 않은 경우	250	375	500
㉥ 항공운송사업자가 요금표 등을 갖춰 두지 않거나 거짓 사항을 적은 요금표 등을 갖춰 둔 경우			
• 요금표 등을 갖춰 두지 않은 경우	150	300	500
• 거짓 사항을 적은 요금표 등을 갖춰 둔 경우	250	375	500
㉦ 항공운임 등 총액을 제공하지 않거나 거짓으로 제공한 경우			
• 국제항공운송사업자 및 외국인 국제항공운송사업자인 경우	400	500	500
• 국내항공운송사업자, 소형항공운송사업자, 항공운송총대리점업자 및 여행업자인 경우	250	375	500

① 항공운송사업자가 자료를 제출하지 않았지만 위반행위가 사소한 부주의에 의한 것이며 처음으로 위반 행위를 한 것이라면 부과권자는 75만 원의 과태료를 부과할 수 있다.

② 7개월 전 항공운송사업자가 사업개선 명령을 이행하지 않아 과태료 1,000만 원을 부과 받았지만 아직도 사업개선 명령을 이행하지 않았다면 부과권자는 2차 위반 과태료로 2,250만 원을 부과할 수 있다.

③ 3개월 전 항공교통이용자가 항공기에 탑승한 상태로 이동지역에서 항공기를 머무르게 하는 시간이 2시간을 초과하게 되었으나 음식물을 제공하지 않아 처음으로 과태료를 부과받은 항공운송사업자가 같은 위반행위를 하였을 경우 과태료 500만 원을 부과받게 된다.

④ 항공운송사업자가 거짓 사항을 적은 요금표 등을 갖춰 둔 경우(1차 위반) 375만 원의 과태료가 부과된다.

⑤ 외국인 국제항공운송사업자가 항공운임을 거짓으로 제공한 경우(1차 위반) 400만 원의 과태료가 부과된다.

|55~56| 다음은 R사에서 수입하는 가구류의 제품 코드 체계이다. 표를 보고 이어지는 질문에 답하시오.

예시) 2019년 12월에 생산된 미국 Hickory 사의 킹 사이즈 침대 104번째 입고 제품
→ 1912 - 1C - 02003 - 00104

생산 연월	공급자		입고 분류		입고품 수량
	원산지 코드	생산자 코드	제품 코드	용도별 코드	
2018년 3월 -1803 2019년 10월 -1910	1 미국	A LADD	01 의자	001 거실	00001부터 다섯 자리 시리얼 넘버가 부여됨.
		B Drexel		002 침실	
		C Hickory		003 킹	
	2 독일	D Heritage	02 침대	004 퀸	
		E Easy wood		005 더블	
	3 영국	F LA-Z-BOY		006 트윈	
		G Joal		007 옷장	
	4 스웨덴	H Larkswood	03 장	008 장식장	
		I Pinetree		009 코너장	
		J Road-7		010 조명	
	5 이태리	K QinQin	04 소품	011 촛대	
		L Furniland		012 서랍장	
		M Omphatic			
	6 프랑스	N Nine-bed			
		O Furni Fran			

55. R사는 입고 제품 중 원산지 마크 표기상의 문제를 발견하여 스웨덴에서 수입한 제품과 침대류 제품을 모두 재처리하고자 한다. 다음 중 재처리 대상 제품의 제품 코드가 아닌 것은 어느 것인가?

① 18054J03008100010

② 19012D0200600029

③ 18116N0401100603

④ 19054H0100202037

⑤ 18113G0200400035

56. 제품 코드가 19103F0401200115인 제품에 대한 설명으로 올바르지 않은 것은 어느 것인가?

① 해당 제품보다 먼저 입고된 제품은 100개 이상이다.

② 유럽에서 생산된 제품이다.

③ 봄에 생산된 제품이다.

④ 침대와 의자류 제품이 아니다.

⑤ 소품 중 서랍장 제품이다.

57. 다음은 차세대 유망 기술로 각광받는 블록체인에 대한 글이다. 다음 글의 밑줄 친 ㉠~㉤ 중, 블록체인의 특징을 올바르게 설명하지 못한 것은 어느 것인가?

> 블록체인은 네트워크 내의 모든 참여자가 공동으로 거래 정보를 검증하고 기록·보관함으로써 ㉠공인된 제3자 없이도 거래 기록의 무결성 및 신뢰성을 확보하는 기술로서 해시(Hash), 전자서명(Digital Signature), 암호화(Cryptography) 등의 보안 기술을 활용한 ㉡분산형 네트워크 인프라를 기반으로 다양한 응용서비스를 구현할 수 있는 구조를 가지고 있다. 해시는 임의의 길이의 입력 메시지를 ㉢고정된 길이의 출력값으로 압축시키는 기술로 데이터의 무결성 검증 및 메시지 인증에 사용된다.
> 블록체인의 가장 큰 특징은, 분산형 구조이기 때문에 P2P(Peer to Peer) 거래가 가능하다. ㉣이전에 비해 수수료가 다소 비싸긴 하지만, 신뢰성을 담보할 중앙집중적 조직이나 공인된 제3자가 필요 없다는 것은 큰 장점이다. 중앙집중적 조직이 필요 없기 때문에 현재의 중앙집중형 시스템의 운영과 유지보수, 보안, 금융 거래 등의 관리가 효율적으로 이루어질 수 있다. 또한 ㉤모든 사용자(노드)가 거래 장부를 가지고 있기 때문에 네트워크 일부에 문제가 생겨도 전체 블록체인에는 영향이 없다.

① ㉠　　　　　　　　　② ㉡

③ ㉢　　　　　　　　　④ ㉣

⑤ ㉤

58. 다음에 제시된 9개의 단어 중 관련된 3개의 단어를 통해 유추할 수 있는 것은?

> 포스트잇, 안전, 공무원, 바나나, 디저트, 음주 단속, 행사, 웅변, 금메달

① 응급실

② 구급차

③ 경찰

④ 직장인

⑤ 미사일

59. 다음과 같은 자료를 활용하여 작성할 수 있는 하위 자료로 적절하지 않은 것은?

(단위 : 천 가구, 천 명, %)

구분	2013	2014	2015	2016	2017
농가	1,142	1,121	1,089	1,068	1,042
농가 비율(%)	6.2	6.0	5.7	5.5	5.3
농가인구	2,847	2,752	2,569	2,496	2,422
남자	1,387	1,340	1,265	1,222	1,184
여자	1,461	1,412	1,305	1,275	1,238
성비	94.9	94.9	96.9	95.9	95.7
농가인구 비율(%)	5.6	5.4	5.0	4.9	4.7

※ 농가 비율과 농가인구 비율은 총 가구 및 총인구에 대한 농가 및 농가인구의 비율임.

① 2013년~2017년 기간의 연 평균 농가의 수

② 연도별 농가당 성인 농가인구의 수

③ 총인구 대비 남성과 여성의 농가인구 구성비

④ 연도별, 성별 농가인구 증감 수

⑤ 2017년의 2013년 대비 농가 수 증감률

60. 기술능력이라 함은 통상적으로 직업에 종사하기 위해 모든 사람들이 필요로 하는 능력을 의미하는데 다음의 내용은 기술능력의 중요성에 대해 설명하는 어느 기술명장에 관한 것이다. 이를 기초로 하여 기술능력이 뛰어난 사람이 갖추는 요소를 잘못 설명하고 있는 항목을 고르면?

> △△중공업 ○○○ 명장은 고졸의 학력에도 불구하고 끊임없는 노력과 열정으로 국내 최다 국가기술자격증 보유, 5개 국어 구사, 업계 최초의 기술명장으로 인정을 받고 있다. 김규환 명장은 고졸이라는 학력 때문에 정식사원으로 입사를 하지 못하고 사환으로 입사를 시작하였으나, 새벽 5시에 출근하여 기계의 워밍업을 하는 등 남다른 성실함으로 정식기능공, 반장 등으로 승진을 하여 현재의 위치에 오르게 되었다.
> 하루는 무서운 선배 한명이 세제로 기계를 모두 닦아 놓으라는 말에 2612개나 되는 모든 기계를 다 분리하여 밤새 닦아서 놓았다. 그 후에도 남다른 실력으로 서로 다른 기계를 봐 달라고 하는 사람들이 점점 늘어났다. 또한 정밀기계 가공 시 1℃변할 때 쇠가 얼마나 변하는지 알기 위해 국내외 많은 자료를 찾아보았지만 구할 수 없어 공장 바닥에 모포를 깔고 2년 6개월간 연구를 한 끝에 재질, 모형, 종류, 기종별로 X–bar값을 구해 1℃ 변할 때 얼마나 변하는지 온도 치수가공조견표를 만들었다. 이를 산업인력공단의 〈기술시대〉에 기고하였으며 이 자료는 기계가공 분야의 대혁명을 가져올 수 있는 자료로 인정을 받았다.

① 기술적인 해결에 대한 효용성을 평가한다.
② 인식된 문제를 위한 다양한 해결책을 개발하고 평가한다.
③ 여러 가지 상황 속에서 기술의 체계 및 도구 등을 사용하고 배울 수 있다.
④ 주어진 한계 속에서, 그리고 무한한 자원을 가지고 일한다.
⑤ 실제적인 문제해결을 위해 지식이나 기타 자원 등을 선택, 최적화시키며, 이를 적용한다.

✐ 직무수행능력평가(전기이론 · 전기기기 – 50문항/60분)

1. 220 [V]의 교류전원에 소비전력 60 [W]인 전구와 500 [W]인 전열기를 직렬로 연결하여 사용하고 있다. 60 [W] 전구를 30 [W] 전구로 교체할 때 옳은 것은?

① 전열기의 소비전력이 증가한다.
② 전열기의 소비전력이 감소한다.
③ 전열기에 흐르는 전류가 증가한다.
④ 전열기에 걸리는 전압이 증가한다.
⑤ 전열기의 소비전력은 변하지 않는다.

2. 그림과 같은 회로에서 부하저항 R_L에 최대전력이 전달되기 위한 R_L [Ω]과 이 때 R_L에 전달되는 최대전력 P_{max} [W]는?

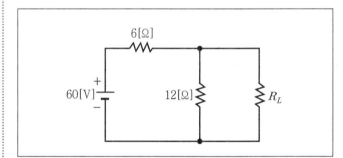

	R_L [Ω]	P_{max} [W]
①	4	100
②	4	225
③	6	100
④	6	225
⑤	10	100

3. 자유공간에서 자기장의 세기가 $yz^2 \mathbf{a}_x$ [A/m]의 분포로 나타날 때, 점 P(5, 2, 2)에서의 전류밀도 크기[A/m^2]는?

① 4   ② 12
③ $4\sqrt{5}$ ④ $12\sqrt{5}$
⑤ 15

4. 그림과 같이 비유전율이 각각 5와 8인 유전체 A와 B를 동일한 면적, 동일한 두께로 접합하여 평판전극을 만들었다. 전극 양단에 전압을 인가하여 완전히 충전한 후, 유전체 A의 양단전압을 측정하였더니 80 [V]였다. 이 때 유전체 B의 양단전압[V]은?

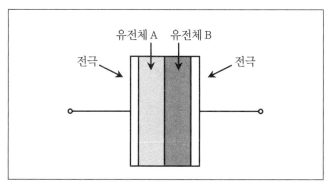

① 50

② 80

③ 96

④ 128

⑤ 192

5. 내부저항이 5[Ω]인 코일에 실횻값 220 [V]의 정현파 전압을 인가할 때, 실횻값 11 [A]의 전류가 흐른다면 이 코일의 역률은?

① 0.25

② 0.4

③ 0.45

④ 0.6

⑤ 0.8

6. 그림과 같은 회로에서 1 [V]의 전압을 인가한 후, 오랜 시간이 경과했을 때 전류(I)의 크기[A]는?

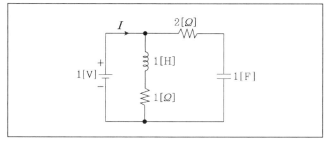

① 0.33

② 0.5

③ 0.66

④ 1

⑤ 1.25

7. 일정한 기전력이 가해지고 있는 회로의 저항값을 2배로 하면 소비전력은 몇 배가 되는가?

① $\frac{1}{8}$

② $\frac{1}{4}$

③ $\frac{1}{2}$

④ 2

⑤ 4

8. $F(s) = \dfrac{2(s+2)}{s(s^2+3s+4)}$ 일 때, $F(s)$의 역 라플라스 변환 (inverse Laplace transform)된 함수 $f(t)$의 최종값은?

① $\frac{1}{4}$

② $\frac{1}{2}$

③ $\frac{3}{4}$

④ 1

⑤ 2

9. 다음과 같이 연결된 커패시터를 1[kV]로 충전하였더니 2[J]의 에너지가 충전되었다면, 커패시터 C_X의 정전용량[μF]은?

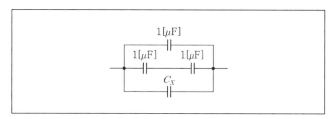

① 1

② 1.5

③ 2

④ 2.5

⑤ 3

10. 다음 그림과 같이 자속밀도 1.5[T]인 자계 속에서 자계의 방향과 직각으로 놓여진 도체(길이 50[cm])가 자계와 30°방향으로 10[m/s]의 속도로 운동한다면 도체에 유도되는 기전력[V]은?

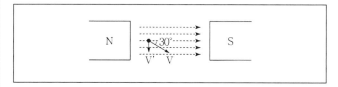

① 3.5

② 3.75

③ 4

④ 4.25

⑤ 4.5

11. 그림과 같은 회로에서 a와 b 단자에서의 등가 인덕턴스[H]는?

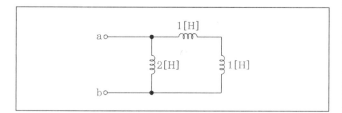

① 0.5

② 1.0

③ 1.5

④ 2.0

⑤ 2.5

12. 3상 교류에 대한 설명으로 옳은 것만을 모두 고른 것은?

> ㉠ 평형 3상 △결선 회로에서 상전류는 선전류의 $\sqrt{3}$ 배이다.
> ㉡ 평형 3상 Y결선 회로에서 상전압의 위상은 선간전압의 위상보다 30° 앞선다.
> ㉢ 단상 전력계 2개를 사용하면 평형 3상 회로의 전력을 측정할 수 있다.

① ㉠

② ㉢

③ ㉠, ㉡

④ ㉡, ㉢

⑤ ㉠, ㉡, ㉢

13. 평형 3상 Y결선 회로에 선간전압 $200\sqrt{3}$ [V]를 인가하여 진상역률 0.5로 3 [kW]를 공급하고 있다. 이 때, 한 상의 부하 임피던스[Ω]는?

① 10

② 20

③ 30

④ 40

⑤ 50

14. $R = 4$ [Ω]인 저항, $L = 2$ [mH]인 인덕터, $C = 200$ [μF]인 커패시터가 직렬로 연결된 회로에 전압 100 [V], 주파수 $\dfrac{2500}{2\pi}$ [Hz]의 정현파 전원을 인가할 때 흐르는 전류에 대한 설명으로 옳은 것은?

① 역률은 60 %이고 10 [A]의 지상전류가 흐른다.

② 역률은 60 %이고 10 [A]의 진상전류가 흐른다.

③ 역률은 80 %이고 20 [A]의 지상전류가 흐른다.

④ 역률은 80 %이고 20 [A]의 진상전류가 흐른다.

⑤ 역률은 80%이고 10 [A]의 지상전류가 흐른다.

15. 어떤 전하가 100[V]의 전위차를 갖는 두 점 사이를 이동하면서 10[J]의 일을 할 수 있다면, 이 전하의 전하량은?

① 0.1C

② 1C

③ 10C

④ 100C

⑤ 1,000C

16. 그림과 같은 RLC 병렬회로에서 $v = 80\sqrt{2}\sin(wt)$[V]인 교류를 a, b 단자에 가할 때, 전류 I의 실횻값이 10[A]라면, X_c의 값은?

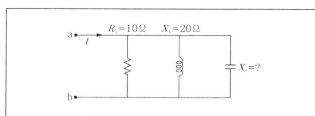

① 8Ω

② 10Ω

③ $10\sqrt{2}$ Ω

④ 20Ω

⑤ 30Ω

17. 어떤 회로에 $v = 100\sqrt{2}\sin(120\pi t + \dfrac{\pi}{4})$[V]의 전압을 가했더니 $i = 10\sqrt{2}\sin(120\pi t - \dfrac{\pi}{4})$[A]의 전류가 흘렀다. 이 회로의 역률은?

① 0

② $\dfrac{1}{\sqrt{2}}$

③ 0.1

④ 1

⑤ $\sqrt{2}$

18. 다음 그림은 내부가 빈 동심구 형태의 콘덴서이다. 내구와 외구의 반지름 a, b를 각각 2배 증가시키고 내부를 비유전율 $\epsilon_r = 2$인 유전체로 채웠을 때, 정전용량은 몇 배로 증가하는가?

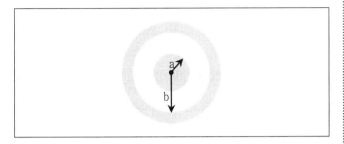

① 1

② 2

③ 3

④ 4

⑤ 5

19. 전압이 10 [V], 내부저항이 1 [Ω]인 전지(E)를 두 단자에 n개 직렬 접속하여 R과 2R이 병렬 접속된 부하에 연결하였을 때, 전지에 흐르는 전류 I가 2 [A]라면 저항 R [Ω]은?

① 3 n

② 4 n

③ 5 n

④ 6 n

⑤ 7 n

20. 다음 그림과 같은 이상적인 변압기 회로에서 200 [Ω] 저항의 소비전력[W]은?

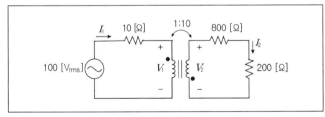

① 5

② 10

③ 50

④ 100

⑤ 500

21. R-L 직렬회로에서 10 [V]의 직류 전압을 가했더니 250 [mA]의 전류가 측정되었고, 주파수 $\omega = 1000$ [rad/sec], 10 [V]의 교류 전압을 가했더니 200 [mA]의 전류가 측정되었다. 이 코일의 인덕턴스[mH]는? (단, 전류는 정상상태에서 측정한다)

① 18

② 20

③ 25

④ 30

⑤ 35

22. 다음 회로에서 정상상태 전류 I[A]는?

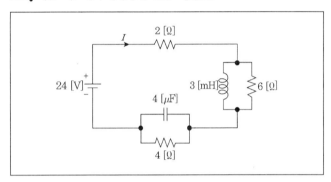

① 2

② 4

③ 6

④ 8

⑤ 10

23. 평형 3상 회로에서 부하는 Y 결선이고 a상 선전류는 $20 \angle -90°$ [A]이며 한 상의 임피던스 $\dot{Z} = 10 \angle 60°$ [Ω]일 때, 선간전압 $\dot{V}_{ab}$ [V]는? (단, 상순은 a, b, c 시계방향이다)

① $200 \angle 0°$

② $200 \angle -30°$

③ $200\sqrt{3} \angle 0°$

④ $200\sqrt{3} \angle -30°$

⑤ $200\sqrt{3} \angle 30°$

24. 특이함수(스위칭함수)에 대한 설명으로 옳은 것을 〈보기〉에서 모두 고른 것은?

> 〈보기〉
> ㉠ 특이함수는 그 함수가 불연속이거나 그 도함수가 불연속인 함수이다.
> ㉡ 단위계단함수 $u(t)$는 t가 음수일 때 -1, t가 양수일 때 1의 값을 갖는다.
> ㉢ 단위임펄스함수 $\delta(t)$는 $t=0$ 외에는 모두 0이다.
> ㉣ 단위램프함수 $r(t)$는 t의 값에 상관없이 단위 기울기를 갖는다.

① ㉠, ㉡

② ㉠, ㉢

③ ㉡, ㉢

④ ㉢, ㉣

⑤ ㉠, ㉢, ㉣

25. 등전위면(equipotential surface)의 특징에 대한 설명으로 옳은 것만을 모두 고르면?

> ㉠ 등전위면과 전기력선은 수평으로 접한다.
> ㉡ 전위의 기울기가 없는 부분으로 평면을 이룬다.
> ㉢ 다른 전위의 등전위면은 서로 교차하지 않는다.
> ㉣ 전하의 밀도가 높은 등전위면은 전기장의 세기가 약하다.

① ㉠, ㉣

② ㉡, ㉢

③ ㉠, ㉡, ㉢

④ ㉡, ㉢, ㉣

⑤ ㉠, ㉡, ㉢, ㉣

26. 극수가 8극이고 회전수가 900[rpm]인 동기발전기와 병렬 운전하는 동기발전기의 극수가 12극이라면 회전수는?

① 400rpm

② 500rpm

③ 600rpm

④ 700rpm

⑤ 800rpm

27. 60[Hz], 6극, 15[kW]인 3상 유도전동기가 1,080[rpm]으로 회전할 때, 회전자 효율은? (단, 기계손은 무시한다.)

① 80%

② 85%

③ 90%

④ 95%

⑤ 99%

28. 3상권선에 의한 회전자계의 고조파성분 중 제7고조파에 대한 설명으로 가장 옳은 것은?

① 기본파와 반대 방향으로 7배의 속도로 회전한다.

② 기본파와 같은 방향으로 7배의 속도로 회전한다.

③ 기본파와 반대 방향으로 1/7배의 속도로 회전한다.

④ 기본파와 같은 방향으로 1/7배의 속도로 회전한다.

⑤ 기본파와 같은 방향으로 1.7배의 속도로 회전한다.

29. Δ결선 변압기 중 단상 변압기 1개가 고장나 V결선으로 운전되고 있다. 이때 V결선된 변압기의 이용률과 Δ결선 변압기에 대한 V결선 변압기의 2차 출력비는? (단, 부하에 의한 역률은 1이다.)

	변압기 이용률	2차 출력비
①	$\dfrac{\sqrt{3}}{2}$	$\dfrac{1}{\sqrt{3}}$
②	$\dfrac{1}{\sqrt{3}}$	$\dfrac{\sqrt{3}}{2}$
③	$\sqrt{\dfrac{2}{3}}$	$\dfrac{1}{\sqrt{3}}$
④	$\dfrac{\sqrt{3}}{2}$	$\sqrt{\dfrac{2}{3}}$
⑤	$\dfrac{1}{\sqrt{3}}$	$\sqrt{\dfrac{2}{3}}$

30. 4극, 800[W], 220[V], 60[Hz], 1,530[rpm]의 정격을 갖는 3상 유도전동기가 축에 연결된 부하에 정격출력을 전달하고 있다. 이때 공극을 통하여 회전자에 전달되는 2차측 입력은? (단, 전동기의 풍손과 마찰손 합은 50[W]이며, 2차 철손과 표유부하손은 무시한다.)

① 950W

② 1,000W

③ 1,050W

④ 1,100W

⑤ 1,150W

31. 다음은 계자저항 2.5[Ω], 전기자저항 5[Ω]의 직류 분권발전기의 무부하 특성곡선에서 전압확립 과정을 나타낸다. 초기 전기자의 잔류자속에 의한 유도기전력 E_r이 15[V]라면, 그림에서의 계자전류 I_{f2}는? (단, 계자의 턴수는 100턴, 계자전류 I_{f1}에 의한 계자자속 시간변화율은 0.075[Wb/sec]이다.)

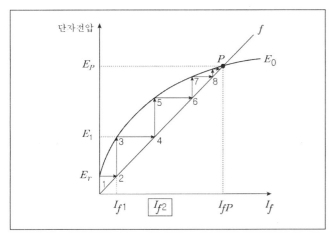

① 2.1A
② 2.5A
③ 3.0A
④ 4.0A
⑤ 4.5A

32. 3상 4극, 380[V], 50[Hz]인 유도전동기가 정격속도의 90[%]로 운전할 때 동기속도는?

① 1,350rpm
② 1,400rpm
③ 1,450rpm
④ 1,500rpm
⑤ 1,550rpm

33. 〈보기〉의 설명에 해당되는 전동기는?

〈보기〉
이 전동기는 3상 중 1상만 통전되는 방식을 사용하고, 영구 자석을 사용하지 않는 간단한 돌극 회전자 구조를 가지고 있다. 회전 시 토크리플이 크고 진동 및 소음이 크다는 단점이 있다.

① 스위치드 릴럭턴스 전동기(Switched Reluctance Motor)
② 동기형 릴럭턴스 전동기(Synchronous Reluctance Motor)
③ 브러시리스 직류 전동기(Brushless DC Motor)
④ 단상 유도전동기(Single Phase Induction Motor)
⑤ 영구자석 동기전동기(Permanent Magnet synchronous Motor)

34. 이상적인 단상변압기의 1차 측 권선 수는 200, 2차 측 권선 수는 400이다. 1차 측 권선은 220[V], 50[Hz] 전원에, 2차 측 권선은 2[A], 지상역률 0.8의 부하에 연결될 때, 부하에서 소비되는 전력[W]은?

① 600
② 654
③ 704
④ 734
⑤ 754

35. 8극, 50[Hz] 3상 유도전동기가 600[rpm]의 속도로 운전될 때 토크가 500[N·m]이라면 기계적 출력[kW]은?

① 5π
② 10π
③ 100π
④ 300π
⑤ 500π

36. 전압을 일정하게 유지하는 정전압 특성이 있는 다이오드는?

① 쇼트키 다이오드
② 바리스터 다이오드
③ 정류 다이오드
④ 제너 다이오드
⑤ 터널 다이오드

37. 6극, 슬롯 수 90인 3상 동기발전기에서 전기자 코일을 감을 때, 상 유기기전력의 제5고조파를 제거하기 위해 전기자 코일의 두 변이 1번 슬롯과 몇 번 슬롯에 감겨야 하는가?

① 10번
② 11번
③ 12번
④ 13번
⑤ 14번

38. 2중중권 6극 직류기의 전기자권선의 병렬회로 수는?

① 2
② 4
③ 6
④ 12
⑤ 36

39. 3상 농형 유도전동기에서 고정자 권선의 결선을 △에서 Y로 바꾸면 기동 전류의 변화로 옳은 것은?

① 3배로 증가

② $\sqrt{3}$ 배로 증가

③ $\dfrac{1}{\sqrt{3}}$ 배로 감소

④ $\dfrac{1}{3}$ 배로 감소

⑤ $\dfrac{3}{10}$ 배로 감소

40. 그림과 같은 컨버터에서 입력전압 V_{in}은 200 [V], 스위치 (S/W)의 듀티비는 0.5, 부하저항 R은 10 [Ω]이다. 이 컨버터의 부하저항 R에 흐르는 전류 i_R의 평균치[A]는? (단, 커패시턴스 C와 인덕턴스 L은 충분히 크다고 가정한다)

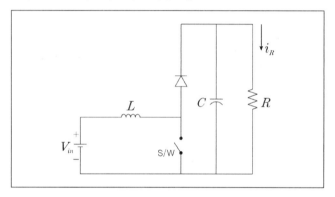

① 10　　　　② 20

③ 30　　　　④ 40

⑤ 50

41. 극수 8, 동기속도 3,000 [rpm]인 동기발전기와 병렬 운전하는 극수가 6인 동기발전기의 회전수[rpm]는?

① 3,600　　　　② 3,800

③ 4,000　　　　④ 4,200

⑤ 4,400

42. 1,200 [rpm]에서 정격출력 16 [kW]인 전동기에 축 반경 40 [cm]인 벨트가 연결되어 있을 때, 정격 조건에서 이 벨트에 작용하는 힘[N]은?

① 1000/π　　　　② 1200/π

③ 1400/π　　　　④ 1600/π

⑤ 1800/π

43. 태양전지(Solar-cell)를 이용한 태양광 발전으로부터 얻은 전력으로 220 [V]의 유도전동기를 사용한 펌프를 운전하려고 할 때, 필요한 전력변환장치를 순서대로 바르게 나열한 것은?

① 태양전지 → 인버터 → 다이오드정류기 → 유도전동기

② 태양전지 → DC/DC 컨버터 → 다이오드정류기 → 유도전동기

③ 태양전지 → 다이오드정류기 → DC/DC 컨버터 → 유도전동기

④ 태양전지 → DC/DC 컨버터 → 인버터 → 유도전동기

⑤ 태양전지 → 인버터 → DC/DC 컨버터 → 유도전동기

44. 그림과 같이 30°의 경사면으로 벨트를 이용하여 500 [kg]의 물체를 0.1 [m/sec]의 속력으로 끌어올리는 전동기를 설계할 때, 요구되는 전동기의 최소한의 출력[W]은? (단, 전동기 - 벨트 연결부의 효율은 70 [%]로 가정하고, 경사면의 마찰은 무시한다)

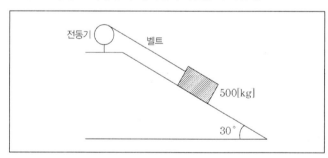

① 330　　　　② 340

③ 350　　　　④ 360

⑤ 370

45. 이상적인 단상 변압기의 2차 단자를 개방하고 1차 단자에 60[Hz], 200[V]의 전압을 가하였을 때, 2차 단자전압은 100[V]이며, 철심의 자속밀도는 1[T]이다. 이 변압기의 1차 단자전압이 120[Hz], 400[V]로 되었을 때, 철심의 자속밀도[T] 값은?

① 0.5 　　　　　　　② 1

③ 2 　　　　　　　　④ 4

⑤ 8

46. 3상 동기 발전기의 정격전압은 6,600[V], 정격전류는 240[A]이다. 이 발전기의 계자전류가 100[A]일 때, 무부하단자전압은 6,600[V]이고, 3상 단락전류는 300[A]이다. 이 발전기에 정격전류와 같은 단락전류를 흘리는 데 필요한 계자전류[A]의 값은?

① 40 　　　　　　　② 60

③ 80 　　　　　　　④ 100

⑤ 120

47. 마그네틱 토크만을 발생시키는 전동기는?

① 표면부착형 영구자석전동기

② 매입형 영구자석전동기

③ 릴럭턴스 동기전동기

④ 스위치드 릴럭턴스 전동기

⑤ 영구자석 보조형 릴럭턴스 전동기

48. 동기 발전기의 병렬 운전 조건에 대한 설명으로 옳은 것만을 모두 고르면?

> ㉠ 기전력의 크기가 같을 것
> ㉡ 기전력의 위상이 같을 것
> ㉢ 기전력의 파형이 같을 것
> ㉣ 기전력의 주파수가 같을 것

① ㉠, ㉢

② ㉠, ㉡, ㉢

③ ㉠, ㉡, ㉣

④ ㉡, ㉢, ㉣

⑤ ㉠, ㉡, ㉢, ㉣

49. 유도 전동기가 정지할 때 2차 1상의 전압이 220[V]이고, 6극 60[Hz]인 유도 전동기가 1,080[rpm]으로 회전할 경우 2차 전압 [V]과 슬립 주파수[Hz]는?

	2차 전압[V]	슬립 주파수[Hz]
①	22	6
②	33	9
③	44	12
④	55	18
⑤	66	21

50. 동기 발전기에서 단락비가 큰 기계에 대한 설명으로 옳은 것만을 모두 고르면?

> ㉠ 동기 임피던스가 크다.
> ㉡ 철손이 증가하여 효율이 떨어진다.
> ㉢ 전압변동률이 작으며 안정도가 향상된다.
> ㉣ 과부하 내량이 크고 장거리 송전선의 충전 용량이 크다.
> ㉤ 전기자 전류의 기자력에 비해 상대적으로 계자 기자력이 작아서 전기자 반작용에 의한 영향이 적게 된다.

① ㉠, ㉡, ㉢

② ㉠, ㉡, ㉣

③ ㉠, ㉢, ㉤

④ ㉡, ㉢, ㉣

⑤ ㉢, ㉣, ㉤

인천국제공항공사

기술분야(전기)

필기시험 모의고사

제1회 정답 및 해설

SEOWONGAK

(주)서원각

제1회 정답 및 해설

✏️ **직업기초능력평가**

1 ①

② 관습이론의 특징에 해당한다.

③ 구조이론에서 보는 관습이론의 특징이다.

④ 갈등이론에서 법은 사회적 통합을 위한 합의의 산물이 아니라, 지배 집단의 억압 구조를 유지·강화하여 자신들의 이익을 영위하려는 하나의 수단이라고 주장한다.

⑤ 갈등이론은 전체로서의 사회적 이익이 아니라 지배집단의 이익을 영위하려 한다.

2 ②

㉠ 습도가 70%일 때 연간소비전력량은 790으로 A가 가장 적다.

㉡ 60%와 70%를 많은 순서대로 나열하면 60%일 때 D-E-B-C-A, 70%일 때 E-D-B-C-A이다.

㉢ 40%일 때 E=660, 50%일 때 B=640이다.

㉣ 40%일 때의 값에 1.5배를 구하여 80%와 비교해 보면 E는 1.5배 이하가 된다.

A = 550×1.5 = 825   840
B = 560×1.5 = 840   890
C = 580×1.5 = 870   880
D = 600×1.5 = 900   950
E = 660×1.5 = 990   970

3 ②

• A와 B 모두 문을 열지는 않았다. → A 또는 B가 문을 열었다.

• A가 문을 열었다면, C도 문을 열었다. → A가 문을 열지 않으면 C도 문을 열지 않는다.

• A가 문을 열지 않았다면, B가 문을 열었거나 C가 문을 열었다. → B가 문을 열었다.

• C는 문을 열지 않았다. → C가 열지 않았으므로 A도 열지 않았다.

• D가 문을 열었다면, B가 문을 열지 않았다. → B가 문을 열었으므로 D는 열지 않았다.

• D가 문을 열지 않았다면, E도 문을 열지 않았다.

A, C, D, E는 문을 열지 않았다.

4 ③

일자별 출장비 지급액을 살펴보면 다음과 같다. 화요일 일정에는 거래처 차량이 지원되므로 5,000원이 차감되며, 금요일 일정에는 거래처 차량 지원과 오후 일정으로 인해 5,000+7,000=12,000원이 차감된다.

출장일자	지역	출장시간	이동계획	출장비
화요일	'갑'시	09:00~18:00	거래처 배차	30,000-5,000= 25,000원
수요일	'갑'시 외 지역	10:30~16:00	대중교통	40,000원
금요일	'갑'시	14:00~19:00	거래처 배차	30,000-5,000-7,000 = 18,000원

따라서 출장비 총액은 25,000+40,000+18,000= 83,000원이 된다.

5 ③

미래사회는 지식정보의 창출 및 유통 능력이 국가경쟁력의 원천이 되는 정보사회로 발전할 것이다. 정보사회는 무한한 정보를 중심으로 하는 열린사회로 정보제공자와 정보소비자의 구분이 모호해지며 네트워크를 통한 범세계적인 시장 형성과 경제활동이 이루어진다. 정보통신은 이러한 미래 정보사회의 기반으로서 지식정보의 창출과 원활한 유통에 중요한 역할을 한다. 정보통신 기반을 활용함에 따라 정보사회의 활동 주체들은 모든 사회 경제활동을 시간·장소·대상에 구애받지 않고 수행할 수 있게 될 것이다.

6 ②

인간의 개별적인 지능과 창의성, 상호학습을 통해 새로운 지식과 경험은 빠른 속도로 축적되고 학습되지만, 기술개발에 참가한 엔지니어의 지식은 문서화되기 어렵기 때문에 다른 사람들에게 쉽게 전파될 수 없다. 따라서 연구개발에 참가한 연구원과 엔지니어들이 그 기업을 떠나는 경우 기술과 지식의 손실이 크게 발생하여 기술 개발을 지속할 수 없는 경우가 종종 발생하기 때문에 기술 혁신은 지식 집약적인 활동으로 보아야 한다.

7 ①

상충되는 것은 지문의 내용과 양립할 수 없다는 것을 찾는 것이다. 틀린 것과는 다른 의미임을 명심하여야 한다.
ㄱ 창충사는 거창의 여러 향리 가운데 신씨가 중심이 되어 세운 사당이다.
ㄴ 향리들이 건립한 사당은 양반들이 건립한 사당에 비하면 얼마 되지 않는다.
ㄷ 향리가 세운 서원이 존재하는지 안 하는지 알 수 없다.
ㄹ 창충사에 모셔진 향리는 다섯 명이다. 원래 무신란에 죽은 향리는 일곱 명이었으나 두 명의 신씨는 사당에 모셔지지 않았다.

8 ④

ㄱ 8월 8일 서울 날씨를 보면 예측 날씨가 '비'이지만 실제 날씨는 '맑음'이었다.

9 ①

이모와 어머니에게 동성애 유전자가 있다면 자식은 동성애 유전자를 가진다.
이모나 어머니에게 동성애 유전자가 없다면 자식은 이성애 유전자를 가진다.
동성애 유전자가 남성에게 있으면 자식을 낳아 유전자를 남기는 번식이 감소하지만, 동성애 유전자가 여성에게 있으면 여타 조건이 동일한 상황에서 자식을 많이 낳아 유전자를 많이 남긴다.
그러므로 고모는 아무 연관이 없다.

10 ④

제외건수가 매일 5건씩 감소한다고 했으므로 11일째 되는 날 제외건수가 0이 되고 일별 심사 비용은 총 16.5억 원이 된다.

11 ①

(70억−16.5억)/500건＝1,070만 원

12 ③

새로운 정책에 대하여 시민의 의견을 알아보고자 하는 것은 정책 시행 전 관련된 정보를 수집하는 단계로, 설문조사의 결과에 따라 다른 정보의 분석 내용과 함께 원하는 결론을 얻을 수 있다.

13 ①

know-how는 특허권을 수반하지 않는 과학자, 엔지니어 등이 가지고 있는 체화된 기술을 말한다. know-why는 어떻게 기술이 성립하고 작용하는가에 관한 원리적 측면에 중심을 둔 개념이다.

14 ③

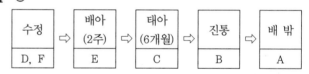

수정	⇨	배아 (2주)	⇨	태아 (6개월)	⇨	진통	⇨	배 밖
D, F		E		C		B		A

15 ③

사고 전 조달원 ＼ 사고 후 조달원	수돗물	정수	약수	생수	합계
수돗물	40	30	20	30	120
정수	10	50	10	30	100
약수	20	10	10	40	80
생수	10	10	10	40	70
합계	80	100	50	140	370

수돗물은 120가구에서 80가구로, 약수는 80가구에서 50가구로 각각 이용 가구 수가 감소하였다. 정수는 100가구로 변화가 없으며, 생수는 70가구에서 140가구로 증가하였다.

따라서 사고 전에 비해 사고 후에 이용 가구 수가 감소한 식수 조달원의 수는 2개이다.

16 ③

㉠ $20 = 2^2 \times 5^1 = (2+1)(1+1) = 3 \times 2 = 6$
  20번 지점은 6번 방문한다.

㉡ 2회만 방문한 지점은 1 ~ 20의 소수를 구하면 된다.
  2, 3, 5, 7, 11, 13, 17, 19 → 8개

㉢ 한 지점을 8번 방문하려면 최소 24개가 있어야 하는데 20개 밖에 없으므로 성립될 수 없다.

17 ①

지그비(Zigbee)는 저전력, 저비용, 저속도와 2.4GHz를 기반으로 하는 홈 자동화 및 데이터 전송을 위한 무선 네트워크 규격으로 30cm 이내에서 데이터 전송이 가능하다.

제시된 내용의 사물 통신망은 유비쿼터스 센서 네트워크를 의미한다.

18 ⑤

㉢의 내용은 기술관리자에게 요구되는 능력이며, 기술경영자에게는 시스템에만 의존하기보다 기술의 성격 및 이와 관련된 동향, 사업 환경 등을 이해하여 그에 따른 통합적인 문제해결과 함께 기술혁신을 달성할 수 있는 능력이 요구된다.

19 ②

첫 번째 의미 – 기적적인 것의 반대
두 번째 의미 – 흔하고 일상적인 것
세 번째 의미 – 인위적의 반대

① 기적적인 것의 반대는 맞으나 인위적인 것의 반대는 아니다.

② 흔하고 일상적인 것이 아니고, 인위적인 행위에 해당한다.

③ 기적적인 것의 반대이므로 맞으나 흔하고 일상적인 것은 아니다.

④ 기적적인 것의 반대이므로 맞으나 흔하고 일상적인 것은 아니다.

⑤ 흔하고 일상적인 것이며, 인위적인 것의 반대가 맞다.

20 ③

① 출퇴근 소요시간이 60분 이하인 직급의 비율
  • 대리급 이하 = $20.5 + 37.3 = 57.8$
  • 과장급 = $16.9 + 31.6 = 48.5$
  • 차장급 이상 = $12.6 + 36.3 = 48.9$

② 출퇴근 소요시간이 90분 초과인 대리급 이하 근로자 비율 = $13.8 + 5.0 + 5.3 + 2.6 = 26.7$
  탄력근무제를 활용하는 대리급 이하 근로자 비율 = 23.6

③ 출퇴근 소요시간이 120분 이하인 과장급 근로자 비율 = $100 - 5.6 - 7.7 - 1.7 = 85$
  원격근무제를 활용하는 과장급 근로자 비율 = 16.3

④ 근로자 수는 알 수 없으므로 판단이 불가능하다.

⑤ 근로자 수를 알 수 없으므로 판단이 불가능하다.

21 ②

실제 전투능력을 정리하면 경찰(3), 헌터(4), 의사(2), 사무라이(8), 폭파전문가(2)이다.

이를 토대로 탈출 통로의 좀비수와 처치 가능 좀비수를 계산해 보면

① 동쪽 통로 11마리 좀비
  폭파전문가(2), 사무라이(8)하면 10마리의 좀비를 처치 가능

② 서쪽 통로 7마리 좀비
  헌터(4), 경찰(3)하면 7마리의 좀비 모두 처치 가능

③ 남쪽 통로 11마리 좀비
  헌터(4), 폭파전문가(2) 6마리의 좀비 처치 가능

④ 남쪽 통로 11마리 좀비
  폭파전문자(2), 헌터(4)-전투력 강화제(2), 의사(2) 10마리의 좀비 처치 가능

⑤ 북쪽 통로 9마리 좀비
  경찰(3), 의사(2)-전투력 강화제(1) 6마리의 좀비 처치 가능

22 ③

1번째 기준에 의해 X사는 200억의 10%인 20억을 분배받고, Y사는 600억의 10%인 60억을 분배받는다. Y가 분배받은 금액이 총 150억이라고 했으므로 X사가 분배받은 금액은 50억이다. X사가 두 번째 기준에 의해 분배받은 금액은 30억이고, Y사가 두 번째 기준에 의해 분배받은 금액은 90억이다. 두 번째 기준은 연구개발비용에 비례하여 분배받은 것이므로 X사의 연구개발비의 3배로 계산하면 300억이다.

23 ①

사용자가 컴퓨터를 좀더 쉽게 사용할 수 있도록 도와주는 소프트웨어(프로그램)를 '유틸리티 프로그램'이라고 하고 통상 줄여서 '유틸리티'라고 한다. 유틸리티 프로그램은 본격적인 응용 소프트웨어라고 하기에는 크기가 작고 기능이 단순하다는 특징을 가지고 있으며, 사용자가 컴퓨터를 사용하면서 처리하게 되는 여러 가지 작업을 의미한다. 고객 관리 프로그램, 자원관리 프로그램 등은 대표적인 응용 소프트웨어에 속한다.

24 ②

② 화면에 '메모리 카드 공간이 충분하지 않습니다.'라는 문구가 떴을 때 취해야 할 방법은 불필요한 파일을 삭제한 후 편집기능을 실행하는 것이다.

25 ④

캠코더 화면에 '쓰기 실패하였습니다.'라는 문구가 뜰 경우 대처 방법

• 데이터 복구를 위해 기기를 껐다가 다시 켠다.
• 중요한 파일은 컴퓨터에 복사한 후 저장매체를 포맷한다.

26 ②

① mtDNA와 같은 하나의 영역만이 연구된 상태에서는 그 결과가 시사적이기는 해도 결정적이지는 않다.
③ 그 수형도는 인류학자들이 상상한 장엄한 떡갈나무가 아니라 윌슨이 분석해 놓은 약 15만 년밖에 안 된 키 작은 나무와 매우 유사하였다.

④ 언더힐의 가계도 월슨의 가계도와 마찬가지로 아프리카 지역의 인류 원조 조상에 뿌리를 두고 갈라져 나오는 수형도였다.
⑤ Y염색체가 하나씩 존재하는 특성이 있어 재조합을 일으키지 않고, 그 점은 연구 진행을 수월하게 하기 때문이다.

27 ⑤

㉮ LTV에 따른 신규 주택담보대출 최대금액은

$$\frac{X}{4억\ 원} \times 100 = 50\% \quad \therefore X = 2억\ 원$$

DTI에 따른 신규 주택담보대출 최대금액은

$$\frac{0.1X + 500만\ 원}{3천만\ 원} \times 100 = 50\% \quad \therefore X = 1억\ 원$$

따라서 둘 중 작은 금액은 1억 원이다.

㉯ 2018년 10월 구매 시점에 적용받는 신규 주택담보대출 최대금액은

$$\frac{X}{4억\ 원} \times 100 = 30\% \quad \therefore X = 1.2억\ 원$$

(LTV에 따른 신규 주택담보대출 최대금액),

$$\frac{0.1X + 1,200만\ 원 + 100만\ 원}{1억\ 원} \times 100 = 30\%$$

$\therefore X = 1.7억\ 원$ (DTI에 따른 신규 주택담보대출 최대금액) 중 작은 금액인 1.2억 원이며

2017년 10월 구매 시점에 적용받는 신규 주택담보대출 최대금액은

$$\frac{X}{4억\ 원} \times 100 = 30\% \quad \therefore X = 1.2억\ 원$$ (LTV에 따른 신규 주택담보대출 최대금액),

$$\frac{0.1X + 100만\ 원}{1억\ 원} \times 100 = 30\% \quad \therefore X = 2.9억\ 원$$ (DTI에 따른 신규 주택담보대출 최대금액) 중 작은 금액인 1.2억 원이므로 두 시점의 금액 차이는 0원이다.

28 ④

다음의 내용을 표로 정리하면 다음과 같다.

	1번	2번	3번	4번	5번	첫 번째	두 번째	세 번째	마지막
A			○				읽기	A,B (동일 시험)	
B	○							A,B (동일 시험)	쓰기
C		○				말하기			
D				○		말하기			쓰기
E					○	듣기			읽기
첫 번째		말하기		말하기	듣기				
두 번째			읽기						
세 번째	A,B (동일 시험)	A,B (동일 시험)							
마지막	쓰기			쓰기	읽기				

- 시험장의 경우 A와 E는 각각 3번과 5번 시험장에서 시험을 본다. 또한 3)에서 B는 세 번째 시간대에 A와 같은 시험을 본다고 했으며 1)의 조건에 의해 A와 B는 서로 나란히 붙어있는 시험장에서 시험을 보면 안 된다. 따라서 B의 시험장은 2번, 4번이 아니고 1번 시험장이 된다. 5)에서 B와 D는 인접한 시험장을 사용하지 못 하기 때문에 B가 1번 시험장이므로 D는 4번 시험장이 되고 C는 2번 시험장이 된다.

- 각각의 시간대별 시험의 경우 주어진 조건을 위의 표와 같이 채울 수 있으며 3)에서 B가 마지막 시간대에 쓰기 시험을 본다고 했으므로 5)에서 D도 마지막 시간대에 쓰기 시험을 본다. 6)에서 2번과 4번 시험장은 서로 떨어져 있는 시험장이므로 같은 시험을 볼 수 있으며 읽기를 제외한다고 했는데 5번 시험장에서 듣기 시험을 보고 있으므로 듣기 시험도 아니다. 그리고 D는 마지막 시간대에 쓰기를 보기 때문에 2번과 4번 시험장에서 시험을 보는 C와 D는 첫 번째로 말하기 시험을 봐야 한다.

- ㉠ : E는 첫 번째에 듣기, 마지막에 읽기 시험을 본다. 따라서 두 번째 시간대에 말하기나 쓰기 시험을 봐야한다. (○)
- ㉡ : A, B 동일시험에 해당하는 칸이 말하기 시험이라고 하는 것이므로 B는 세 번째 시간대에 말하기, 네 번째 시간대에 쓰기 시험을 봐야 한다. 첫 번째 시간대에는 듣기나 읽기 시험을 볼 수 있다. 그 시간대에 2번 시험장에서는 말하기 시험을 보고 있다. (×)
- ㉢ : B가 읽기, 말하기 시험을 보게 되면 세 번째 시간대에 듣기 시험을 보고 A도 세 번째 시간대에는 듣기 시험을 본다. A는 첫 번째 시간대에 쓰기와 말하기 시험을 볼 수 있지만 인접한 2번과 4번 시험장에서 말하기 시험을 보고 있기 때문에 쓰기 시험을 봐야 한다. (×)
- ㉣ : C의 2번 시험장에서 듣기 시험을 보고 4번 시험장에서는 D에 의해 쓰기 시험이 진행되므로 이미 두 번째 시간대에 읽기 시험을 본 A의 입장에서는 마지막 시험으로 말하기 시험을 봐야 한다. (○)

29 ①

점수를 계산하면 다음과 같다.

직원	성별	근무점수	성과점수	봉사점수	투표점수	합계
고경원	남자	35.2	36.8	16	10	98
박하나	여자	29.6	34.4	18	5	87
도경수	남자	38.4	37.6	20	0	96
하지민	여자	40	40	15	0	95
유해영	여자	32	36	16	10	94
문정진	남자	30	30	19	5	84

30 ③

리피터(Repeater)는 장거리 전송을 위하여 전송 신호를 재생시키거나 출력 전압을 높여주는 장치를 말하며 디지털 데이터의 감쇠 현상을 방지하기 위해 사용된다.
네트워크 계층의 연동 장치로서 최적 경로 설정에 이용되는 장치는 라우터(Router)이다.

31 ③

기술개발의 결과물은 상품 개발로 이어져 완성된 물품을 통한 기술수출이 이루어지까지는 상당한 기간이 지나야 하기 때문에 장기간의 시차가 발생하게 된다.
따라서 우리나라의 경우, 기술무역의 적자를 그대로 보기보다는 상품무역의 흑자와 연계하여 판단하는 것이 실질적인 기술무역 현황을 파악할 수 있는 방법이 되고 있다.

32 ④

주어진 글의 핵심 논점은 '지자체의 에너지 정책 기능의 강화 필요성'이 될 것이다. 지자체 중심의 분산형 에너지 정책의 흐름을 전제한 후 기존 중앙 정부 중심의 에너지 정책의 장점을 소개하였으며, 그에 반해 분산형 에너지 정책을 추진함에 있어 유의해야 할 사안은 어떤 것인지를 열거하며 비교하였다고 볼 수 있다. ㉣이 속한 단락의 앞 단락에서는 지역 특성을 고려하여 지자체가 분산형 에너지 정책의 주도권을 쥐어야 한다는 주장을 펴고 있으며, 이를 '이뿐만 아니라'라는 어구로 연결하여 앞의 내용을 더욱 강화하게 되는 '각 지역의 네트워크에너지 중심'에 관한 언급을 하였다. 따라서 네트워크에너지 체제 하에서 드러나는 특징은, 지자체가 지역 특성과 현실에 맞는 에너지 정책의 주도권을 행사하기 위해서는 지역별로 공급비용이 동일하지 않은 특성에 기인한 에너지 요금을 차별화해야 한다는 목소리가 커지고 있다고 판단하는 것이 현실을 올바르게 판단한 내용이 된다. 뿐만 아니라 ㉣의 바로 다음에 NIMBY 현상을 사례로 들고 있는 점은 이러한 에너지 요금 차별화의 목소리가 커지고 있다는 사실을 뒷받침하는 내용으로 볼 수 있다. 따라서 ㉣은 글 전체의 내용과 반대되는 논리를 포함하고 있는 문장이 된다.

① 중앙 정부 중심의 에너지 정책에 대한 기본적인 특징으로, 대표적인 장점이 된다고 볼 수 있다.

② 분산형 에너지 정책과는 상반되는 중앙집중형 에너지 정책의 효율적인 특성이며, 뒤에서 언급된 NIMBY 현상을 최소화할 수 있는 특성이기도 하다.

③ 지자체별로 지역 특성을 고려한 미시적 정책이 분산형 에너지 정책의 관건이라는 주장으로 글의 내용과 논리적으로 부합한다.

⑤ 지역별로 소형화된 설비가 더 많이 필요하게 될 것이라는 판단은 분산형 에너지 정책에 대한 올바른 이해에 따른 주장이 된다.

33 ①

㉠ 2015년 甲국 유선 통신 가입자 $= x$

甲국 유선, 무선 통신 가입자 수의 합 $= x + 4,100 - 700 = x + 3,400$

甲국의 전체 인구 $= x + 3,400 + 200 = x + 3,600$

甲국 2015년 인구 100명당 유선 통신 가입자 수는 40명이며 이는 甲국 전체 인구가 甲국 유선 통신

가입자 수의 2.5배라는 의미이며 따라서 $x + 3,600 = 2.5x$이다.

∴ $x = 2,400$만 명 (×)

㉡ 乙국의 2015년 무선 통신 가입자 수는 3,000만 명이고 2018년 무선 통신 가입자 비율이 3,000만 명 대비 1.5배이므로 4,500만 명이다. (×)

㉢ 2018년 丁국 미가입자 $= y$

2015년 丁국의 전체 인구 : $1,100 + 1,300 - 500 + 100 = 2,000$만 명

2018년 丁국의 전체 인구 : $1,100 + 2,500 - 800 + y = 3,000$만 명(2015년의 1.5배)

∴ $y = 200$만 명 (○)

㉣ 乙국 $= 1,900 - 300 = 1,600$만 명 丁국 $= 1,100 - 500 = 600$만 명

∴ 3배가 안 된다. (○)

34 ④

① 혼인기간 7년 이내인 신혼부부, 혼인을 예정하고 있으며 공고일로부터 1년 이내에 혼인 사실을 증명할 수 있는 예비신혼부부, 6세 이하의 자녀를 둔 한부모가족의 부 또는 모가 신청할 수 있다.

② 입주자 선정 순위의 가점항목별 최대 점수는 3점으로 모두 동일하다.

③ 혼인기간 2년 이내인 신혼부부, 예비신혼부부, 2세 이하의 자녀를 둔 한부모가족이 우선공급에 해당한다.

⑤ 총자산기준은 2억 9,400만 원 이하이므로 입주자격을 충족하지 못 한다.

35 ②

㉠ : 우선공급(총 가점 8점)

㉣ : 우선공급(총 가점 7점)

㉡ : 잔여공급(총 가점 10점)

㉢ : 잔여공급(총 가점 9점)

36 ⑤

⑤ 2세 이상 13세 미만의 어린이의 경우 국내여객공항이용료가 50% 감면되므로 2,500원이 징수된다.

37 ③

㉠ 한국인 부부는 국제여객공항이용료, 출국납부금, 국제질병퇴치기금으로 28,000 × 2 = 56,000원을 납부해야 하며 아이의 경우 면제대상이다.

㉡ 대한민국에 주둔하는 외국인 군인의 경우 면제대상이며 한국인인 친구의 경우 국제여객공항이용료, 출국납부금, 국제질병퇴치기금으로 28,000원을 납부해야 한다.

㉢ 장애인 및 중증장애인의 동반보호자 1인은 국내여객공항이용료 50% 감면대상이므로 2,500 × 2 = 5,000원을 납부해야 한다.

따라서 납부한 국제·국내여객공항이용료, 출국납부금, 국제질병퇴치기금의 총합은

56,000 + 28,000 + 5,000 = 89,000원이다.

38 ④

VLOOKUP은 범위의 첫 열에서 찾을 값에 해당하는 데이터를 찾은 후 찾을 값이 있는 행에서 열 번호 위치에 해당하는 데이터를 구하는 함수이다. 단가를 찾아 연결하기 위해서는 열에 대하여 '항목'을 찾아 단가를 구하게 되므로 VLOOKUP 함수를 사용해야 한다.

VLOOKUP(B2,$A$8:$B$10,2,0)은 'A8:B10' 영역의 첫 열에서 '식비'에 해당하는 데이터를 찾아 2열에 있는 단가 값인 6500을 선택하게 된다(TRUE(1) 또는 생략할 경우, 찾을 값의 아래로 근삿값, FALSE(0)이면 정확한 값을 표시한다).

따라서 '=C2*VLOOKUP(B2,$A$8:$B$10,2,0)'은 10 × 6500이 되어 결과 값은 65,000이 되며, 이를 D5까지 드래그하면, 각각 129,000, 42,000, 52,000의 사용금액을 결과 값으로 나타내게 된다.

39 ④

네트워크 혁명의 3가지 법칙

• 무어의 법칙 : 컴퓨터의 파워가 18개월마다 2배씩 증가한다는 법칙

• 메트칼피의 법칙 : 네트워크의 가치는 사용자 수의 제곱에 비례한다는 법칙

• 카오의 법칙 : 창조성은 네트워크에 접속되어 있는 다양한 지수함수로 비례한다는 법칙

40 ④

④ 전기 공급자가 많아지면 전기시장은 지금보다 더욱 경쟁적인 시장이 될 것이라고 판단할 수는 있으나, 그 경우 전기시장이 휘발유시장보다 더 경쟁적인 시장이 될 것이라고 판단할 근거가 제시되어 있지는 않다.

① 시장에 참여하는 가계와 기업의 수가 많다면 이 시장은 경쟁적인 시장이 될 수 있으나, 그 수가 적은 경우 시장은 경쟁적일 수 없다.

② 시장으로의 진입장벽이 낮을수록 시장은 경쟁적이며, 진입장벽이 높을수록 기존 기업은 소비자들에 대해 어느 정도의 영향력을 갖게 된다.

③ 기존 기업들이 담합하여 단체행동을 하는 경우에는 그렇지 않은 경우에 비해 시장 지배력이 커져 이 시장은 경쟁시장의 특성에서 멀어진다. 즉, 휘발유시장은 완전경쟁시장이라고 할 수는 없다.

⑤ 전기시장이 휘발유시장보다 시장가격에 영향을 미칠 수 있는 더 큰 시장 지배력을 갖고 있기 때문에, 전기시장은 휘발유시장보다 경쟁적이지 못하다.

41 ③

③ 3등급 판정을 받은 한우의 비율은 2014년이 가장 낮지만, 비율을 통해 한우등급 판정두수를 계산해 보면 2010년의 두수가 602,016×0.11=약 66,222두로, 2014년의 839,161× 0.088=약 73,846두보다 더 적음을 알 수 있다.

① 1++ 등급으로 판정된 한우의 수는 2010년이 602,016× 0.097=약 58,396두이며, 2011년이 718,256×0.092= 약 66,080두이다.

② 1등급 이상이 60%를 넘은 해는 2010, 2011, 2013, 2014년으로 4개년이다.

④ 2011년에서 2012년으로 넘어가면서 1++등급은 0.1%p 비율이 더 많아졌으며, 3등급의 비율도 2.5%p 더 많아졌다.

⑤ 1++ 등급의 비율이 가장 낮은 2008년에는 3등급의 비율이 가장 높았지만, 반대로 1++ 등급의 비율이 가장 높은 2010년에는 3등급의 비율도 11%로 2014년보다 더 높아 가장 낮지 않았다.

42 ⑤

시합은 세 사람이 말한 월, 일, 요일 중에서 열렸고 세 사람 중 월, 일, 요일을 0개, 1개, 2개 맞춘 사람이 존재한다.

시합이 열렸던 날짜는 5월 8일, 5월 10일, 6월 8일, 6월 10일 중 하나이며, 이 날짜 중에서 조건을 만족하는 날짜를 찾아야 한다.

5월 8일 : 甲이 2개, 乙이 1개, 丙이 1개 맞혔으므로 0개 맞힌 사람이 없다. (×)

5월 10일 : 甲이 1개, 乙이 2개, 丙이 0개 맞혔으나 요일을 甲이나 乙이 맞히면 조건을 충족하지 못 한다. (×)

6월 8일 : 甲이 1개, 乙이 0개, 丙이 2개 맞혔으나 요일을 甲이나 丙이 맞히면 조건을 충족하지 못 한다. (×)

6월 10일 : 甲이 0개, 乙이 1개, 丙이 1개 맞혔으므로 요일을 乙이나 丙이 맞히면 조건을 충족한다. (㉠, ㉡ 맞음)

丙이 하나만 맞히면 乙이 2개를 맞힌 것이 된다. 乙은 시합이 화요일에 열렸다고 기억했으므로 ㉢은 맞는 내용이다.

따라서 ㉠, ㉡, ㉢ 모두 맞음

43 ③

③ 이동 후 인원수가 감소한 부서는 37명→31명으로 바뀐 관리팀뿐이다.

① 영업팀은 1명 증가, 생산팀은 5명 증가, 관리팀은 6명 감소로 관리팀의 인원수 변화가 가장 크다.

② 이동 전에는 영업팀 > 관리팀 > 생산팀 순으로 인원수가 많았으나, 이동 후에는 영업팀 > 생산팀 > 관리팀 순으로 바뀌었다.

④ 가장 많은 인원이 이동해 온 부서는 영업팀(9+10 =19)과 생산팀(7+12=19)이며, 관리팀으로 이동해 온 인원은 11+5=16명이다.

⑤ 잔류 인원보다 이동해 온 인원이 더 많은 부서는 영업팀 25 > 19, 생산팀 16 < 19, 관리팀 15 < 16 으로 생산팀과 관리팀 2개 부서이다.

44 ①

COUNTIF 함수는 통계함수로서 범위에서 조건에 맞는 셀의 개수를 구할 때 사용된다.
=COUNTIF(C2:C13,"〈"&AVERAGE(C2:C13))의 수식은 AVERAGE 함수로 평균 금액을 구한 후, 그 금액보다 적은 개수를 세게 된다.
COUNT 함수는 범위 내에서 숫자가 포함된 셀의 개수를 구하는 함수이다.

45 ④

OJT는 On the Job Training(직장 내 교육훈련)의 줄임말이며, 제시된 각 내용은 다음과 같은 교육 방법의 특징이다.

㉠ 실무 중심의 기술교육 가능→상급학교 진학을 통한 기술교육

㉡ 업무수행의 중단되는 일이 없이 교육훈련 가능→OJT를 통한 기술교육

㉢ 원하는 시간과 장소에서 교육이 가능→e-learning을 활용한 기술교육

㉣ 체계적이고 현장과 밀착된 교육이 가능→전문 연수원을 통한 기술과정 연수

㉤ 조직의 필요에 합치되는 교육이 가능→OJT를 통한 기술교육

46 ⑤

⑤ 2016년 3월부터 특수형태업무 종사자에 대한 산재보험가입 특례도 종전 6개 직종에서 9개 직종으로 확대 적용되었다.

① '법적 의무사항인 2년 이상 근무한 비정규직 근로자의 정규직 전환율도 높지 않은 상황이다'에서 알 수 있다.

② 상시 업무에 정규직 고용관행을 정착시키면 상시 업무에 정규직 직원만 고용되는 것이 아니라 비정규직에 대한 불합리한 차별 해소를 위해 비정규직 직원들의 정규직 전환 후 계속고용도 늘어나게 됨을 추론할 수 있다.

③ 서포터스 활동 결과, 2016년에는 194개 업체와 가이드라인 준수협약을 체결하는 성과를 이루었다.

④ 정부의 지원정책은 임금상승에 따른 기업들의 추가 비용 부담을 덜어주기 위한 것이다.

47 ③

김병장이 하루 일하는 양 : $\dfrac{1}{8}$

심일병이 하루 일하는 양 : $\dfrac{1}{12}$

$\dfrac{1}{8} \times 3 + \left(\dfrac{1}{8} + \dfrac{1}{12} \right) \times x = 1$

$\therefore x = 3$

48 ③

문제의 내용과 조건의 내용에서 알 수 있는 것은 다음과 같다.

- 5층과 1층에서는 적어도 1명이 내렸다.
- 4층에서는 2명이 내렸다. → 2층 또는 3층 중 아무도 내리지 않은 층이 한 개 있다.

그런데 네 번째 조건에 따라 을은 1층에서 내리지 않았고, 두 번째 조건에 따라 을이 내리기 직전 층에서는 아무도 내리지 않아야 하므로, 을은 2층에서 내렸고 3층에서는 아무도 내리지 않은 것이 된다(∵ 2층 또는 3층 중 아무도 내리지 않은 층이 한 개 있으므로)

또한 무는 정의 바로 다음 층에서 내렸다는 세 번째 조건에 따르면, 정이 5층에서 내리고 무가 4층에서 내린 것이 된다.

네 번째 조건에서 갑은 1층에서 내리지 않았다고 하였으므로, 2명이 함께 내린 층인 4층에서 무와 함께 내린 것이고, 결국 1층에서 내릴 수 있는 사람은 병이 된다.

49 ②

재작년과 작년에 적립된 마일리지를 구하면 다음과 같다.

재작년 : $45 \times 12 = 540$, $540 \times 40 = 21,600$

작년 : $65 \times 12 = 780$, $780 \times 50 = 39,000$

총 60,600마일리지

② 올해의 카드 결제 금액이 월 평균 60만 원이라면, $60 \times 12 = 720$, $720 \times 50 = 36,000$이 되어 총 96,600 마일리지가 되므로 120,000마일리지가 필요한 광주 일등석을 이용할 수 없다. (O)

① $80 \times 12 = 960$, $960 \times 70 = 67,200$마일리지이므로 총 127,800마일리지로 제주 일등석을 이용할 수 없다. (X)

③ 60,600마일리지가 되므로 울산 일반석을 이용할 수 없다. (X)

④ $70 \times 12 = 840$, $840 \times 70 = 58,800$마일리지이므로 총 119,400마일리지로 제주 프레스티지석 이용이 가능하다. (X)

⑤ $30 \times 12 = 360$, $360 \times 40 = 14,400$마일리지이므로 총 75,000마일리지로 울산 프레스티지석을 이용할 수 없다. (X)

50 ①

SUMIF 함수는 주어진 조건에 의해 지정된 셀들의 합을 구할 때 사용하는 함수이다.

'=SUMIF(범위, 함수조건, 합계범위)'로 표시하게 된다. 따라서 찾고자 하는 이름의 범위인 A2:A8, 찾고자 하는 이름(조건)인 A11, 합계를 구해야 할 범위인 B2:B8을 순서대로 기재한 '=SUMIF(A2:A8, A11, B2:B8)'가 올바른 수식이 된다.

51 ③

벤치마킹의 4단계 절차는 1단계 계획 단계, 2단계 자료수집 단계, 3단계 분석 단계, 4단계 개선 단계로 이루어진다.

계획 단계에서 기업은 반드시 자사의 핵심 성공요인, 핵심 프로세스, 핵심 역량 등을 파악해야 하고, 벤치마킹 되어야 할 프로세스는 문서화되어야 하고 그 특성이 기술되어야 한다. 그리고 벤치마킹 파트너 선정에 필요한 요구조건도 작성되어야 한다.

52 ①

타고난 재능은 인정하지 않고 재능을 발휘한 노동의 부분에 대해서만 그 소득을 인정하게 된다면 특별나게 열심히 재능을 발휘할 유인을 찾기 어려워 결국 그 재능은 상당 부분 사장되고 말 것이다. 따라서 이러한 사회에서 ㉠과 같이 선천적 재능 경쟁이 치열해진다고 보는 의견은 글의 내용에 따른 논리적인 의견 제기로 볼 수 없다.

53 ②

필자가 언급하는 '능력'은 선천적인 것과 후천적인 것이 있다고 말하고 있으며, 후천적인 능력에 따른 결과에는 승복해야 하지만 선천적인 능력에 따른 결과에 대해서는 일정 부분 사회에 환원하는 것이 마땅하다는 것이 필자의 주장이다. 따라서 능력에 의한 경쟁 결과가 반드시 불평의 여지가 없이 공정하다고만은 볼 수 없다는 것이 필자의 견해라고 할 수 있다.

54 ③

$6x > 42$, $5x - 10 < 50$을 정리하면
$7 < x < 12$이므로 만족하는 모든 정수 x의 합은
$8 + 9 + 10 + 11 = 38$

55 ④

갑과 을의 전기요금을 다음과 같이 계산할 수 있다.
〈갑〉
기본요금 : 1,800원
전력량 요금 : $(200 \times 90) + (100 \times 180)$
　　　　　　$= 18,000 + 18,000 = 36,000$원
200kWh를 초과하였으므로 필수사용량 보장공제 해당 없음
전기요금 : $1,800 + 36,000 = 37,800$원
〈을〉
기본요금 : 1,260원
전력량 요금 : $(200 \times 72) + (100 \times 153)$
　　　　　　$= 14,400 + 15,300 = 29,700$원
200kWh를 초과하였으므로 필수사용량 보장공제 해당 없음
전기요금 : $1,260 + 29,700 = 30,960$원
따라서 갑과 을의 전기요금 합산 금액은 $37,800 + 30,960 = 68,760$원이 된다.

56 ②

② 동계와 하계에 1,000kWh가 넘는 전력을 사용하면 슈퍼유저에 해당되어 적용되는 1,000kWh 초과 전력량 요금 단가가 2배 이상으로 증가하게 되나, 기본요금에는 해당되지 않는다.
① 기본요금과 전력량 요금 모두 고압 요금이 저압 요금보다 저렴한 기준이 적용된다.
③ 기본요금 900원과 전력량 요금 270원을 합하여 1,170원이 되며, 필수사용량 보장공제 적용 후에도 최저요금인 1,000원이 발생하게 된다.
④ 200kWh 단위로 요금 체계가 바뀌게 되므로 200kWh씩 나누어 관리하는 것이 전기요금을 절감할 수 있는 방법이다.
⑤ 7~8월, 12~2월로 하계와 동계 5개월에 해당된다.

57 ④

솜, 설탕, 나무젓가락을 통해 솜사탕을 유추할 수 있다. 솜사탕은 솜 모양으로 만든 사탕의 하나로, 설탕을 불에 녹인 후 빙빙 돌아가는 기계의 작은 구멍으로 밀어 내면 바깥 공기에 닿아서 섬유 모양으로 굳어지는데, 이것을 나무젓가락과 같은 막대기에 감아 솜 모양으로 만든다.

58 ②

② Error Value에 따라, RWDRIVE에서 18(R) + 5(E) = 23, ACROBAT에서 1(A) + 20(T) = 21이므로 그 차이는 2이다. 따라서 시스템 판단 기준에 따라 Final Code 값은 acejin이 된다.

59 ⑤

⑤ Error Value에 따라, STEDONAV에서 19(S) + 22(V) = 41, QNTKSRYRHD에서 17(Q) + 4(D) = 21이므로 그 차이는 20이다. 따라서 시스템 판단 기준에 따라 Final Code는 vuritam이 된다.

60 ④

'OJT란 조직 안에서 피교육자인 종업원이 직무에 종사하면서 받게 되는 교육 훈련방법으로 집합교육으로는 기본적·일반적 사항 밖에 훈련시킬 수 없어 피교육자인 종업원에게 '업무수행의 중단되는 일이 없이 업무수행에 필요한 지식·기술·능력·태도를 가르치는 것'을 말한다. 다른 말로 직장훈련·직장지도·직무상 지도 등이라고도 한다. OJT는 모든 관리자·감독자가 업무수행상의 지휘감독자이자 업무수행 과정에서 부하직원의 능력향상을 책임지는 교육자이어야 한다는 생각을 기반으로 직장 상사나 선배가 지도·조언을 해주는 형태로 훈련이 행하여지기 때문에, 교육자와 피교육자 사이에 친밀감을 조성하며 시간의 낭비가 적고 조직의 필요에 합치되는 교육훈련을 할 수 있다는 장점이 있다.

✒ **직무수행능력평가(전기이론·전기기기)**

1 ②

각각의 대각선 곱의 값이 같으면 중간에 있는 저항에는 전류가 통하지 않게 되므로(휘트스톤브리지 성립) 6[Ω]과 3[Ω]으로 이루어진 병렬저항으로 볼 수 있다. 이 병렬저항의 합성저항은 2[Ω]이 되며 가장 좌측의 1[Ω]과 직렬을 이루므로 총 합성저항은 3[Ω]이 된다.

$P_{전력} = \dfrac{V^2}{R}$ 이므로 $12 \times 3 = V^2$이 된다. 그러므로 $V = 6$이 된다.

2 ②

자기장 내에 놓여 있는 도체가 운동을 하면 유도 기전력이 발생하는데, 이때 오른손의 엄지, 검지, 중지를 서로 직각이 되도록 벌려서 엄지를 도체 운동의 방향에, 검지를 자기장의 방향에 일치시키면 중지는 유도 기전력의 방향을 가리키게 된다.

3 ①

건전지 1개의 내부저항을 x 라고 하면,
$4 \times 1.5 = (10 + 4x) \times 0.5$ 이어야 하므로 $x = 0.5\,\Omega$ 이 된다.

4 ④

$\tau = RC = 50\,[k\Omega] \times 1\,[\mu F] = 5 \times 10^{-2}\,[\sec]$

5 ②

$$I_s = \sqrt{\frac{1}{T}\int_0^T i^2(t)dt} = \sqrt{\frac{1}{4}\int_0^2 (6t)^2 dt}$$
$$= \sqrt{24} = 2\sqrt{6}$$

6 ③

전류의 최댓값은 전압의 최댓값을 임피던스로 나눈 값으로부터 구할 수 있다. 전압의 최댓값은 실횻값이 10[V]이고 정현파라는 것으로부터 $10\sqrt{2}$[V]라는 것을 알 수 있고

임피던스의 크기는 $|Z| = \sqrt{R^2 + (wL)^2}$ 에서 $w = 1,000 rad/sec$ 이므로

$|Z| = \sqrt{1^2 + (1,000 \times 0.001)^2} = \sqrt{2}$ [Ω]

따라서 전류의 최댓값은 $10\sqrt{2} / \sqrt{2} = 10$[A]가 된다.

7 ①

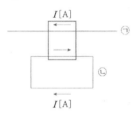

서로 가깝고 평행한 두 도선에 흐르는 각 전류의 방향이 서로 반대일 경우에는 반발력이 발생하게 되며 각 전류의 방향이 서로 동일할 경우 흡인력이 발생한다.

8 ③

빨강, 검정, 갈색이므로 저항값은 200[Ω]이 되고, 전력은

$\dfrac{V^2}{R} = \dfrac{10^2}{200} = 0.5[W]$

열량은 $0.24Pt$[cal]이므로

$0.24 \times 0.5[W] \times 10분 \times 60초 = 72[cal]$

9 ①

무효전력

$P_r = V \cdot I \cdot \sin\theta = \left(\dfrac{40}{\sqrt{2}}\right)\left(\dfrac{20}{\sqrt{2}}\right)\sin 30°$

$= 200[Var]$

10 ②

마디전압 해석을 해야 한다. 전원의 아래쪽을 기준전위로 설정하면, 위쪽 마디의 전위는 V_{xy}가 되는데, 위쪽 마디에서 키르히호프전류법칙을 적용하면,

$\dfrac{V-36}{6} + \dfrac{V}{3} + \dfrac{V+12}{6} = 0, \quad \dfrac{V}{6} + \dfrac{V}{3} + \dfrac{V}{6} = 4$

$V = \dfrac{24}{4} = 6[V]$

11 ③

면적 $S[m^2]$와 간격 $d[m]$인 평행판 캐패시터가 전압 $V[V]$로 대전되어 있고, 유전체의 유전율이 $\varepsilon[F/m]$일 때, 축적된 정전에너지는 $W = \dfrac{1}{2}CV^2 = \dfrac{1}{2}\varepsilon\dfrac{S}{d}V^2[J]$ 이다.

12 ④

전위는 전기장 내에서 단위전하가 갖는 위치에너지이다. $V = \dfrac{W}{Q} = \dfrac{100}{2} = 50[V]$

13 ②

(1) 저항 $R = \dfrac{\rho l}{S}$ (단면적 $S = \pi a^2$)

$= \dfrac{l}{KS} = \dfrac{l}{K\pi a^2} = \dfrac{58}{5.8 \times 10^7 \cdot \pi \cdot (10^{-3})^2}$

$= \dfrac{1}{\pi}[\Omega]$

$\left(\rho = \dfrac{1}{K}, \ \rho : 고유저항, \ K : 도전율\right)$

(2) 전류 $I = \dfrac{V}{R} = \dfrac{100}{\dfrac{1}{\pi}} = 100\pi = 314[A]$

14 ①

부하저항을 제외한 나머지 2단자회로의 테브난 등가저항을 구하면 그 저항과 부하저항이 같을 때, 최대전력이 공급된다.

$R_{th} = (R_s // 120) + 60 = 100$

$40 = R_s // 120 = \dfrac{120R_s}{120 + R_s}$

$R_s = 60[\Omega]$

15 ②

직류의 경우 정상상태에서는 인덕턴스는 단락시키고 커패시터는 개방시킨다.

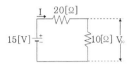

정상상태 도달 시 커패시터의 전압은

$$\frac{15}{20+10} \cdot 10 = 5[V]$$

커패시터의 저장에너지는

$$\frac{1}{2}CV^2 = \frac{1}{2} \cdot 2 \cdot 5^2 = 25[J]$$

인덕터의 전류는 $\frac{15}{20+10} = 0.5[A]$

인덕터의 저장에너지는 $\frac{1}{2}Li^2 = \frac{1}{2} \cdot 8 \cdot 0.5^2 = 1[J]$

따라서 합은 26[J]이 된다.

16 ④

히스테리시스 곡선에서 곡선으로 둘러싸인 면적이 클수록 히스테리시스 손실이 커진다.

17 ⑤

이상적인 변압기에서는 1차측 소비전력은 2차측 소비전력과 동일하다. (이상적인 변압기는 변압기 손실 즉 변압기 소비전력이 없다.) 1차에 인가된 전력이 그대로 2차로 출력되는 전력이 같다. 단지 전압과 전류가 반비례하여 나올 뿐이다. 예로 1000V-1A가 1차로 인가되면, 2차에서 100V-10A로 출력이 된다. 권선비와는 상관없이 소모되는 손실이 없기 때문에 입력 및 출력의 전력량은 같게 된다.

변압기의 권선비 $n = \frac{N_1}{N_2} = \frac{V_1}{V_2} = \frac{I_2}{I_1} = \sqrt{\frac{Z_1}{Z_2}}$ 가 되며

$N_1 : N_2 = 1 : 10$이므로 다음이 성립한다.

구분	1차	2차
권선비(N)	1	10
전압(V)	1	10
전류(I)	10	1
임피던스(Z)	1	100
전력(P)	1	1

18 ①

전력 $P = \frac{V^2}{R}[W]$, 자르기 전의 니크롬선의 저항은

$$R = \frac{V^2}{P}[\Omega] = \frac{(50)^2}{250} = \frac{2500}{250} = 10[\Omega] \text{이다.}$$

전선의 고유저항 $R = \rho\frac{l}{A}[\Omega]$에 따라 길이가 1/2이 되면 저항값도 1/2이 된다.

그러므로 저항은 $5[\Omega]$이 된다.

니크롬선의 길이를 반으로 자른 후 20V의 전압에 연결했을 때의 니크롬선의 저항은

$$R^2 = \frac{1}{2}R = \frac{1}{2} \cdot 10 = 5[\Omega]$$

$$P = \frac{V^2}{R}[W] = \frac{20^2}{5} = 80[W]$$

19 ④

④ 도체표면상에서 정전계 세기는 모든 점에서 표면의 법선방향으로 향한다.

20 ①

역률 $\cos\theta = \frac{R}{|Z|}$

임피던스

$$Z = R + jX_L - jX_C[\Omega] = 1 + j2 - j1 = 1 + j1[\Omega]$$

$$|Z| = \sqrt{(\text{실수})^2 + (\text{허수})^2} = \sqrt{1^2 + 1^2} = \sqrt{2}$$

역률 $\cos\theta = \frac{R}{|Z|} = \frac{1}{\sqrt{2}}$

21 ④

△결선은 상전압과 선전압이 동일하며 3상 무효전력의 크기는 $P_r = 3I_p^2 X[Var]$가 된다.

△결선은 상전압과 선전압이 동일하므로

$V_P = V_L = 200[V]$이며,

한 상당 임피던스이므로,

상전류는 $I_P = \frac{V_L}{|Z|} = \frac{200}{5} = 40[A]$,

3상 무효전력의 크기는

$$P_r = 3I_p^2 X[Var] = 3 \cdot (40)^2 \cdot 4 = 19,200[Var]$$

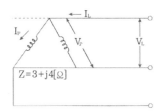

※ 다른 풀이 :

$$P_r = 3I^2 X = 3\left(\frac{V}{Z}\right)^2 X = 3\frac{V^2 X}{R^2 + X^2}$$

$$= \frac{3 \times 200^2 \times 4}{3^2 + 4^2} = 19,200\,[Var]$$

22 ③

그림을 그려보면 다음과 같다.

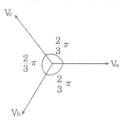

a상 $v_a = 100\sqrt{2}\,sin\left(wt + \dfrac{\pi}{3}\right)[V]$에서 위상이 $\theta = \dfrac{\pi}{3}$

이며,

c상 $v_c = 100\sqrt{2}\,sin\left(wt - \dfrac{4}{3}\pi + \dfrac{\pi}{3}\right)[V]$이므로 c상

전압의 순시값은 $v_c = 100\sqrt{2}\,sin(wt - \pi)[V]$이다.

23 ②

실효전류의 값은 다음의 식으로 구하면

$I = \sqrt{125}\,[A]$가 도출된다.

$$I = \sqrt{직류분^2 + \left(\frac{기본파전류}{\sqrt{2}}\right)^2 + \left(\frac{고조파전류}{\sqrt{2}}\right)^2}$$

이 때 코일에 축적되는 에너지는 $W_L = \dfrac{1}{2}LI^2[J]$이므로

$125 = \dfrac{1}{2} \times L \times (\sqrt{125})^2$이고, $L = \dfrac{125}{125} \times 2 = 2\,[H]$

24 ②

$v_L = L\dfrac{di(t)}{dt}[V]$이고, $\dfrac{di(t)}{dt} = \dfrac{v_L}{L}$이므로 스위치를

닫은 후 t=0일 때, 인덕턴스 L에 반비례한다.

25 ④

최대전력의 전달조건은 내부 저항과 부하 저항이 동일한 경우가 되므로

$$P_{max} = I^2 R = \left(\frac{V}{R_{내부} + R_{부하}}\right)^2 R_{부하}$$

$$= \frac{V^2}{4R} = \frac{20^2}{4 \times 2} = 50\,[W]$$

26 ①

리액턴스 전압 $e_L = L\dfrac{2I_c}{T}[V]$이므로 속도(주기)가 빨

라지면 T가 작아지므로 리액턴스 전압이 커진다.

직류발전기의 자극은 전자석을 사용하는데, 전자석을 만드는 여자 방식에 따라 자여자 발전기와 타여자 발전기로 분류한다.

㉠ **자여자 직류발전기** : 계자 권선의 여자 전류를 자기 자신의 전기자 유기 전압에 의해 공급하는 발전기이다. 계자 권선과 전기자 권선의 결선 방법에 따라 분권, 직권, 복권 발전기로 나눈다.

㉡ **타여자 직류발전기** : 독립된 직류전원에 의해 계자 권선을 여자시키는 발전기이다. 여자 전류를 변화시킴으로써 발전 전압을 변화시킬 수 있다.

27 ①

① 속도가 저속이며 극수가 많다.

28 ④

단상 변압기 3대를 사용하여 △결선으로 사용하다가 한 대가 고장나서 V결선으로 사용하는 경우 변압기의 용량은 종전 3대의 용량에 57.7%가 된다. 따라서 2대를 V결선으로 사용할 때 10kVA이였다면 3대를 △결선으로 사용할 때는 10/0.577 = 약 17.3[kVA] = $10\sqrt{3}$이라는 계산이 도출된다.

29 ③

$\dfrac{r_s}{s} = \dfrac{r_s + R}{s'}$이므로 $\dfrac{0.1}{0.02} = \dfrac{0.1 + R}{1}$

$\therefore R = 4.9\,[\Omega]$

30 ③

① 동기발전기는 유효전력과 무효전력 모두 제어가 가능하다.

② 권선형 유도발전기는 슬립링이 필요하다.

④ 권선형 유도발전기는 감속기어가 필요하지 않다.

⑤ 직류발전기는 발전용량이 작다.

31 ②

② 여자 어드미턴스는 무부하 시험으로 구한다.

※ 단락시험과 관계되는 요소들 ··· 전압 변동률, 변압기 임피던스, 임피던스 와트, 임피던스 전압, 단락전류

32 ④

타여자 직류전동기의 토크는 전기자 반작용과 자기포화를 무시할 경우 $T = K \cdot I_f \cdot I_a$ (K는 상수, I_f는 계자전류, I_a는 전기자전류)의 식이 성립한다. 그러므로 계자전류 1[A]와 전기자전류 50[A]가 흘러서 4[N·m]의 토크가 발생되고 있다면 계자전류 1.25[A]와 전기자전류 80[A]가 흐를 때는 8[N·m]가 된다.

33 ②

회전자의 주변 속도 $v = \pi D \dfrac{N}{60}[m/s]$

극간격이 1m이며 4극이므로 둘레를 4m로 근사하여 해석할 수 있다.

둘레가 4m이므로 지름은 $D = \dfrac{4}{\pi}[m]$가 된다.

50Hz, 4극이면, 동기속도가 1500[rpm]가 된다.

이를 식에 대입하면

$v = \pi (\dfrac{4}{\pi}) \dfrac{1500}{60}[m/s] = 100[m/s]$가 된다.

34 ④

전류분담비 $\dfrac{I_A}{I_B} = \dfrac{P_A[KVA]}{P_B[KVA]} \cdot \dfrac{\%Z_B}{\%Z_A}$ 이므로 분담전류는 누설임피던스(퍼센트 임피던스)에 반비례한다.

35 ②

발전기 병렬운전 조건 ··· 2대 이상의 발전기를 병렬 운전하는 경우 다음 조건이 만족되어야 한다.

㉠ 기전력의 크기가 같을 것(기전력의 크기가 다를 경우 무효전류가 흐른다.)

㉡ 기전력의 위상이 같을 것(기전력의 위상이 다른 경우 E_1와 E_2를 동위상으로 유지하기 위한 동기화 전류가 흐른다.)

㉢ 기전력의 주파수가 같을 것(기전력의 주파수가 다른 경우 동기화 전류가 교대로 주기적으로 흐른다(난조의 원인).)

㉣ 기전력의 파형이 같을 것(기전력의 파형이 다른 경우 각 순시의 기전력의 크기가 다르기 때문에 고조파 무효순환전류가 흐른다.)

㉤ 상회전방향이 같을 것

36 ③

자기여자현상 ··· 발전기에 여자전류가 공급되지 않더라도 발전기와 연결된 송전선로의 충전전류의 영향으로 발전기에 전압이 발생하거나 발전기 전압이 이상하게 상승하는 현상

※ 자기여자현상 방지법

㉠ 1대의 발전기로 송전선로를 충전할 경우, 자기여자를 일으키지 않으려면 단락비가 큰 발전기로 충전해야 한다.(발전기의 정격용량이 충전용량과 같을 때 단락비의 값은 1.72 이상이 되어야 한다.)

㉡ 발전기 2대 또는 3대를 병렬로 모선에 접속한다.

㉢ 수전단에 동기조상기를 접속한다.

㉣ 수전단에 리액턴스를 병렬로 접속한다.

㉤ 충전전압을 낮게 하여 충전한다.

㉥ 발전기와 직렬 또는 병렬로 리액턴스를 넣는다.

37 ①

단락전류 $I_s = \dfrac{100}{\%Z} I_n = 40 I_n [A]$ 이므로

$\%Z = 2.5[\%]$

38 ①

동법의 종류

ㄱ 발전제동 : 전기자를 전원과 분리한 후 이를 외부저항에 접속하여 전동기의 운동에너지를 열에너지로 소비시켜 제동한다.

ㄴ 회생제동 : 운전 중인 전동기를 발전기로 하여 이때 발생한 전력을 전원으로 반환하여 제동하는 방식이다. 운전 중인 전동기의 전원을 끄면 전동기는 발전을 하게 되는데 이때 발생한 전력을 다시 회생시켜 선로에 공급하는 제동방식을 말한다.

ㄷ 역전제동 : 운전 중에 전동기의 전기자를 반대로 전환하면 자속은 그대로이고 전기자 전류가 반대로 되므로 회전과 역방향의 토크가 발생하여 제동하는 방식이다.

ㄹ 단상제동 : 권선형 유도전동기의 1차측을 단상교류로 여자하고 2차측에 적당한 크기의 저항을 넣으면 전동기의 회전과는 역방향의 토크가 발생되어 제동된다.

ㅁ 유도제동 : 유도전동기의 역상제동의 상태를 크레인이나 권상기의 강하 시에 이용하고, 속도제한의 목적에 사용되는 경우의 제동방식이다.

39 ①

발전기의 입력 : $\dfrac{900 \times 0.81}{0.9} = 810[kW]$

이것은 원동기의 출력값이므로 효율이 0.81인 원동기의 입력은

$\dfrac{발전기의 입력}{0.81} = \dfrac{810}{0.81} = 1000[kW]$

40 ②

직류용의 직권전동기를 그대로 교류에 사용하면 역률과 효율이 모두 나쁘고 토크는 약해져 정류는 불량하게 된다. 그러므로 다음과 같은 대책을 적용해서 좋은 특성을 갖도록 하고 있다.

→ 전기자나 계자권선의 리액턴스 강하 때문에 역률이 대단히 낮아지므로 계자권선의 권수를 적게 하여 계자속을 적게 한다. 그리고 토크의 감소를 보충하기 위해 전기자 권선수를 크게 하면 전기자 반작용이 커지므로 보상권선을 설치한다.

② 정류자 전동기의 구조는 직류 전동기의 구조와 같으므로 계자권선이 있다.

41 ②

$6600 : 220 = 120 : x$ 이므로 $x = 4[V]$ 이며, 여기서, 1차측이 120[V]이고 2차측이 4[V]이면 전압계의 전압차는 116[V]가 된다. 그림에서 결선이 감극성이므로 $120 - 4 = 116[V]$

42 ②

보극이 없는 직류전동기의 브러시 위치를 무부하 중성점으로부터 이동시키는 이유는 정류작용이 잘 되게 하기 위해서이며, 전동기 회전 반대 방향으로 브러시를 이동한다.

43 ②

변압기의 무부하 전류를 여자 전류라 한다. 이 무부하 전류는 변압기 철심에 자속을 생성하는 데 사용되는 자화 전류와 히스테리시스 손실과 와전류 손실에 사용되는 철손 전류의 합이다.

무부하전류 $I_o = I_i + jI_\varnothing [A]$

(I_i : 철손전류, $I_\varnothing$: 자화전류)

44 ③

단락전류 $I_s = \dfrac{E}{\sqrt{3}\,Z_s} = \dfrac{8000}{\sqrt{3} \cdot 4}$

정격전류 $I_n = \dfrac{P}{\sqrt{3}\,V} = \dfrac{10000 \times 10^3}{\sqrt{3} \times 8000}$

단락비 $K_s = \dfrac{단락전류}{정격전류} = 1.6$

45 ④

권수비 $n = \dfrac{N_1}{N_2} = \dfrac{I_2}{I_1} = \sqrt{\dfrac{Z_1}{Z_2}}$ 이므로 $\dfrac{200}{N_2} = \sqrt{\dfrac{8}{32}}$

$N_2 = 400$ 이 성립한다.

46 ⑤

토크를 T, 유도전동기의 출력을 P, 속도를 N이라고 할 경우,

$T = \dfrac{P}{w} = \dfrac{P}{2\pi\dfrac{N}{60}} = \dfrac{60P}{2\pi N}$ 이므로 $P = \dfrac{2\pi NT}{60}$ 가 되고,

그래프상에서는 $T \propto w^2$ 이므로 유도전동기의 출력은 $P \propto Nw^2$ 이므로 속도가 2배가 빨라지게 되면 전동기의 출력은 8배가 된다.

47 ③

교류전원으로부터 전력변환장치를 사용하여 교류전동기를 가변속 운전하려면 다이오드 정류기와 인버터가 필요하며 연결순서는 다이오드 정류기 → 인버터가 된다.

※ 인버터 … 직류를 교류로 변환시키는 기기

48 ①

유도전동기의 회전자 자계는 동기속도이다. 따라서 고정자에 대해서는 동기속도이고, 회전자는 슬립을 감안한 회전속도가 된다.

고정자에 대한 회전자 자계의 상대속도

$N_s = \dfrac{120f}{p} = \dfrac{120 \cdot 60}{4} = 1800 [rpm]$

회전자에 대한 회전자계의 상대속도

$sN_s = 0.05 \cdot 1800 = 90 [rpm]$

49 ③

직류 분권전동기의 단자 전압과 계자전류는 일정하고 부하 토크가 2배로 되면 전기자전류는 2배가 된다.

분권전동기는 전기자전류와 토크가 비례하고, 직권전동기는 토크가 전기자전류의 제곱에 비례한다.

50 ①

△ 결선의 3상 유도전동기를 Y결선으로 변경한 경우의 기동토크는 △ 결선 시의 1/3이 된다.

인천국제공항공사

기술분야(전기)

필기시험 모의고사

제2회 정답 및 해설

SEOWONGAK

(주)서원각

제2회 정답 및 해설

✎ 직업기초능력평가

1 ③
- ㉠ 뚜껑과 도자기 몸체는 한 점으로 분류된다.
- ㉡ 파편을 찾을 수 없으면 결손이고 결손은 복원의 대상이 된다.
- ㉢ 재료만 동일하고 제작기법, 문양, 형태는 모두 다르다.
- ㉣ 한 쌍일 때도 한 점, 한 짝만 있을 때도 한 점으로 계산된다.
- ㉤ 파편이 발견되면 기존의 철불과 일괄로 한 점 처리된다.

2 ⑤
- ㉠ 200달러인 스마트폰 중 종합품질점수가 가장 높은 스마트폰은 g이다.
- ㉡ 소매가격이 가장 낮은 스마트폰은 h이며, 종합품질점수가 가장 낮은 스마트폰은 f이다.
- ㉢ A : $\dfrac{1+2+1}{3} = \dfrac{4}{3}$, B : $\dfrac{1+1+1}{3} = 1$,

  C : $\dfrac{2+1+2}{3} = \dfrac{5}{3}$

- ㉣ 화질 : $3+2+3+3+2+2+3+3+3 = 24$
  내비게이션 : $3+2+3+3+3+1+3+2+2 = 22$
  멀티미디어 : $3+3+3+3+3+3+3+3+2 = 26$
  배터리 수명 : $3+1+1+2+2+2+2+2+3 = 18$
  통화성능 : $1+2+1+1+1+1+2+1+2 = 12$

3 ②

	㉠	㉡	㉢	㉣
(가)	×	○	×	○
(나)	×	○	○	×
(다)	○	알 수 없음	×	알 수 없음
(라)	○	알 수 없음	○	○

4 ④

직접비에는 인건비, 재료비, 원료와 장비비, 여행 및 잡비, 시설비 등이 포함되며, 간접비에는 보험료, 건물관리비, 광고비, 통신비, 사무비품비, 각종 공과금 등이 포함된다. 따라서 제시된 예산 집행 및 배정 현황을 직접비와 간접비를 구분하여 다음과 같이 나누어 볼 수 있다.

항목	2분기		3분기	
	직접비	간접비	직접비	간접비
직원급여	200,850,000		195,000,000	
상여금	6,700,000		5,700,000	
보험료		1,850,000		1,850,000
세금과 공과금		1,500,000		1,350,000
수도광열비		750,000		800,000
잡비	1,000,000		1,250,000	
사무용품비		230,000		180,000
여비교통비	7,650,000		5,350,000	
퇴직급여충당금	15,300,000		13,500,000	
통신비		460,000		620,000
광고선전비		530,000		770,000
합계	231,500,000	5,320,000	220,800,000	5,570,000

따라서 2분기보다 3분기에 간접비 배정 금액은 증가한 반면, 직접비의 배정 금액은 감소했음을 알 수 있다.
- ⑤ 인건비를 구성하는 항목인 직원급여, 상여금, 퇴직급여충당금이 모두 감소하였으므로 이것이 직접비 감소의 가장 큰 요인이 되므로 인건비의 감소에 따라 직접비 배정액이 감소하였다고 볼 수 있다.

5 ①

자연어 검색이란 컴퓨터를 전혀 모르는 사람이라도 대화하듯이, 일반적인 문장의 형태로 검색어를 입력하는 방식을 말한다. 일반적인 키워드 검색과 달리 자연어 검색은 사용자가 질문하는 문장을 분석하여 질문의 의미 파악을 통해 정보를 찾기 때문에 훨씬 더 간편하고 정확도 높은 답을 찾을 수 있다. 말하자면 단순한 키워드 검색의 경우 중복 검색이 되거나 필요 없는 정보가 더 많아서 해당하는 정보를 찾기 위해 여러 차례 검색해야 하는 불편을 감수해야 하지만 자연어 검색은 질문의 의미에 적합한 답만을 찾아주기 때문에 더 효율적이다.

② **주제별 검색 방식** – 인터넷상에 존재하는 웹 문서들을 주제별, 계층별로 정리하여 데이터베이스를 구축한 후 이용하는 방식이다. 사용자는 단지 자신이 원하는 정보를 찾을 때까지 상위의 주제부터 하위의 주제까지 분류되어 있는 내용을 선택하여 검색하면 원하는 정보를 발견하게 된다.

③ **통합형 검색 방식** – 통합형 검색 방식의 검색은 키워드 검색 방식과 매우 유사하다. 그러나 통합형 검색 방식은 키워드 검색 방식처럼 검색 엔진 자신만의 데이터베이스를 구축하여 관리하는 방식이 아니라, 사용자가 입력하는 검색어들이 연계된 다른 검색 엔진에 보내고, 이를 통하여 얻은 검색 결과를 사용자에게 보여주는 방식이다.

④ **키워드 검색 방식** – 키워드 검색 방식은 찾고자 하는 정보와 관련된 핵심적인 언어인 키워드를 직접 입력하여 이를 검색 엔진에 보내어 검색 엔진이 키워드와 관련된 정보를 찾는 방식이다. 사용자 입장에서는 키워드만을 입력하여 정보 검색을 간단히 할 수 있는 장점이 있는 반면에, 키워드가 불명확하게 입력된 경우에는 검색 결과가 너무 많아 효율적인 검색이 어렵다는 단점이 있다.

⑤ **연산자 검색 방식** – 하나의 단어로 검색을 하면 검색 결과가 너무 많아져서, 이용자가 원하는 정보와 상관없는 것들이 많이 포함된다. 연산자 검색 방식은 검색과 관련 있는 2개 이상의 단어를 연산자로 조합하여 키워드로 사용하는 방식이다.

6 ③

주어진 발생원인 중 가장 많은 수를 차지한 기본적 원인은 작업 관리상 원인[안전관리 조직의 결함(45), 작업준비 불충분(162)]이다.

※ **산업재해의 기본적 원인**

㉠ **교육적 원인** : 안전 지식의 불충분, 안전 수칙의 오해, 경험이나 훈련의 불충분, 작업관리자의 작업 방법의 교육 불충분, 유해·위험 작업 교육 불충분 등

㉡ **기술적 원인** : 건물·기계 장치의 설계 불량, 구조물의 불안정, 재료의 부적합, 생산 공정의 부적당, 점검·정비·보존의 불량 등

㉢ **작업 관리상 원인** : 안전 관리 조직의 결함, 안전 수칙 미제정, 작업준비 불충분, 인원 배치 및 작업 지시 부적당 등

※ **산업재해의 직접적 원인**

㉠ **불안전한 행동** : 위험 장소 접근, 안전장치 기능 제거, 보호 장비의 미착용 및 잘못된 사용, 운전 중인 기계의 속도 조작, 기계·기구의 잘못된 사용, 위험물 취급 부주의, 불안전한 상태 방치, 불안전한 자세와 동작, 감독 및 연락 잘못

㉡ **불안전한 상태** : 시설물 자체 결함, 전기 시설물의 누전, 구조물의 불안정, 소방기구의 미확보, 안전 보호 장치 결함, 복장·보호구의 결함, 시설물의 배치 및 장소 불량, 작업 환경 결함, 생산 공정의 결함, 경계 표시 설비의 결함 등

7 ②

공동의 온도에 따른 복사에너지양에 대해서는 글에 제시되지 않았다.

8 ③

㉠ 갑국의 평균소득이 각각 1,000달러씩 증가하면 여성 9,000, 남성 17,000

격차지수를 구하면 $\dfrac{9,000}{17,000} = 0.529 = 0.53$

간이 성평등지수를 구하면

$\dfrac{0.53 + 1}{2} = 0.765 = 0.77$

갑국의 간이 성평등지수는 0.80 이하이다.

㉡ 을국의 여성 대학진학률이 85%이면 격차지수는

$\dfrac{85}{80} = 1.0625 = 1$

간이 성평등지수를 구하면 $\dfrac{0.60 + 1}{2} = 0.8$

병국의 간이 성평등지수는 0.82, 을국의 간이 성평등지수는 0.8이므로 병국이 더 높다.

㉢ 정국의 여성 대학진학률이 4%p 상승하면 격차지수는 $\dfrac{15}{15} = 1$

간이 성평등지수는 $\dfrac{0.70 + 1}{2} = 0.85$

정국의 간이 성평등지수는 0.80 이상이 된다.

9 ③

  ㉠ A가 참인 경우

    E는 무단 투기하는 사람을 못 봤다고 했으므로 E의 말은 거짓이 된다.

    A는 B가 참이라고 했으므로 B에 의해 D가 범인이 된다.

    그러나 C는 D가 무단 투기 하지 않았다고 했으므로 C도 거짓이 된다.

    거짓말을 한 주민이 C, E 두 명이 되었으므로 D의 말은 참이 된다.

    그러나 D는 쓰레기를 무단 투기하는 사람을 세 명이 주민이 보았다고 했는데 A는 본인과 E만 보았다고 했으므로 D는 범인이 될 수 없다.

  ㉡ A가 거짓인 경우

    A의 말이 거짓이면 B의 말도 모두 거짓이 된다.

    거짓말을 한 사람이 A, B이므로 C, D, E는 참말을 한 것이 된다.

    C에 의하면 D는 범인이 아니다.

    D에 의하면 B는 범인이 아니다.

    E에 의하면 A는 범인이 아니다.

    그러면 C가 범인이다.

10 ④

완성품 납품 개수는 30 + 20 + 30 + 20으로 총 100개이다. 완성품 1개당 부품 A는 10개가 필요하므로 총 1,000개가 필요하고, B는 300개, C는 500개가 필요하다. 이때 각 부품의 재고 수량에서 부품 A는 500개를 가지고 있으므로 필요한 1,000개에서 가지고 있는 500개를 빼면 500개의 부품을 주문해야 한다. 부품 B는 120개를 가지고 있으므로 필요한 300개에서 가지고 있는 120개를 빼면 180개를 주문해야 하며, 부품 C는 250개를 가지고 있으므로 필요한 500개에서 가지고 있는 250개를 빼면 250개를 주문해야 한다.

11 ①

- RFID : IC칩과 무선을 통해 식품·동물·사물 등 다양한 개체의 정보를 관리할 수 있는 인식 기술을 지칭한다. '전자태그' 혹은 '스마트 태그', '전자 라벨', '무선식별' 등으로 불린다. 이를 기업의 제품에 활용할 경우 생산에서 판매에 이르는 전 과정의 정보를 초소형 칩(IC칩)에 내장시켜 이를 무선주파수로 추적할 수 있다.

- 유비쿼터스 : 유비쿼터스는 '언제 어디에나 존재한다.'는 뜻의 라틴어로, 사용자가 컴퓨터나 네트워크를 의식하지 않고 장소에 상관없이 자유롭게 네트워크에 접속할 수 있는 환경을 말한다.

- VoIP : VoIP(Voice over Internet Protocol)는 IP 주소를 사용하는 네트워크를 통해 음성을 디지털 패킷(데이터 전송의 최소 단위)으로 변환하고 전송하는 기술이다. 다른 말로 인터넷전화라고 부르며, 'IP 텔레포니' 혹은 '인터넷 텔레포니'라고도 한다.

12 ②

기술선택이란 기업이 어떤 기술을 외부로부터 도입하거나 자체 개발하여 활용할 것인가를 결정하는 것으로, 의사결정은 크게 다음과 같은 두 가지 방법이 있을 수 있다.

- 상향식 기술선택(bottom up approach) : 기업 전체 차원에서 필요한 기술에 대한 체계적인 분석이나 검토 없이 연구자나 엔지니어들이 자율적으로 기술을 선택하는 것이다.

- 하향식 기술선택(top down approach) : 기술경영진과 기술기획담당자들에 의한 체계적인 분석을 통해 기업이 획득해야 하는 대상기술과 목표기술수준을 결정하는 것이다.

제시된 보기의 ㉡은 상향식 기술선택, 나머지 네 개의 제시문은 모두 하향식 기술선택의 모습으로 볼 수 있다. 해외금융기법 개발도 금융기술로 볼 수 있다.

13 ⑤

운석이 우주 공간에 머물 때는 태양과 은하로부터 오는 복사선의 영향으로 새로운 동위 원소인 헬륨3, 네온21 등이 생성되는데, 그들의 생성률과 구성비를 측정하면 운석이 우주 공간에 머문 기간을 추정할 수 있다. ALH는 1,600만 년을 우주 공간에서 떠돌았다. ⑤ 스닉스가 아닌 ALH에 대한 내용이다.

14 ②

㉠ A 지역의 노인복지관, 자원봉사자 수를 각각 4배 할 경우 전국의 노인복지관, 자원봉사자 수를 초과한다. 그러므로 A 지역의 노인복지관, 자원봉사자 수는 각각 전국의 25% 이상이다.

㉡ D 지역의 경우 복지종합지원센터 1개소당 노인복지관 수는 104개로 100개소를 초과한다.

㉢ 복지종합지원센터 1개소당 자원봉사자 수 또는 등록노인 수가 가장 많으려면 분모에 해당하는 복지종합지원센터의 수는 작고, 자원봉사자 수 또는 등록노인의 수가 많아야 한다. E 지역의 경우 복지종합지원센터의 수가 1개소인 지역(C, E, F, I) 중 자원봉사자 수와 등록노인 수 각각에서 가장 많은 수를 차지하고 있으며, 그 외 지역과 비교해보아도 상대적으로 많은 자원봉사자 수와 등록노인 수를 보유하고 있어 복지종합지원센터 1개소당 자원봉사자 및 등록노인 수 각각에서 가장 많은 지역에 해당한다.

㉣ H 지역과 C 지역의 노인복지관 1개소당 자원봉사자 수를 비교하면 C 지역은 $\frac{970}{121}$ ≒ 8명, H 지역은 $\frac{2,185}{362}$ ≒ 6명이므로 H 지역이 더 적다.

15 ①

甲과 丙의 진술로 볼 때, C = 삼각형이라면 D = 오각형이고, C = 원이라면 D = 사각형이다. C = 삼각형이라면 戊의 진술에서 A = 육각형이고, 丁의 진술에서 E ≠ 사각형이므로 乙의 진술에서 B = 오각형이 되어 D = 오각형과 모순된다. 따라서 C = 원이다. C = 원이라면 D = 사각형이므로, 丁의 진술에서 A = 육각형, 乙의 진술에서 B = 오각형이 되고 E = 삼각형이다. 즉, A = 육각형, B = 오각형, C = 원, D = 사각형, E = 삼각형이다.

16 ④

C거래처 사원(9시~10시) – A거래처 과장(10시~12시) – B거래처 대리(12시~14시) – F은행(14시~15시) – G미술관(15시~16시) – E서점(16시~18시) – D거래처 부장(18시~)

① E서점까지 들리면 16시가 되는데, 그 이후에 G미술관을 관람할 수 없다.

② F은행까지 들리면 13시가 되는데, B거래처 대리 약속은 18시에 가능하다.

③ G미술관 관람을 마치고 나면 11시가 되는데 F은행은 12시에 가야한다. 1시간 기다려서 F은행 일이 끝나면 13시가 되는데, B거래처 대리 약속은 18시에 가능하다.

⑤ E서점까지 들리면 16시가 되는데, B거래처 대리 약속과 D거래처 부장 약속이 동시에 18시가 된다.

17 ⑤

'지식'이란 '어떤 특정의 목적을 달성하기 위해 과학적 또는 이론적으로 추상화되거나 정립되어 있는 일반화된 정보'를 뜻하는 것으로, 어떤 대상에 대하여 원리적·통일적으로 조직되어 객관적 타당성을 요구할 수 있는 판단의 체계를 제시한다. 선택지 ⑤에서 언급된 내용은 가치가 포함되어 있지 않은 단순한 데이터베이스라고 볼 수 있다.

18 ④

풍수해로 인한 재난발생 정보를 입수했을 때 '관심' 단계이며, 관심 단계에서 입수된 정보가 실제로 발생한 경우에 '주의' 단계가 된다. 따라서 풍수해로 이한 농산물 오염 시 최소 위기경보 수준은 '주의' 단계이다.

① 2개 지역에서 총 100명 이상의 식중독 환자가 발생하였으므로 '경계' 단계에 해당된다.

② 사망자의 수는 제한을 두지 않고 있으므로 발생과 동시에 '심각' 단계가 된다.

③ 위기경보의 단계별 수준 내역에는 언론보도로 인한 불안감 증폭 수준의 변화도 기준으로 명시되어 있다.

⑤ 언론에 의한 불안감 증폭과 환자 발생 여부는 위기경보 단계 상향 조정의 원인이 되므로 언급된 원인이 없는 상황은 '관심' 단계에 해당된다.

19 ④

왓슨의 추론은 필요한 모든 정보가 있음에도 이와 무관하게 엉터리 이유로 범인을 지목했기 때문에 박수를 받을 수 없다. 그러므로 "올바른 추론에 필요한 정보를 가지고 있긴 했지만 그 정보와 무관하게 범인을 지목했기 때문이다."가 빈칸에 들어가야 한다.

20 ④

④ $\frac{(779 - 4,332)}{4,332} \times 100 =$ 약 -82.01%로 감소율이 가장 높은 요일은 월요일이다.

① 2020년 5월에는 수요일보다 일요일에 도착 및 출발한 화물량이 가장 많음을 자료를 통해 확인할 수 있다.

② 2019년 5월과 2020년 5월 모두 인천공항을 출발한 여객의 수가 가장 적었던 요일은 화요일이다.

③ $\frac{(23,171 + 22,538)}{137,924} \times 100 =$ 약 33.14%

⑤ 주어진 자료만으로 화물기 운항 편 수가 증가했음을 알 수는 없다.

21 ③

㉠ "옆에 범인이 있다."고 진술한 경우를 ○, "옆에 범인이 없다."고 진술한 경우를 ×라고 하면

1	2	3	4	5	6	7	8	9
○	×	×	○	×	○	○	○	×
							시민	

• 9번이 범인이라고 가정하면
9번은 "옆에 범인이 없다."고 진술하였으므로 8번과 1번 중에 범인이 있어야 한다. 그러나 8번이 시민이므로 1번이 범인이 된다. 1번은 "옆에 범인이 있다."라고 진술하였으므로 2번과 9번에 범인이 없어야 한다. 그러나 9번이 범인이므로 모순이 되어 9번은 범인일 수 없다.

• 9번이 시민이라고 가정하면
9번은 "옆에 범인이 없다."라고 진술하였으므로 1번도 시민이 된다. 1번은 "옆에 범인이 있다."라고 진술하였으므로 2번은 범인이 된다. 2번은 "옆에 범인이 없다."라고 진술하였으므로 3번도 범인이 된다. 8번은 시민인데 "옆에 범인이 있다."라고 진술하였으므로 9번은 시민이므로 7번은 범인이 된다. 그러므로 범인은 2, 3, 7번이고 나머지는 모두 시민이 된다.

㉡ 모두가 "옆에 범인이 있다."라고 진술하면 시민 2명, 범인 1명의 순으로 반복해서 배치되므로 옳은 설명이다.

㉢ 다음과 같은 경우가 있음으로 틀린 설명이다.

1	2	3	4	5	6	7	8	9
○	○	○	○	○	○	○	×	○
범인	시민	시민	범인	시민	범인	시민	시민	시민

22 ④

업체별 평가기준에 따른 점수는 다음과 같으며, D업체가 65점으로 선정된다.

	시장매력도	정보화수준	접근가능성	합계
A	15	0	40	55
B	15	30	0	45
C	0	15	20	35
D	30	15	20	65
E	15	15	20	50

23 ④

상용 소프트웨어는 정해진 금액을 지불하고 정식으로 사용하는 프로그램이다. 한편, 사용 기간의 제한 없이 무료 사용과 배포가 가능한 프로그램은 공개 소프트웨어라고 한다.

24 ④

'공간정보'에 대한 설명이다. 최근 정보화 패러다임 변화를 반영하고 국가정보화 기본 방향에 부합하도록 2015년 12월 수립된 '제2차 국토교통 정보화 기본계획 (2016~2020년)'에 따라 국토교통부는 공간정보 융·복합 제공, 안전관리 강화, 지능형 교통체계 구축 등을 목표로 정보화 사업을 추진하고 있다. 공간정보는 재난 시에 국가와 국민을 보호할 수 있는 매우 중요한 정보로 향후에도 그 수요가 꾸준히 증가할 것으로 예상된다.

25 ③

① 甲의 경우 정규출입증을 발급 15일 전에 신청해야 한다.

② 정부에서 직접 주관하여 비표를 발급할 경우에는 사전에 사장과 협의하여야 하며, 협의 후 확인된 비표에 한하여 사용이 가능하다.

④ 행사 및 순찰 등과 관련된 임시출입증은 발급 전 신청해야 한다.

⑤ 방문증의 경우 당일 반납해야 한다.

26 ④

④ $14,110 - 14,054 - 10 = 46$, $4,922 - 4,819 - 3 = 100$

∴ $46 < 100$

① 2019년이 $237,000 - 208,113 - 2,321 = 26,566$ 십억 원으로 가장 크다.

② 2019년 내국세 미수납액

: $213,585 - 185,240 - 2301 = 26,044$ 십억 원

2019년 총 세수입 미수납액

: $237,000 - 208,113 - 2,321 = 26,566$ 십억 원

∴ $\frac{26,044}{26,566} \times 100 = 98\%$

③ $\frac{1,400}{1,281} \times 100 = 109.3\%$ 로 수납비율이 가장 높은 항목은 종합부동산세이다.

⑤ 2015 : 102.9%

2016 : 99.7%

2017 : 95.6%

2018 : 95.5%

2019 : 101%

27 ⑤

• 甲의 말이 참말인 경우

甲 : 나는 B 건물에서 일해→참말(甲은 B 건물에서 일하는 여사원)

乙 : 나는 B 건물에서 일해. 甲은 남사원이야. →거짓말(乙은 A 건물에서 일하는 여사원)

丙 : 乙은 B 건물에서 일해. 乙은 남사원이야. →거짓말

丁 : 乙은 A 건물에서 일해. 丙은 A 건물에서 일해 →참말(丙은 A 건물에서 일하는 여사원)

이때 B 건물에서 일하는 사람도 두 사람이 되어야 하므로 丁은 B 건물에서 일해야 하는데 참말을 했으므로 여사원이고 성립이 가능하다. 따라서 甲이 참말일 경우 甲, 乙, 丙, 丁의 대화에 모순이 발견되지 않고 문제 조건을 충족한다.

• 甲의 말이 거짓말인 경우

甲 : 나는 B 건물에서 일해. →거짓말(甲은 A 건물에서 일하는 여사원)

乙 : 나는 B 건물에서 일해. 甲은 남사원이야→거짓말(乙은 A 건물에서 일하는 여사원)

丙 : 乙은 B 건물에서 일해. 乙은 남사원이야. →거짓말

丁 : 乙은 A 건물에서 일해. 丙은 A 건물에서 일해. →乙이 A 건물에서 일하는 것이 참말이므로 丙이 A 건물에서 일하는 것도 참말이 되어야 하는데 丙이 A 건물에서 일하면 A 건물에서 일하는 사원이 甲, 乙, 丙 세 명이 되므로 문제의 조건을 충족하지 못 한다. 따라서 甲의 말은 참말만 가능

㉠ 甲은 B 건물에서 일하며 乙은 A 건물에서 일한다. (O)

㉡ 乙, 丙 모두 A 건물에서 일한다. (O)

㉢ 乙, 丙이 A 건물에서 일한다. (×)

㉣ 甲, 乙, 丙, 丁 모두 여사원이다. (O)

28 ④

정은 홍보자료 작성 업무가 23일에 예정되어 있으며 3일 간의 시간이 걸리는 업무이므로 25일에 월차 휴가를 사용하는 것은 바람직하지 않다.

29 ⑤

넷째 주에는 을의 매출부진 원인 분석 업무, 정의 홍보자료 작성 업무, 갑의 부서 인사고과 업무가 예정되어 있다. 따라서 출장자로 가장 적합한 두 명의 직원은 병과 무가 된다.

30 ④

㉠ [O] 대화 상자에서 '원본 데이터 연결'을 선택하면 제시된 바와 같은 기능을 실행할 수 있다.

㉡ [×] 통합 문서 내의 다른 워크시트뿐 아니라 다른 통합 문서에 있는 워크시트도 통합할 수 있다.

㉢ [O] 통합 기능에서 사용할 수 있는 함수로는 합계, 개수, 평균, 최대/최솟값, 곱, 숫자 개수, 표준편차, 분산 등이 있다.

㉣ [O] 제시된 바와 같은 경우, 별도의 행이나 열 만들어지게 되므로 통합 기능을 수행할 수 있다.

31 ④

④ **경쟁적 벤치마킹** : 동일 업종에서 고객을 직접적으로 공유하는 경쟁기업을 대상으로 함

① **글로벌 벤치마킹** : 프로세스에 있어 최고로 우수한 성과를 보유한 동일업종의 비경쟁적 기업을 대상으로 함

② **내부 벤치마킹** : 같은 기업 내의 다른 지역, 타 부서, 국가 간의 유사한 활용을 비교 대상으로 함

③ **비경쟁적 벤치마킹** : 제품, 서비스 및 프로세스의 단위 분야에 있어 가장 우수한 실무를 보이는 비경쟁적 기업 내의 유사 분야를 대상으로 하는 방법임

⑤ **간접적 벤치마킹** : 인터넷 및 문서형태의 자료를 통해서 수행하는 방법임

32 ②

네 번째 문단에 따르면 신재생 에너지 시스템은 화석에너지와 달리 발전량을 쉽게 제어할 수 없고, 지역의 환경에 따라 발전량이 서로 다르다는 특징이 있다. 따라서 ②에서 언급한 발전량 자동 조절보다는 잉여 에너지 저장 기술을 갖추어야 한다고 볼 수 있다.

① 중앙 집중식으로 이루어진 에너지 공급 상황에서 거주자는 에너지 생산을 고려할 필요가 없었으나, 분산형 전원 형태의 신재생 에너지 공급 상황에서는 거주자 스스로 생산과 소비를 통제하여 에너지 절감을 할 수 있어야 할 것이다.

③ 기존의 제한된 서비스를 넘어서는 다양한 에너지 서비스가 탄생될 수 있도록 하는 플랫폼 기술은 스마트 그리드를 기반으로 한 마이크로 그리드 시스템 구축에 필요한 요소라고 판단할 수 있다.

④ 과거의 경험으로 축적된 에너지 사용에 대한 데이터를 분석하여 필요한 상황에 적절한 맞춤형 에너지를 서비스하는 기능은 효과적인 관리 솔루션이 될 수 있다.

⑤ 소비자 스스로 에너지 수급을 관리할 수 있는, 스마트 시대에 요구될 수 있는 적합한 특성이라고 볼 수 있다.

33 ④

각 대기오염물질의 연도별 증감 추이는 다음과 같다.

• 황산화물 : 증가 → 감소 → 감소 → 감소

• 일산화탄소 : 감소 → 감소 → 감소 → 감소

• 질소산화물 : 감소 → 증가 → 증가 → 증가

• 미세먼지 : 증가 → 감소 → 감소 → 감소

• 유기화합물질 : 증가 → 증가 → 증가 → 감소

따라서 연도별 증감 추이가 같은 대기오염물질은 황산화물과 미세먼지이다.

34 ⑤

A에서 B로 변동된 수치의 증감률은 $(B-A) \div A \times 100$의 산식에 의해 구할 수 있다. 따라서 2010년과 2014년의 총 대기오염물질 배출량을 계산해 보면 2010년이 3,212,386톤, 2014년이 3,077,079톤이므로 계산식에 의해 $(3,077,079 - 3,212,386) \div 3,212,386 \times 100 =$ 약 -4.2%가 됨을 알 수 있다.

35 ②

다음의 자료에서 찬성이 반대보다 많아야 돈을 나눌 수 있음을 알 수 있다. 또한 찬성이 전체 직원의 과반수를 말하는 것이 아니며 찬성 1명, 반대 0명, 기권 64명이라도 제안이 시행되어 돈을 나눌 수 있다.

직원은 전월보다 받는 돈이 많아지면 찬성, 적어지면 반대, 같으면 기권이며 연속으로 2달 이상 돈을 못 받는 직원은 모두 기권이다. 따라서 첫 달에 돈을 못 받은 직원은 계속 돈을 안 주며 그 수는 계속해서 늘어난다. 직원에게 나눠주고 남는 돈은 사장이 모두 갖게 된다.

첫 번째 달 : 직원 33명이 각각 2만 원 받음

두 번째 달 : 첫 번째 달에 2만 원을 받았던 직원 33명 중 17명에게 3만 원씩 주고 나머지 16명에게 돈을 주지 않음 → 찬성 17, 반대 16, 기권 32

세 번째 달 : 두 번째 달에 3만 원을 받았던 직원 17명 중 9명에게 4만 원씩 주고 나머지 8명에게 돈을 주지 않음 → 찬성9, 반대8, 기권48

네 번째 달 : 세 번째 달에 4만 원을 받았던 직원 9명 중 5명에게 5만 원씩 주고 나머지 4명에게 돈을 주지 않음 → 찬성5, 반대4, 기권56

다섯 번째 달 : 네 번째 달에 5만 원을 받았던 직원 5명 중 3명에게 6만 원씩 주고 나머지 2명에게 돈을 주지 않음 → 찬성3, 반대2, 기권60

여섯 번째 달: 다섯 번째 달에 6만 원을 받았던 직원 3명 중 2명에게 7만 원씩 주고 나머지 1명에게 돈을 주지 않음→찬성2, 반대1, 기권62

일곱 번째 달: 기권한 직원들 중 3명에게 1만 원씩 주고 여섯 번째 달에 7만 원을 받았던 직원 2명에게 돈을 주지 않음→찬성3, 반대2, 기권60

따라서 일곱 번째 달에 사장은 66 − 3 = 63만 원을 가지며 이것이 최대 금액이다.

36 ②

주어진 비용 항목 중 원재료비, 장비 및 시설비, 출장비, 인건비는 직접비용, 나머지는 간접비용이다.

• 직접비용 총액 : 4억 2백만 원 + A
• 간접비용 총액 : 6천만 원 + B

간접비용이 전체 직접비용의 30%를 넘지 않게 유지하여야 하므로,

(4억 2백만 원 + A) × 0.3 ≧ 6천만 원 + B

따라서 보기 중 ②와 같이 출장비에 8백만 원, 광고료에 6천만 원이 책정될 경우에만, 직접비용 총계는 4억 1천만 원, 간접비용 총계는 1억 2천만 원이므로 팀장의 지시사항을 준수할 수 있다.

37 ⑤

'$'는 다음에 오는 셀 기호를 고정값으로 묶어 두는 기능을 하게 된다. A6 셀을 복사하여 C6 셀에 붙이게 되면, 'A'셀이 고정값으로 묶여 있어 (A)에는 A6 셀과 같은 '$A$1+$A2'의 값 10이 입력된다. (B)에는 '$'로 묶여 있지 않은 2행의 값 대신에 4행의 값이 대응될 것이다. 따라서 '$A$1+$A4'의 값인 9가 입력된다. 따라서 (A)와 (B)의 합은 19가 된다.

38 ④

④는 흡입력이 약해졌을 때의 조치방법이다.

39 ②

로봇청소기가 충전 중이지 않은 상태로 아무 동작 없이 10분이 경과되면 자동으로 충전대 탐색을 시작한다. 충전대 탐색에 성공하면 충전을 시작하고 충전대를 찾지 못하면 처음위치로 복귀하여 10분 후에 자동으로 전원이 꺼진다.

40 ③

① 충전이 되지 않을 때의 조치방법이다.
② 회전솔이 회전하지 않을 때의 조치방법이다.
④ 흡입력이 약해졌을 때의 조치방법이다.
⑤ 리모컨으로 작동시킬 수 없을 때의 조치방법이다.

41 ③

③ 청년층의 낮은 고용률에 대한 원인은 분석한 반면, 청년들을 중소기업으로 유인할 수 있는 구체적인 유인책은 제시되어 있지 않다.
② 일 · 가정 양립 문화 확산을 위한 정책, 직장어린이집 설치 유인을 위한 지원 정책 등이 제시되어 있다.
④ 청년층의 범위를 15~24세와 15~29세로 구분하여 OECD 회원국 평균과 비교한 수치를 제시하였다.

42 ③

'1인당 관광지출=관광지출 ÷ 국민해외관광객'이므로 2012년은 수치를 공식에 대입하여 계산한다. 따라서 2012년의 1인당 관광 지출은 16,495 ÷ 13.7=1,204달러(←1,204.01)가 된다.

43 ①

'관광수지=관광수입 − 관광지출'이므로 연도별 관광수지를 구해 보면 다음과 같다.

• 2012년 : 13,357−16,495=−3,138백만 달러
• 2013년 : 14,525−17,341=−2,816백만 달러
• 2014년 : 17,712−19,470=−1,758백만 달러
• 2015년 : 15,092−21,528=−6,436백만 달러
• 2016년 : 17,200−23,689=−6,489백만 달러
• 2017년 : 13,324−27,073=−13,749백만 달러

관광수지가 가장 좋은 해는 관광수지 적자가 가장 적은 2014년으로 −1,758백만 달러이며, 가장 나쁜 해는 관광수지 적자가 가장 큰 2017년으로 −13,749백만 달러이다. 따라서 두 해의 관광수지 차액은 −1,758−(−13,749)=11,991백만 달러가 된다.

44 ⑤

경호, 수호 중 적어도 한 명을 뽑으면 영호와 민지를 뽑아야 하는데, 민지를 뽑으면 경지도 뽑아야 한다. 즉 경호와 수호를 둘 다 뽑으면 5명이 되어 안 된다. 따라서 경호나 수호 둘 중에 한 명만 뽑아야 하고 이 경우 영호, 민지, 경지가 들어간다.

민호를 뽑으면 경지, 수지를 뽑지 말아야 하는데 경지를 뽑지 않으면 민지도 뽑지 말아야 한다.(다섯 번째 조건의 대우) 즉 민호를 뽑으면 여자 사원 경지, 수지, 민지 모두 뽑을 수 없으므로 남자 사원 경호, 수호, 민호, 영호로 팀을 정해야 하는데 이는 조건을 충족하지 못 한다. 따라서 민호를 뽑을 수 없으며, 5가지 조건을 모두 충족하는 팀은 (경호, 영호, 민지, 경지), (수호, 영호, 민지, 경지)이므로 ㉠, ㉡, ㉢ 모두 맞다.

45 ③

CHOOSE 함수는 'CHOOSE(인수,값1,값2,…)'과 같이 표시하며, 인수의 번호에 해당하는 값을 구하게 된다. 다시 말해, 인수가 1이면 값1을, 인수가 2이면 값2를 선택하게 된다. 따라서 두 번째 인수인 B4가 해당되어 B2:B4의 합계를 구하게 되므로 정답은 267이 된다.

46 ④

단락 ㈃의 말미에서는 당뇨병성 신경병증의 가장 큰 문제로 피부 감각이 둔해져 상처를 입어도 잘 모르는 점을 지적하고 있으며, 그에 따라 당뇨병 환자는 진단받은 시점부터 정기적으로 감각신경 · 운동신경 검사를 받아야 한다고 밝히고 있다. 따라서 '대다수가 앓고 있는 제2형 당뇨병의 경우는 발병 시점이 명확하지 않기 때문에 당뇨병을 얼마나 앓았는지 모르는 경우가 많아 정기 진찰을 받아야 한다.'는 주장이 자연스럽게 연결되기에 적절한 위치는 단락 ㈃의 마지막 부분이라고 볼 수 있다.

47 ③

③ 해당 병증을 앓고 있는 환자들의 수면 장애와 관련한 통계를 분석하여 그 원인에 대한 일반화된 정보를 추출하였고, 그에 의해 초기 진단 시점부터 감각신경, 운동신경 검사를 받아야 한다는 결론까지 도출하게 되었다.

48 ④

갑의 올해 나이를 x, 을의 올해 나이를 y라고 할 때,

$x + y = 31$ …㉠

갑이 을의 나이였던 해의 갑의 나이는 y, 을의 나이는 $y - (x - y)$이므로

$3y - x = \dfrac{7}{6}x$ …㉡

$3 \times$㉠$-$㉡으로 연립해서 풀면 $x = 18$, $y = 13$이다.

따라서 갑의 나이는 18세, 을의 나이는 13세이다.

49 ①

세 사람은 모두 각기 다른 동에 사무실이 있으며, 어제 갔던 식당도 서로 겹치지 않는다.

• 세 번째 조건 후단에서 갑동이와 을순이는 어제 11동 식당에 가지 않았다고 하였으므로, 어제 11동 식당에 간 것은 병호이다. 따라서 병호는 12동에 근무하며 11동 식당에 갔었다.

• 네 번째 조건에 따라 을순이는 11동에 근무하므로, 남은 갑동이는 10동에 근무한다.

• 두 번째 조건 전단에 따라 을순이가 10동 식당에, 갑동이가 12동 식당을 간 것이 된다.

따라서 을순이는 11동에 사무실이 있으며, 어제 갔던 식당은 10동에 위치해 있다.

50 ②

그린석(외야)에 무료입장할 수 있는 대상은 어린이 회원이다. 7세 이하 미취학 아동은 보호자 동반 시 무료입장이 가능하나, 좌석은 제공되지 않는다고 언급되어 있다.

① 익일 취소 시 수수료가 발생하며, 예매일과 취소일이 같을 경우 수수료가 청구되지 않는다고 규정되어 있다.

③ 금, 토, 일, 월요일 4일간 주말 요금이 적용된다.

④ 주중 성인회원 레드석 입장료는 8,000원이나, K팀 L카드 3,000원 할인이 적용되어 5,000원이 되며 할인은 결제 시에 반영되어 적게 지불하게 된다.

⑤ 블루석 이하의 경우, 주중과 주말 가격이 모두 일반 입장권보다 2,000원씩 싼 것을 알 수 있다.

51 ⑤

금요일이므로 주말 가격이 적용되며, 블루석 기준 각 인원의 입장료를 지불 방법에 따라 구분하여 정리하면 다음과 같다.

〈K팀 L카드로 결제〉

김 과장 : $13,000-3,000=10,000$원

아내 : $15,000-3,000=12,000$원

노부 : $15,000-3,000=12,000$원(경로우대자이나, 외야석이 아니므로 할인 대상에서 제외됨)

큰 아들 : $15,000-3,000=12,000$원

작은 아들 : $7,500-3,000=4,500$원

총 : $50,500$원

〈S카드로 결제〉

작은 아들 친구 2명 : $7,500 \times 2=15,000$원(청구 시에 할인 반영되므로, 결제 시에는 할인 없이 1인당 7,500원을 결제하게 된다.)

따라서 7명의 총 입장료는

$50,500$원$+15,000=65,500$원이 된다.

52 ①

'월'을 표시하는 'mmm'은 월을 'Jan~Dec'로 표시한다는 의미이다.

53 ③

새로운 기술은 전에는 없던 규모로 사람을 살상하고, 환경을 오염시키고, 새로운 위험과 불확실성을 만들어내고, 기타 각종 범죄의 도구로 사용되기도 한다는 것을 인식하도록 하여 새로운 기술의 문제점에 경각심을 가지도록 하고 있다.

54 ④

15% 소금물 $400g$에는 $60g$의 소금이 들어있다.

$100g$의 물이 증발하게 되면 농도는

$\dfrac{60}{300}\times 100 = 20\%$ 이며

$100g$의 물을 넣게 되면 농도는 $\dfrac{60}{500}\times 100 = 12\%$ 가 된다.

따라서 $x-y=8$이다.

55 ①

㈎ 6개월 이내에 보증부대출 채무 인수는 마쳤으나 소유권이전등기를 하지 않았으므로 대출금 조기 만료에 해당된다. (O)

㈏ 병원 입원 기간은 해당 사유에서 제외되므로 대출금이 조기 만료되지 않는다. (X)

㈐ 본인이 담보주택의 소유권을 상실한 경우로 대출금 조기 만료에 해당된다. (O)

㈑ S씨의 대출금과 근저당권 상황은 대출금 조기 만료에 해당될 수 있으나, 채권자인 은행의 설정 최고액 변경 요구에 응하고 있으므로 조기 만료에 해당되지 않는다. (X)

56 ⑤

수익이 가장 크기 위해서는 분기별 소비자 선호 품목에 대한 홍보를 진행해야 한다. 4분기 선호 품목은 P 제품과 R 제품으로 이 제품들의 수익률에 변동이 발생한다. 해당 내용을 반영한 수익체계표를 만들어 보면 다음과 같다.

		B회사		
		P제품	Q제품	R제품
A회사	P 제품	(7.5, -0.5)	(4.5, -1)	(-3, 4.5)
	Q 제품	(-1, 4.5)	(-3, 2)	(3, 3)
	R 제품	(-1, 9)	(6, -1)	(-0.5, -1)

따라서 4분기에는 R+P제품 조합의 경우 $-1+9=8$억원이 되어 두 회사의 수익의 합이 가장 큰 조합이 된다.

57 ④

2분기의 수익체계표를 만들어 1분기와 비교하면 다음과 같다.

〈1분기, Q제품 홍보〉

		B회사		
		P제품	Q제품	R제품
A회사	P 제품	(5, -1)	(3, -0.5)	(-6, 3)
	Q 제품	(-0.5, 3)	(-1.5, 3)	(4.5, 2)
	R 제품	(-2, 6)	(4, -0.5)	(-1, -2)

〈2분기, P제품 홍보〉

		B회사		
		P제품	Q제품	R제품
A회사	P 제품	(7.5, -0.5)	(4.5, -1)	(-3, 3)
	Q 제품	(-1, 4.5)	(-3, 2)	(3, 2)
	R 제품	(-2, 9)	(4, -1)	(-1, -2)

④ B회사가 1분기 Q제품을 판매할 경우의 수익액은 $-0.5+3-0.5=2$억 원인 반면, 2분기에 Q제품을 판매할 경우의 수익액은 $-1+2-1=0$억 원으로 1분기에 Q제품을 판매하는 것이 2분기에 Q제품을 판매하는 것보다 더 유리하다.

① A회사는 R제품을 판매할 때의 수익액에 변동이 없다.($-2+4-1 \rightarrow -2+4-1$)

② 1분기에는 Q+R조합이, 2분기에는 P+P 또는 R+P조합의 수익이 가장 크다.

③ 양사에서 모두 R제품을 판매할 경우 1분기와 2분기 동일하게 총 -3억 원의 손실이 발생하는 수익 구조를 보인다.

⑤ B회사가 R제품을 판매할 때의 수익액도 $3+2-2=3$억 원으로 1분기와 2분기 모두 동일하다.

58 ①

밀가루, 제과점, 단팥을 통해 빵을 유추할 수 있다.

빵은 밀가루를 주원료로 하는 식품으로, 제과점은 빵이나 과자를 만들어 파는 가게이다. 단팥빵은 대표적인 빵의 한 종류이다.

59 ⑤

연습구의 개수가 x일 때 시합구의 개수는 $100-x$이므로

$300x+500(100-x) \leq 35,000$
$-200x \leq -15,000$
$x \geq 75$

시합구의 개수는 $100-x$이므로 연습구가 최소인 75개일 때 최대로 구매할 수 있게 된다. 따라서 시합구의 최대 구매 개수는 $100-75=25$개다.

60 ②

문제에 제시된 사례는 예측이 가능했던 사고임에도 불구하고 적절하게 대처를 하지 못해 많은 피해를 입히게 된 내용이다. 이러한 사례를 통해 산업재해는 어느 정도 예측이 가능하며, 그에 따라 예방이 가능함을 알 수 있다.

✏️ **직무수행능력평가(전기이론 · 전기기기)**

1 ④

출력평균전압은 최대전압값에 $\dfrac{2}{\pi}$를 곱한 값이므로,

$$V_{avg} = \frac{2V_m}{\pi}[V] = \frac{2}{\pi} \cdot 300\sqrt{2} = \frac{600\sqrt{2}}{\pi}[V]$$

2 ③

실효전압은 다음의 식으로 산출한다.

$$V = \sqrt{(\text{직류분})^2 + \left(\frac{\text{기본파 전압}}{\sqrt{2}}\right)^2 + \left(\frac{\text{고조파 전압}}{\sqrt{2}}\right)^2}$$
$$= \sqrt{2^2 + \left(\frac{5\sqrt{2}}{\sqrt{2}}\right)^2 + \left(\frac{4\sqrt{2}}{\sqrt{2}}\right)^2 + \left(\frac{2\sqrt{2}}{\sqrt{2}}\right)^2}$$
$$= \sqrt{49} = 7$$

3 ②

3상 전력은 Y결선과 △결선에 관계없이 모두 같다.

4 ③

$LI = N\phi$이므로

$$L = \frac{N\phi}{I} = \frac{10 \cdot 0.001}{10} = 0.001[H] = 1[mH]$$

5 ①

2차측의 전력은 $P_2 = V_2I_2$이므로

$$I_2 = \frac{P_2}{V_2} = \frac{2200}{220} = 10[A]$$

$$\frac{V_1}{V_2} = \frac{I_2}{I_1}$$이므로 $$\frac{V_1}{220} = \frac{10}{50}$$이 된다.

$$V_1 = \frac{220 \times 10}{50} = 44[V]$$이므로 $N_1 : N_2 = 1 : 5$가 된다.

(권수비 $n = \dfrac{V_1}{V_2} = \dfrac{N_1}{N_2} = \dfrac{I_2}{I_1} = \sqrt{\dfrac{Z_1}{Z_2}}$)

6 ①

두 개의 콘덴서를 직렬로 연결하고 이 회로에 100[V]의 전압을 가하면 4[μF]콘덴서에는 60[V], 6[μF]콘덴서에는 40[V]가 걸리게 된다. (콘덴서의 직렬 연결인 경우, 콘덴서에 걸리는 전압의 크기와 정전용량은 서로 반비례 관계를 갖는다.)

7 ③

(나) **거리 계전기(Distance Relay)** : 송전선에 사고가 발생했을 때 고장구간의 전류를 차단하는 작용을 하는 계전기이다. 실제로 전압과 전류의 비는 전기적인 거리, 즉 임피던스를 나타내므로 거리계전기라는 명칭을 사용하며 송전선의 경우는 선로의 길이가 전기적인 길이에 비례하므로 이 계전기를 사용용이하게 보호할 수 있게 된다. 거리계전기에는 동작 특성에 따라 임피던스형, 모우(MHO)형, 리액턴스형, 오옴(OHM)형, 오프셋모우(off set mho)형 등이 있다. 전압이 큰 송전계통에 주로 사용하지만 배전계통은 오동작이 많아서 잘 사용하지 않는다.

(다) **재폐로기(Recloser)** : 고장이 감지될 경우 회로를 자동으로 차단하는 기기이다. 일시적 고장의 경우 자동적으로 수 차례 폐로를 시행하여(보통 3회) 반복적으로 자체적인 고장해소 기회를 부여하며, 고장이 해소되지 않으면 최종적으로 회로를 개로(open)하고 분리시킨다.

8 ①

이상적인 연산증폭기의 특징
- 입력 전압 v_P와 v_N은 같은 값을 갖는다.
- 입력 저항은 무한대의 값을 갖는다.
- 입력 전류 i_P와 i_N은 서로 같은 값을 갖는다.
- 출력 저항은 0의 값을 갖는다.
- 개방전압이득이 무한대이다.
- 대역폭이 무한대이다.
- 오프셋 전압이 0이다.

9 ③

(나) Y결선 평형 상회로에서 상전류는 선전류와 동일하다.

(다) Δ결선 평형 상회로에서 상전압은 선간전압과 동일하다.

10 ④

회로에서 대칭성을 잘 살펴보고, 전위(potential)가 같은 점들을 물리학의 기본적인 원리를 활용해서 처리한다면 쉽게 답을 구할 수 있다.

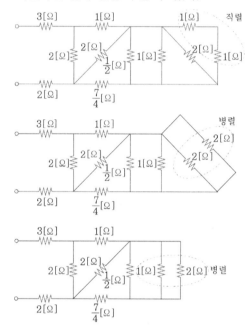

병렬연결방식이 연속된 것으로 해석할 수 있으므로, 위와 같은 순서대로 풀어나가면 최종적으로 합성저항은 6[Ω]이 도출된다.

11 ③

$P = \dfrac{V^2}{R}$ 이며 전열기의 저항값은 고정이고 전력이 2,420[W]이므로

$$V = \sqrt{\frac{2,420\,W}{2,000\,W}} \times 100\,[V] = 110\,[V]$$ 가 된다.

12 ②

$$I_3 = \frac{V_3}{Z_3} = \frac{V_3}{R + j3wL} = \frac{V_3}{\sqrt{R^2 + (3wL)^2}}$$
$$= \frac{50}{\sqrt{8^2 + (3 \times 2)^2}} = 5\,[A]$$

13 ②

주어진 회로의 저항 R의 양단에 걸리는 전압을 V라고
할 때 기전력 E[V]의 값은

$E = V(1 + \dfrac{r}{R})$이 된다.

14 ⑤

$e = E_m \sin(wt + 30°)[V]$이고
$i = I_m \cos(wt - 60°)[A]$일 때 전압과 전류는 위상이
같다. 즉 동상이다.

$(\sin\theta = \cos\left(\theta - \dfrac{\pi}{2}\right))$

15 ②

- 수용률 : 총부하 설비용량에 대한 최대수용전력의 비
  를 백분율로 표시한 값이다.
- 부등률 : 수용설비 각각의 최대수용전력의 합을 합성
  최대수용전력으로 나눈 값이다.

16 ④

RLC 직렬회로에서 공진주파수 $f_r = \dfrac{1}{2\pi\sqrt{LC}}$ 이므로
R, L, C 값이 각각 2배가 되면 공진주파수는 1/2로
줄어들게 된다.

RLC 직렬회로	RLC 병렬회로
공진주파수	공진주파수
$f_r = \dfrac{1}{2\pi\sqrt{LC}}$	$f_r = \dfrac{1}{2\pi\sqrt{LC}}$

17 ②

병렬합성이므로 정전용량

$$C = \epsilon_0 \dfrac{\frac{1}{3}S}{d} + \epsilon_0\epsilon_s \dfrac{\frac{2}{3}S}{d} = \epsilon_0 \dfrac{S}{d}\left(\dfrac{1}{3} + 2\right)$$

$$= 6 \times \dfrac{7}{3} = 14[\mu F]$$

18 ①

전력량은 동일하다.

㉠ $55 \times 2 \times \dfrac{1}{2} \times 10 = 550[WH]$

㉡ $55 \times 1 \times 1 \times 10 = 550[WH]$

따라서 전력량 비는 1 : 1

19 ②

결합계수는 1차측의 에너지가 2차측으로 얼마만큼 전
달되는가를 나타내는 수치이다.

$$k = \dfrac{M}{\sqrt{L_1 L_2}} = \dfrac{10}{\sqrt{20 \times 80}} = 0.25$$

20 ⑤

면전하에서 전계는 $E = \dfrac{\sigma}{\epsilon_0}[V/m]$로서 거리와는 무
관하다.

21 ③

회로의 리액턴스 $\omega = 5000$이므로

$$X = X_L - X_C = \omega L - \dfrac{1}{\omega C}$$

$$= 5000 \times 32 \times 10^{-3} - \dfrac{1}{5000 \times 5 \times 10^{-6}}$$

$$X = 160 - 40 = 120[\Omega]$$

22 ④

20[V]를 인가했을 때 400[W]를 소비하는 저항

$$R = \frac{V^2}{P} = \frac{20^2}{400} = 1[\Omega]$$

체적을 변하지 않도록 하고 지름이 1/2이면

원통형 도체의 체적은 $\pi r^2 l = \frac{\pi d^2}{4} l$ 지름을 1/2로 줄이면 길이는 4배가 되므로

저항은 지름으로 4배, 길이로 4배가 되어 16배가 된다. 따라서 변형된 도체의 저항 값은 $16[\Omega]$이다.

23 ⑤

전압의 최댓값 $200\sqrt{2}[V]$, 실횻값 200[V], 파형률

$$= \frac{\text{실횻값}}{\text{평균값}} > 1$$

전류의 최댓값 10[A], 파고율

$$= \frac{\text{최댓값}}{\text{실횻값}} = \frac{10}{\frac{10}{\sqrt{2}}} = \sqrt{2}$$

24 ②

두 도선이 평행하고 전류가 같은 방향으로 흐르면 흡인력이 작용한다.

$$F = \frac{2I_1 I_2}{r} \times 10^{-7} = \frac{2 \times 10 \times 15}{0.06} \times 10^{-7}$$

$$= 5 \times 10^{-4}[N/m]$$

25 ⑤

$$S = VI\cos\theta = \frac{60}{\sqrt{2}} \times \frac{1.5}{\sqrt{2}} \cos(-10° - 50°)$$

$$= 45\cos(-60°) = 45\angle -60°[VA]$$

cf. 유효전력은 $P = 45\cos 60° = 22.5[W]$

임피던스 $Z = \dfrac{\dfrac{60}{\sqrt{2}} \angle -10°}{\dfrac{1.5}{\sqrt{2}} \angle 50°} = 40 \angle -60°$

26 ⑤

• 교차기자력은 계자기자력과 전기각도 90°의 방향으로 발생하는 기자력이다. (○)
• 편자작용에 의해 직류발전기는 전기적 중성축이 회전방향으로 이동한다. (○)
• 보극이나 보상권선을 설치하여 전기자 반작용에 의한 악영향을 줄일 수 있다. (○)

27 ②

$$e = \frac{PZ\phi N}{a \times 60} = \frac{4 \cdot 100 \cdot 0.01 \cdot 1200}{4 \cdot 60} = 20[V]$$

28 ③

슬립을 s라고 하면 1차측에서 본 유도전동기의 등가회로의 저항은 (15+9/s)[Ω]이 되며, 변압기의 내부저항과 부하가 연결된 형태와 동일한 모양으로 등가회로를 변경한다.

15+9/s=15+9+9(1-s)/s가 성립한다. (15[Ω]과 9[Ω]에서는 변압기의 1, 2차 동손과 같은 고정손실이 발생하며 (9(1-s)/s[Ω]에서는 소비되는 전력이 유도전동기의 기계적 출력에 대응된다.)

s=0.1을 대입하면 동손저항은 15+9=24[Ω]

출력을 만들어내는 등가저항은

$$\frac{9 \cdot (1 - 0.1)}{0.1} = 81[\Omega]$$

저항에서 소비되는 전력은 $I^2 R$이므로 효율은

$$\frac{I^2 \cdot 81}{I^2 \cdot 105} \fallingdotseq 0.77$$이 된다.

29 ④

직류 발전기의 병렬운전의 조건

• 각 발전기의 단자 전압의 극성이 동일할 것
• 각 발전기의 전부하 정격 전압이 일치할 것(단자전압이 같을 것)
• 각 발전기의 외부특성곡선이 수하특성일 것
• 백분율 부하전류의 외부특성곡선이 일치할 것
• 무부하 특성곡선 : 무부하 시 I_f와 E의 관계곡선
• 부하 특성곡선 : 정격부하 시 I_f와 V의 관계곡선
• 외부특성곡선 : 정격부하 시 I와 V의 관계곡선

30 ③

정방향 회전자계에 대한 슬립 (0 < s < 1)

$$s[pu] = \frac{n_0 - n}{n_0}$$

역방향 회전자계에 대한 슬립 (1 < s < 2)

$$s[pu] = \frac{n_0 + n}{n_0}$$

31 ④

직류전동기의 역기전력

$$E = V - I_a r_a = 150 - 10 \times 2 = 130\,[V]$$

32 ①

역률 0.6의 부하 300[Kw], 피상전력은 500[KVA]

개선 전의 무효전력 $Q_1 = 500 \times 0.8 = 400\,[Kvar]$

개선 후의 무효전력 $Q_2 = 500 \times 0.6 = 300\,[Kvar]$

따라서 필요한 진상무효전력은 100[Kvar]

33 ④

브러시가 부착된 DC 모터에서는 정류자와 브러시의 접촉에 의해서 코일에 전류를 흐르게 함과 동시에 정류시키는 기능을 하지만, 브러시가 마모되는 단점이 있다. 그러나 Brushless DC모터는 브러시를 사용하지 않고 비접촉의 위치 검출기와 반도체 소자로서 통전 및 전류시키는 기능을 바꾸어 놓은 모터이다. DC모터와 비슷한 면이 있으나 구동방식상 3상 유도 전동기의 특성과 유사하여 저속 고속에서 토크가 비교적 높고 고속회전도 가능하며 무접점의 반도체 소자로 코일의 전류를 드라이브 하는 관계로 그 수명이 매우 길고 소음과 전자적인 잡음을 거의 발생시키지 않는다.

홀센서는 Hall Effect를 이용하여 로터의 위치를 알 수 있다. BLDC모터에서는 전기각을 검출하기 위해서 홀센서를 가장 많이 사용한다. 정류자와 브러시의 역할을 하는 구성요소에 홀센서와 인버터가 사용된다.

34 ③

직류직권전동기는 토크가 전류의 2배에 비례하고, 분권전동기는 토크와 전류가 비례한다.

따라서 부하토크가 4배 증가하였다면 직권전동기 전류는 $T \propto I^2$ 이므로 I_{series}는 2배, 분권 전동기 전류는 4배가 된다.

전류의 합은 $\dfrac{2+4}{2} = 3$배

35 ③

직류 전동기의 속도 $N = K\dfrac{V-E}{\varnothing}\,[rpm]$ 에서 계자전류 즉 자속을 1.2배로 하면 회전속도는 $\dfrac{1}{1.2}$배로 감소한다.

따라서 $1200 \times \dfrac{1}{1.2} = 1000\,[rpm]$

36 ④

변압기유에는 주로 광유가 사용된다. 절연내력이 있고, 비열이 공기보다 크며 냉각효과가 있어서 사용된다.

절연유의 조건으로는 절연 내력이 커야 하고, 절연재료 및 금속재료와 화학작용이 일어나지 않을 것, 인화점이 높고 응고점이 낮을 것, 미열이 커서 냉각효과가 클 것 등이 있다.

④ 응고점이 높으면 상용온도에서 굳기 때문에 절연 및 냉각효과가 매우 낮게 된다.

37 ②

직류 직권전동기

$$E_{50} = V - IR = 210 - 50 \times 0.2 = 200\,[V]$$

$$E_{30} = 106 - 30 \times 0.2 = 100\,[V]$$

기전력이 회전수에 비례하고 전류와 반비례하므로

$$N = 1500 \times \frac{1}{2} \times \frac{5}{3} = 1250\,[rpm]$$

38 ④

동기발전기의 전기자 권선을 Y결선으로 하는 이유

　　㉠ △ 결선에 비해서 선간전압을 $\sqrt{3}$ 배 크게 할 수 있다.

　　㉡ Y결선은 중성점 접지를 할 수 있기 때문에 이상 전압으로부터 기기를 보호할 수 있다.

　　㉢ 중성점을 접지하게 되면 보호계전기의 동작을 확실하게 하고 절연레벨을 낮출 수 있다.

　　㉣ 고조파 순환전류가 흐르지 않으므로 열 발생이 적다.

39 ①

유도전동기 회전자의 기계적 각속도가 동기각속도보다 크면 슬립이 s < 0이 되어 발전기로 작동하는 것이다. 따라서 출력은 (−)값으로 표시되고, 손실은 (+)로 된다.

슬립 s가 음(−)이 되면 회전자 권선은 전동기의 경우와 반대 방향으로 회전하게 되며, 토크와 전류의 방향도 반대가 된다.

40 ③

분권 직류발전기에서

$E = V + I_a r_a = 230 + I_a \times 0.05 = 240\,[V]$

단자전압 $V = I_f r_f = I_f \times 50 = 230\,[V]$

발전기에서 부하전류는

$I = I_a - I_f = 200 - 4.6 = 195.4\,[A]$

41 ④

동기발전기의 병렬운전에서 두 발전기 간의 전압차가 발생하면 그 전압차에 의해서 두 발전기가 만드는 회로에 무효횡류가 흐른다.

$I = \dfrac{E_A - E_B}{Z_A + Z_B} = \dfrac{480}{2 \times 3} = 80\,[A]$

42 ③

③ 초퍼형 컨버터는 스위칭 사이의 정지시간의 주기를 조절하여 직류전압의 크기를 조절하는 장치이다.

①②⑤ 인버터는 직류를 교류로 변환하는 기기이므로 출력이 교류이다.

④ 사이클로 컨버터는 교류 주파수 변환기이다.

43 ①

유도전동기에서 토크는 전압의 제곱과 비례하므로

$T_s = 1.6\,T \Rightarrow 1.6 \times \dfrac{1}{4}\,T' = 0.4\,T'$

유도전동기의 기동법에 감압기동을 하는 것은 기동토크와 기동전류를 작게 하고자 함이다.

이 문제처럼 원래 기동토크가 전부하시의 1.6배나 되는 것인데, 전압을 낮추어 보다 용이하게 기동할 수 있는 것을 보여준다.

44 ④

전압변동률 $\dfrac{V_{20} - V_{2n}}{V_{2n}} \times 100 = 10\,[\%]$에서

무부하전압 $V_{20} = 100 \times 1.1 = 110\,[V]$

45 ②

전기기기의 허용온도 표시

A : 105[℃], E : 120[℃], B : 130[℃], F : 155[℃], H : 180[℃]

46 ①

변압기의 유도기전력

$E = 4.44 f N \varnothing_m\,[V]$에서

$\varnothing_m = \dfrac{E_1}{4.44 f N_1} = \dfrac{240}{4.44 \times 50 \times 240}$

$\qquad = 4.5 \times 10^{-3}\,[wb]$

47 ④

유도전동기의 속도

$N = \dfrac{120f}{P}(1-s)[rpm]$ 이므로 속도는 극수에 반비례
한다.

48 ①

병렬운전이면 양 발전기는 유기기전력이 같다.

$E_A - I_A R_A = E_B - I_B R_B$

$100 - 0.1 I_A = 130 - 2 I_A \times 0.2$ 에서

$I_A = 100 [A]$

49 ③

이상적 변압기는 1차와 2차 간에 전력의 크기는 변함
이 없으므로

2차측에서 $P = \dfrac{V_2^2 R_2}{R_2^2 + X_2^2} = \dfrac{V_2^2 \times 3}{3^2 + 4^2} = 300 [W]$ 에서

$V_2 = 50 [V]$

그러므로 권선비, 즉 전압비는 $a = \dfrac{V_1}{V_2} = \dfrac{200}{50} = 4$

50 ②

최대역전압은 직류전압의 π 배이므로

$PIV = \pi V_d = \pi \times \dfrac{2\sqrt{2}\, V_s}{\pi} = 2\sqrt{2}\, V_s$

인천국제공항공사

기술분야(전기)

필기시험 모의고사

제3회 정답 및 해설

SEOWONGAK

(주)서원각

제3회 정답 및 해설

✎ 직업기초능력평가

1 ①

사이버공간과 인간 공동체를 비교해 보면 사이버공간은 사이버공간 전체의 힘은 다양한 접속점들 간의 연결을 얼마나 잘 유지하느냐에 달려 있고, 인간 공동제의 힘 역시 접속점 즉 개인과 개인, 다양한 집단과 집단 간의 견고한 관계유지에 달려 있다고 본다.
그러므로 유사성을 부정하고 차이를 부각하는 내용이어야만 한다.

2 ⑤

조건을 잘 보면 병의 가방에 담긴 물품 가격의 합이 44,000원
병의 가방에는 B, D, E가 들어 있고 E의 가격은 16,000원
그럼 B와 D의 가격의 합이(⊙+ⓒ)
44,000 − 16,000 = 28,000원이 되어야 한다.
①은 답이 될 수 없다.
가방에 담긴 물품 가격의 합이 높은 사람부터 순서대로 나열하면 갑 > 을 > 병 순이므로
을은 A와 C를 가지고 있는데 A는 24,000원, 병 44,000원보다 많아야 하므로 C의 가격(ⓒ)은 적어도 44,000 − 24,000 = 20,000원 이상이 되어야 한다.
②③④는 답이 될 수 없다.

3 ①

1명은 맞고 2명은 틀리다는 것을 생각하면
간부 1의 말이 참이면, 간부 3의 말도 참이다. 그러면 모순이다.
간부 2의 말이 참이면, 간부 1의 말은 거짓이고, 간부 3의 말도 반드시 거짓이 되어야 한다.
만약 간부 2의 말이 0명을 가리킨다면 간부 1과 간부 3의 말은 거짓이 된다.
간부 3의 말이 참이면, 간부 1 또는 간부 2의 말이 참이 된다. 그러면 모순이다.

4 ②

주어진 설명에 의해 4명의 자질과 가능 업무를 표로 정리하면 다음과 같다.

	오 대리	최 사원	남 대리	조 사원
스페인어	○	×	○	×
국제 감각	○	×	×	○
설득력	×	○	○	○
비판적 사고	×	○	○	×
의사 전달력	○	○	×	○

위 표를 바탕으로 4명의 직원이 수행할 수 있는 업무를 정리하면 다음과 같다.
• 오 대리 : 계약실무, 현장교육
• 최 사원 : 시장조사
• 남 대리 : 협상, 시장조사
• 조 사원 : 현장교육
따라서 필요한 4가지 업무를 모두 수행하기 위해서는 오 대리와 남 대리 2명이 최종 선발되어야만 함을 알 수 있다.

5 ①

각국의 해외여행 시 지참해야 할 물품이 기록된 자료는 향후에도 유용하게 쓸 수 있는 정보이므로 바로 버려도 되는 동적정보로 볼 수 없다. 나머지 선택지에 제시된 정보들은 모두 일회성이거나 단기에 그 효용이 끝나게 되므로 동적정보이다.
신문이나 텔레비전의 뉴스는 상황변화에 따라 수시로 변하기 때문에 동적정보이다. 반면에 잡지나 책에 들어있는 정보는 정적정보이다. CD-ROM이나 비디오테이프 등에 수록되어 있는 영상정보도 일정한 형태로 보존되어 언제든지 동일한 상태로 재생할 수 있기 때문에 정적정보로 간주할 수 있다.

6 ③

절전모드 실행 중에는 전원버튼을 눌러 켠 후 문서를 넣어 사용할 수 있으므로 정상 작동하지 않는 원인이라고 볼 수 없다.

7 ⑤

'세단대기'는 세단할 문서를 문서투입구에 넣을 준비가 되어 있는 상태를 나타낸다.
① 문서가 과도하게 투입된 경우이다.
② 파지함에 파지가 꽉 찼거나 파지 감지스위치에 이물질이 쌓여있는 경우이다.
③ 과도한 투입 및 장시간 연속동작의 경우이다.
④ 프런트 도어를 열고 파지함을 비워야 하는 경우이다.

8 ⑤

선과 악의 대결에서 항상 선이 승리한다는 내용은 어디에도 찾아볼 수 없다.

9 ③

화살표로부터 시작해서 9를 빼고 5를 곱한 값이 짝수가 되어야 2로 나누었을 때 정수가 된다. 따라서 (?)의 수는 홀수가 되어야 한다. 그러므로 짝수는 일단 정답에서 제외해도 된다.
보기의 번호를 대입하여 계산해 보면 된다.
① $11-9=2$, $2\times5=10$, $10\div2=5$, $5-4=1$, $1+12=13$, $13\div3=4.3333$ (×)
② $12-9=3$, $3\times5=15$, $15\div2=7.5$ (×)
③ $13-9=4$, $4\times5=20$, $20\div2=10$, $10-4=6$, $6+12=18$, $18\div3=6$, $6+7=13$
④ $14-9=5$, $5\times5=25$, $25\div2=12.5$ (×)
⑤ $15-9=6$, $6\times5=30$, $30\div2=15$, $15-4=11$, $11+12=23$, $23\div3=7.666$ (×)

10 ④

하나씩 표를 통해 대입해 보면 다음과 같다.

이름	우성(동건)	인성	동건(우성)
지붕 색	빨간색(파란색)	노란색	파란색(빨간색)
애완동물	개(고양이)	도마뱀	고양이(개)
직업	농부(의사)	광부	의사(농부)

ⓐ 동건은 빨간 지붕 집에 살지 않고, 우성은 개를 키우지 않는다. →거짓
ⓑ 노란 지붕 집에 사는 사람은 도마뱀을 키우지 않는다. →거짓
ⓒ 동건은 파란 지붕 집에 살거나, 우성은 고양이를 키운다. →동건이 파란 지붕에 사는 것이므로 참
ⓓ 동건은 개를 키우지 않는다. →참
ⓔ 우성은 농부다. →농부일 수도 있고 아닐 수도 있다.

11 ⑤

2월 행사는 4번이 예약되어 있으며, 행사주제별로 기본 사용료를 계산해 보면 다음과 같다.
• B동아리 : 450,000원 + 50,000원 = 500,000원
• D국 무역관 : 300,000원 + 60,000원 = 360,000원
• F사 동호회 : 350,000원 + 100,000원 = 450,000원
• H기업 : 450,000원 + 50,000원 = 500,000원
따라서 이를 모두 더하면 1,810,000원이 되는 것을 알 수 있다.

12 ④

월별 인원 추가 비용은 다음과 같이 구분하여 계산할 수 있다.

2월	3월	4월
• B동아리 : 450,000원×0.2 =90,000원	• A대학 : 350,000원×0.15 =52,500원	• C연구소 : 인원 미초과
• D국 무역관 : 인원 미초과	• E제품 바이어 : 인원 미초과	• G학회 : 300,000원×0.1 =30,000원
• F사 동호회 : 350,000원×0.15 =52,500원		
• H기업 : 인원 미초과		

따라서 각 시기별 인원 추가 비용은 2월 142,500원, 3월 52,500원, 4월 30,000원이 되어 2월, 3월, 4월 순으로 많게 된다.

13 ④

대학은 Academy의 약어를 활용한 'ac.kr'을 도메인으로 사용한다. 주어진 도메인 외에도 다음과 같은 것들을 참고할 수 있다.

- co.kr – 기업/상업기관(Commercial)
- ne.kr – 네트워크(Network)
- or.kr – 비영리기관(Organization)
- go.kr – 정부기관(Government)
- hs.kr – 고등학교(High school)
- ms.kr – 중학교(Middle school)
- es.kr – 초등학교(Elementary school)

14 ③

ㄱ 자율성주의는 예술작품에 대한 도덕적 가치판단을 범주착오에 해당하는 것으로 보기 때문에 극단적 도덕주의와 온건적 도덕주의 모두를 범주착오로 본다.

ㄴ 모든 도덕적 가치가 예술작품을 통해 구현된다는 말은 언급한 적이 없다.

ㄷ 극단적 도덕주의는 모든 예술작품을, 온건적 도덕주의는 일부 예술작품을 도덕적 판단의 대상으로 본다.

15 ④

A방식

구분	미연	수정	대현	상민
총점	347	325	330	340
순위	1	4	3	2

B방식

구분	미연	수정	대현	상민
등수의 합	8	12	11	9
순위	1	4	3	2

C방식

구분	미연	수정	대현	상민
80점 이상 과목 수	3	3	2	3
순위	1	3	4	2

16 ③

A : 영어 → 중국어

B : ~영어 → ~일본어, 일본어 → 영어

C : 영어 또는 중국어

D : 일본어 ↔ 중국어

E : 일본어

ㄱ B는 참이고 E는 거짓인 경우

영어와 중국어 중 하나는 반드시 수강한다(C).

영어를 수강할 경우 중국어를 수강(A), 일본어를 수강(D)

중국어를 수강할 경우 일본어를 수강(D), 영어를 수강(E는 거짓이므로) → 중국어도 수강(A)

그러므로 B가 참인 경우 일본어, 중국어, 영어 수강

ㄴ B가 거짓이고 E가 참인 경우

일본어를 수강하고 영어를 수강하지 않으므로(E) 반드시 중국어를 수강한다(C).

중국어를 수강하므로 일본어를 수강한다(D).

그러므로 E가 참인 경우 일본어, 중국어 수강

영식이가 반드시 수강할 과목은 일본어, 중국어이다.

17 ④

(가) 1일 평균 근로시간은 '근로시간 ÷ 근로일수'로 계산할 수 있으며, 연도별로 8.45시간, 8.44시간, 8.47시간, 8.45시간으로 2016년이 가장 많다. (O)

(나) 1일 평균 임금총액은 '임금총액 ÷ 근로일수'로 계산할 수 있으며, 연도별로 149.2천 원, 156.4천 원, 161.6천 원, 165.4천 원으로 매년 증가하였다. (O)

(다) 1시간 당 평균 임금총액은 '임금총액 ÷ 근로시간'으로 계산할 수 있으며, 연도별로 17.7천 원, 18.5천 원, 19.1천 원, 19.6천 원으로 매년 증가하였다. (O)

(라) 2014년~2016년의 수치로 확인해 보면, 근로시간이 더 많은 해에 임금총액도 더 많다고 할 수 없으므로 비례관계가 성립하지 않는다. (X)

18 ②

변화가 심한 시대에는 정보를 빨리 잡는다는 것이 상당히 중요한 포인트가 된다. 때로는 질이나 내용보다는 정보를 남보다 빠르게 잡는 것만으로도 앞설 수 있다. 더군다나 격동의 시대에는 빠른 정보수집이 결정적인 효과를 가져 올 가능성이 클 것이다.

19 ②

★, ▲, △ 스위치를 눌러서 다음과 같은 순서로 변화된 것이다.

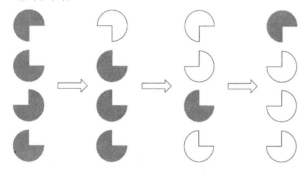

20 ②

관점 A – 객관적인 정보에 의해서 결정

관점 B – 객관적 요소 뿐 아니라 주관적 인지와 평가에 좌우

관점 C – 개인의 심리적 과정과 속한 집단의 문화적 배경에도 의존

㉠ 관점 B는 객관적인 요소에 영향을 받는다.

㉡ 관점 B는 주관적 인지와 평가, 관점 C는 문화적 배경

㉢ 민주화 수준이 높은 사회는 개인이 속한 집단의 문화적 배경에 해당하므로 관점 C에 해당하며, 관점 A는 사회 구성원들이 기후변화의 위험에 더 민감한 태도를 보인다는 것을 설명할 수 없다.

21 ⑤

⑤ 1월의 경우 $\frac{39,293}{43,705} \times 100 =$ 약 89%로 90%를 넘지 않는다.

22 ⑤

㉠ 갑과 을이 함께 당첨이 될 경우 갑이 최대로 받기 위해서는 3장의 응모용지에 모두 같은 수를 써서 당첨이 되어야 하고, 을은 1장만 당첨이 되어야 한다. 갑은 총 4장의 응모용지 중 3장이 당첨된 것이므로 $\frac{3}{4} \times 100 = 75$개, 을은 25개를 받는다. 갑은 최대 75개의 사과를 받는다.

㉡ ㉠과 같은 맥락으로 갑이 최소로 받게 되는 사과의 개수는 25개가 된다.

㉢ 갑이 1장만으로 당첨이 되었을 경우 받을 수 있는 사과의 개수는 $\frac{100}{1} = 100$개 갑이 3장을 써서 모두 같은 수로 당첨이 되었을 경우 받을 수 있는 사과의 개수는 $\frac{100}{3} \times 3 = 100$개 모두 같은 개수의 사과를 받는다.

23 ④

① 1,000원(체감비용)+27,000원=28,000원

② 20,000원(토너)+8,000원(A4용지)=28,000원

③ 5,000원(체감비용)+24,000원=29,000원

④ 10,000원(A4용지)+1,000원(체감비용)+16,000원(토너)=27,000원

⑤ 1,000원(체감비용)+27,000원=28,000원

24 ①

데이터의 구성단위는 큰 단위부터 'Database→File→Record→Field→Word→Byte(8Bit)→Nibble(4Bit)→Bit'의 순이다. Bit는 자료를 나타내는 최소의 단위이며, Byte는 문자 표현의 최소 단위로 '1Byte = 8Bit'이다.

25 ②

② 세 번째에 누른 스위치(■)를 먼저 고려하면 ②와 ③이 정답이 될 수 있다. 이 중 첫 번째 스위치(▲)와 두 번째 스위치(☆)에 의해 2번째 기계는 원래 모양대로 있게 되므로 ②가 정답이 된다.

26 ③

③ 3, 4번 기계의 방향만 바꾸기 위해서는 ★, ☆, ▲를 누르면 된다(1, 2번 기계는 원위치로 돌아감). 또, 운전 조작 스위치 중 ▣, ◉를 누르면 모든 기계가 작동되는데, 이후 ◈를 누르면 작동되던 2, 3번 기계는 한 번 더 조작되었으므로 정지된다.

27 ⑤

⑤ 반대되는 논거를 제시하여 절충된 가치를 통해 글의 주제에 접근하는 방식의 서술은 다분히 철학적이고 인문학적인 주제의 글보다는 사회 현상에 대한 분석이나 과학적 사고를 요하는 글에 보다 적합한 서술 방식이라고 할 수 있다.

① 첫 번째 문단을 보면 '죽음은 인간의 총체를 형성하는 결정적인 요소이다', '죽음이란 한 존재의 사멸, 부정의 의미이므로 여러 가지 인격을 갖고 살아가고 있는 현대인의 어떤 정체성을 부정하거나 사멸시키는 하나의 행위', '죽음이란 이 세상을 살아가면서 배워서 아는 것' 등 핵심 단어인 죽음에 대해 정의를 찾아가며 논점을 전개하고 있다.

② 삶과 죽음의 의미, 심리학자들의 주장 등에서 누구나 알 수 있는 상식을 제시하면서 삶과 죽음에 대한 새로운 이해를 하려는 시도가 나타나 있다.

③ 인간의 삶은 과학 기술적 접근뿐 아니라 인문학적인 차원에서의 접근도 이루어져야 한다는 점, 삶의 목적은 철학적, 윤리적, 가치론적 입장에서 생각해 볼 수 있다는 점 등의 의견을 제시함으로써 특정 현상을 다양한 각도에서 조명해 보려는 의도가 보인다.

④ 상식에 속하는 일반적인 통념을 근원적으로 심도 있게 이해하기 위한 고찰 방법 즉, 과학 기술적 접근과 인문주의적 접근을 제안하고 있다.

28 ③

③ 각각 8시간으로 동일하다. (○)

① 여름(경부하)이 봄·가을(경부하)보다 전력량 요율이 더 낮다. (×)

② 최소 : 57.6 × 100 = 5,760원, 최대 : 232.5 × 100 = 23,250원이며 차이는 16,000원 이상이다. (×)

④ 22시 30분에 최대부하인 계절은 겨울이다. (×)

⑤ 12월 겨울 중간부하 요율 : 128.2 × 100 = 12,820 + 2,390(기본) = 15,210원 (×)

29 ③

③ 2HP = 1,500W이며, 사용설비 용량은 입력환산율에 따라 1,500 × 1.25 = 1,875W = 1.875kW가 된다.

30 ②

㉠ 2.2kW = 2,200W이며, 배수용 저압 단상 수중전동기 입력환산율을 적용하면
2,200 × 1.46 = 3,212W = 3.212kW

㉡ 5마력 = 3,750W이며, 배수용 저압 삼상 수중전동기 입력환산율을 적용하면
3,750 × 1.38 = 5,175W = 5.175kW

㉢ 2,000kW에 깊은우물용 고압 수중전동기 입력환산율을 적용하면 2,000 × 1.41 = 2820kW

31 ②

	김부장	최과장	오과장	홍대리, 박사원
외국어 성적	25점	25점	40점	근무경력이 5년 미만이므로 선발 자격이 없다.
근무 경력	20점	20점	14점	
근무 성적	9점	10점	9점	
포상	10점	20점	0점	
계	64점	75점	63점	

32 ①

	김 부장	최 과장	오 과장	홍 대리, 박 사원
외국어 성적	20점	20점	32점	근무경력이 5년 미만이므로 선발 자격이 없다.
근무 경력	40점	28점	20점	
근무 성적	9점	10점	9점	
포상	5점	10점	0점	
계	74점	68점	61점	

33 ⑤

주어진 설명에 해당하는 파일명은 다음과 같다.

㉠ BMP

㉡ JPG(JPEG) : 사용자가 압축률을 지정해서 이미지를 압축하는 압축 기법을 사용할 수 있다.

㉢ GIF : 여러 번 압축하여도 원본과 비교해 화질의 손상이 없는 특징이 있다.

㉣ WMF

㉤ TIF(TIFF)

㉥ PNG

34 ③

③ 실시간 감시가 가능한 사업장은 대형 사업장이며, 주어진 글에서는 실시간 감시가 어려운 중소 사업장 수가 증가한다고 설명하고 있다. 따라서 실시간 감시가 가능한 대형 사업장의 수가 감소하는 것은 아니다.

① 가축의 분뇨 배출은 초미세먼지의 주 원인 중 하나인 암모니아 배출량을 증가시켜 초미세먼지의 발생을 유발할 수 있다.

② 약 330만 대의 1/4 즉, 약 80만 대 이상이 'Euro3' 수준의 초미세먼지를 배출하고 있다.

④ 이른 봄은 가축 분뇨에 의한 암모니아 배출량이 많아지는 시기이다.

⑤ 온습도, 강우 등 기상조건의 영향으로 암모니아 배출량이 달라지므로 올바른 설명이 된다.

35 ②

• 여섯 번째 조건에 의해 丁은 찬성, 세 번째 조건에 의해 丁과 辛 중 한 명만이 찬성이므로 辛은 반대이다.

• 다섯 번째 조건의 대우는 辛이 반대하면 戊가 찬성이므로 戊는 찬성이다.

• 네 번째 조건의 대우는 戊가 찬성하고 辛이 반대하면 乙과 丁 모두가 반대하지 않는다이며 따라서 乙은 찬성이다. → 丁, 戊, 乙 찬성 / 辛 반대

• 두 번째 조건에서 乙이나 丙이 찬성하면 己 또는 庚 중 적어도 한 명이 찬성한다고 했으므로 己, 庚 모두 찬성도 가능하다.(반대 의견을 제시한 최소 인원을 구하는 문제이다)

• 첫 번째 조건의 대우는 丙 또는 丁이 반대하거나 戊가 찬성하면 甲과 乙이 찬성한다이므로 戊가 찬성하

므로 甲과 乙이 찬성하며, 丙도 찬성할 수 있다.

따라서 반대의 최소 인원은 1명(辛)이다.

36 ④

금리를 높일 수 있는 방법은 가입기간을 길게 하며, 해당 우대금리를 모두 적용받는 것이다. 따라서 3년 기간으로 계약하여 2.41%와 두 가지 우대금리 조건을 모두 충족할 경우 각각 0.2%p와 0.3%p(3명의 추천까지 적용되는 것으로 이해할 수 있다.)를 합한 0.5%p가 적용되어 총 2.91%의 연리가 적용될 수 있다.

① 비대면전용 상품이므로 은행 방문 가입은 불가능하다.

② 9개월은 계약기간의 3/4에 해당하는 기간이며 월 평균 적립금액이 10만 원이므로 이후부터는 1/2인 5만 원의 월 적립금액이 허용된다.

③ 가입기간별 우대금리가 다르게 책정되어 있음을 알 수 있다.

⑤ 예금자보호법에 따라 원금과 이자가 5천만 원이 넘을 경우, 유사 시 일부 금액을 받지 못할 수도 있다.

37 ①

㉠ COUNTIF는 범위에서 해당 조건을 만족하는 셀의 개수를 구하는 함수이다. 따라서 'B2:E2' 영역에서 E2의 값인 5와 같지 않은 셀의 개수를 구하면 3이 된다.

㉡ 'B2:E2' 영역에서 3을 초과하는 셀의 개수를 구하면 3이 된다.

㉢ INDEX는 표나 범위에서 지정된 행 번호와 열 번호에 해당하는 데이터를 구하는 함수이다. 따라서 'A1:E3' 영역에서 2행 4열에 있는 데이터를 구하면 3이 된다.

㉣ TRUNC는 지정한 자릿수 미만을 버리는 함수이며, SQRT(인수)는 인수의 양의 제곱근을 구하는 함수이다. 따라서 'C2' 셀의 값 7의 제곱근을 구하면 2.645751이 되고, 2.645751에서 소수점 2자리만 남기고 나머지는 버리게 되어 결과 값은 2.64가 된다.

따라서 ㉠, ㉡, ㉢은 모두 3의 결과 값을 갖는 것을 알 수 있다.

38 ①

S는 육각형을 의미하지만, 항상 가장 큰 크기로 표시되는 것이 아니며, 1, 2, 3 숫자에 의해 어떤 크기로도 표시될 수 있다.

② H는 Horizontal의 약자로 가로축을, V는 Vertical의 약자로 세로축을 의미하므로 네 칸씩 있는 그래프는 H4 / V4로 표시된다.

③ N은 내부 채색을, R은 내부 무채색을 의미한다.

④ 가장 마지막 N 또는 R 다음에 표시된 숫자가 도형의 크기를 의미한다.

⑤ 삼각형은 J, 평생사변형은 E, 마름모는 K, 타원은 W로 표시되는 것을 알 수 있다.

39 ⑤

가로축이 네 칸, 세로축이 다섯 칸이므로 그래프는 H4 / V5의 형태가 된다.

삼각형, 평행사변형, 평행사변형, 육각형이 차례로 표시되어 있으므로 J, E, E, S가 도형의 모양을 나타내는 기호가 되며, 각 좌표를 괄호 안에 표시한다. 첫 번째와 세 번째 도형은 내부 무채색이므로 R, 두 번째와 네 번째 도형은 내부 채색이므로 N이 표시되며, 세 번째 도형은 2의 크기, 나머지 도형은 모두 3의 크기가 된다.

따라서 선택지 ⑤와 같은 명령어가 정답인 것을 알 수 있다.

40 ④

④ 물체의 운동에너지를 $E = \frac{1}{2}mv^2$이라고 하였으므로, 속력이 8배가 되면 운동에너지는 속력의 제곱인 64배가 된다.

① 건축물뿐 아니라, 자연의 땅, 나무, 하늘의 구름 등에 의해서도 공간이 인식된다는 것이 필자의 견해이다.

② 차도는 자동차들이 움직이는 곳이며, 주차장은 자동차들이 정지해 있는 곳이므로, 주차장이 더 넓을수록 공간의 전체 속도가 줄어들어 공간 에너지도 줄어들게 된다.

③ 여름에는 사람들이 앉아 있는 레스토랑이며 겨울에는 스케이트를 타는 곳이 되므로 겨울의 공간 에너지가 더 많다.

⑤ 록펠러 센터의 선큰가든의 사례를 통해 동일한 공간이라도 여름에는 고요하고 정적인 분위기, 겨울에는 그와 반대인 활발하고 동적인 분위기를 연출한다는 점을 알 수 있다.

41 ③

미국과 중국의 상호 관세가 부과되면 양국의 상대국에 대한 수출은 감소될 것이므로 중국의 대미관세 부과에 따른 '미국 대중 수출'과 미국의 대중관세 부과에 따른 '중국 대미 수출'은 감소하는 하락 그래프를 나타내야 한다. 또한 한국의 대미 수출은 무역전환 효과가 작용한 영향으로 인해 미국이 중국 대신 한국으로부터 수입하는 물품이 증가하여 미국의 대중관세 부과에 따른 '한국 대미 수출'은 상승 그래프를 나타내게 된다. 그러나 중국에서는 중간재 수요 감소에 따라 한국으로부터 수입하는 물품의 양 역시 감소하여 중국의 대미관세 부과에 따른 '한국 대중 수출'은 하락 그래프를 나타내게 된다. 따라서 ③과 같은 그래프 모양이 분석 내용에 부합하는 것이 된다.

42 ③

주어진 조건에 따라 선택지의 날짜에 해당하는 당직 근무표를 정리해 보면 다음과 같다.

구분	갑	을	병	정
A	2일, 14일		8일	
B		3일		9일
C	10일		4일	
D		11일		5일
E	6일		12일	
F		7일		13일

따라서 A와 갑이 2일 날 당직 근무를 섰다면 E와 병은 12일 날 당직 근무를 서게 된다.

43 ④

각 여행지별 2명의 하루 평균 가격을 도표로 정리하면 다음과 같다.

관광지	일정	2명의 하루 평균 가격
갑지	5일	$599,000 \div 5 \times 2 = 239,600$원
을지	6일	$799,000 \div 6 \times 2 = 266,333$원, 월~금은 주중 할인이 적용되어 하루 평균 $266,333 \times 0.8 = 213,066$원이 된다. 따라서 월~토 일정 동안의 전체 금액 $[(213,066 \times 5) + 266,333]$에서 하루 평균 가격을 구하면 $221,944$원이다.
병지	8일	$999,000 \div 8 = 124,875$원(1명), $999,000 \div 8 \times 0.8 = 99,900$원(1명) 따라서 2명은 $124,875 + 99,900 = 224,775$원
정지	10일	$1,999,000 \div 10 = 199,900$원(1명), $1,999,000 \div 10 \times 0.5 = 99,950$원(1명) 따라서 2명은 $199,900 + 99,950 = 299,850$원

따라서 가장 비싼 여행지부터의 순위는 정지 – 갑지 – 병지 – 을지이다.

44 ②

DAVERAGE 함수는 범위에서 조건에 맞는 레코드 필드 열에 있는 값의 평균을 계산할 때 사용한다. 사용되는 수식은 '=DAVERAGE(범위, 열 번호, 조건)'이다. 따라서 '=DAVERAGE(A1:D8,D1,A1:A2)'와 같은 수식을 입력해야 한다.

45 ⑤

필자는 현재 우리나라의 역간 거리가 타 비교대상에 비해 짧게 형성되어 있어 운행 속도 저하에 따른 속도경쟁력 약화를 문제점으로 지적하고 있다. 따라서 역간 거리가 현행보다 길어야 한다는 주장을 뒷받침할 수 있는 ①~④와 같은 내용을 언급할 것으로 예상할 수 있다.
⑤ 역세권 문제나 부동산 시장과의 연계성 등은 주제와의 관련성이 있다고 볼 수 없다.

46 ③

어른의 수를 x라고 할 때,
$15,000x + 6,000(12 - x) \leq 108,000$이므로 $x \leq 4$
따라서 어른은 최대 4명이다.

47 ②

갑, 을, 병의 진술과 과음을 한 직원의 수를 기준으로 표를 만들어 보면 다음과 같다.

과음직원 진술자	0명	1명	2명	3명
갑	거짓	참	거짓	거짓
을	거짓	거짓	참	거짓
병	거짓	참	참	거짓

• 과음을 한 직원의 수가 0명인 경우, 갑, 을, 병 모두 거짓을 말한 것이 되어 결국 모두 과음을 한 것이 된다. 따라서 이 경우는 과음을 한 직원의 수가 0명이라는 전제와 모순이 생기게 된다.

• 과음을 한 직원의 수가 1명인 경우, 을만 거짓을 말한 것이므로 과음을 한 직원의 수가 1명이라는 전제에 부합한다. 이 경우에는 을이 과음을 한 것이 되며, 갑과 병은 과음을 하지 않은 것이 된다.

• 과음을 한 직원의 수가 2명인 경우, 갑만 거짓을 말한 것이 되므로 과음을 한 직원의 수가 1명이 된다. 따라서 이 역시 과음을 한 직원의 수가 2명이라는 전제와 모순이 생기게 된다.

• 과음을 한 직원의 수가 3명인 경우, 갑, 을, 병 모두 거짓을 말한 것이 되어 과음을 한 직원의 수가 3명이 될 것이며, 이는 전제와 부합하게 된다.

따라서 4가지의 경우 중 모순 없이 발생 가능한 경우는 과음을 한 직원의 수가 1명 또는 3명인 경우가 되는데, 이 두 경우에 모두 거짓을 말한 을은 과음을 한 직원이라고 확신할 수 있다. 그러나 이 두 경우에 모두 사실을 말한 사람은 없으므로, 과음을 하지 않은 것이 확실한 직원은 아무도 없다.

48 ③

출발시각을 한국 시간으로 먼저 바꾼 다음 소요시간을 더해서 도착 시간을 확인해 보면 다음과 같다.

구분	출발시각 (현지시간)	출발시각 (한국시간)	소요시간	도착시간
H상무	12월 12일 17:20	12월 13일 01:20	13시간	12월 13일 14:20
P전무	12월 12일 08:30	12월 12일 22:30	14시간	12월 13일 12:30
E전무	12월 12일 09:15	12월 13일 01:15	11시간	12월 13일 12:15
M이사	12월 12일 22:30	12월 13일 04:30	9시간	12월 13일 13:30

따라서 도착 시간이 빠른 순서는 E전무 – P전무 – M이사 – H상무가 된다.

49 ①

제조 시기는 11xx이며, 원산지와 제조사 코드는 5K, 철제 프레임은 03009가 되어야 한다.

50 ③

생산지는 영문 알파벳 코드 바로 앞자리이므로 오 사원과 양 사원이 모두 3으로 중국에서 생산된 물품을 보관하고 있음을 확인할 수 있다.

51 ③

인간의 욕구와 창의성을 무시한 기술은 오히려 조직의 유효성과 성과를 떨어뜨리는 결과를 초래할 수 있으며, 기술의 진보는 조직과 근로자를 관심과 몰입으로 유도할 때 효과적인 것이다. 따라서 주어진 글의 가장 큰 시사점은 바로 '기술과 사람의 혼합, 조정을 통한 사회기술 시스템의 발전이 유의미하다는 것'이라고 볼 수 있다.

52 ③

③ 비교우위에 의한 자유무역의 이득은 한 나라 내의 모든 경제주체가 혜택을 본다는 것을 뜻하지 않는다. 자유무역의 결과 어느 나라가 특정 재화를 수입하게 되면, 소비자는 보다 싼 가격으로 이 재화를 사용할 수 있게 되므로 이득을 보지만 이 재화의 국내 생산자는 손실을 입게 된다.

① 동일한 종류의 재화라 하더라도 나라마다 독특한 특색이 있게 마련이다. 따라서 자유무역은 각국 소비자들에게 다양한 소비 기회를 제공한다.

② 어느 나라가 비교우위가 있는 재화를 수출하게 되면 이 재화의 생산량은 세계시장을 상대로 크게 늘어난다. 이 경우 규모의 경제를 통해 생산비를 절감할 수 있게 된다.

④ 독과점의 폐해를 방지하려면 진입장벽을 없애 경쟁을 촉진하여야 한다. 따라서 자유무역은 경쟁을 활성화하여 경제 전체의 후생 수준을 높일 수 있다.

⑤ 자유무역은 나라간의 기술 이동이나 아이디어의 전파를 용이하게 하여 각국의 기술 개발을 촉진해주는 긍정적인 파급 효과를 발휘하기도 한다.

53 ③

전기 자동차는 1분 동안 1250m를, 자전거는 1분 동안 250m를 달릴 수 있으므로 1분당 1km의 차이가 발생하게 되는 것을 알 수 있으며, 140km의 차이가 발생하기 위해서는 140분이 지나야 함을 알 수 있다. 따라서 오전 8시에 출발했기 때문에 오전 10시 20분에 140km의 차이가 발생하게 된다.

54 ④

④ 항공운송사업자가 거짓 사항을 적은 요금표 등을 갖춰 둔 경우(1차 위반) 250만 원의 과태료가 부과된다.

① 자료를 제출하지 않은 경우(1차 위반) 150만 원의 과태료가 부과되며 위반행위가 사소한 부주의나 오류로 인한 것으로 인정되는 경우 과태료 금액의 2분의 1만큼 그 금액을 줄일 수 있으므로 75만 원의 과태료를 부과할 수 있다.

② 항공운송사업자가 사업개선 명령을 이행하지 않은 경우(2차 위반) 1,500만 원의 과태료가 부과되며 위반상태의 기간이 6개월 이상인 경우 과태료 금액의 2분의 1만큼 그 금액을 늘릴 수 있으므로 2,250만 원을 부과할 수 있다.

③ 항공교통이용자가 항공기에 탑승한 상태로 이동지역에서 항공기를 머무르게 하는 시간이 2시간을 초과하게 되었으나 항공운송사업자가 음식물을 제공하지 않거나 보고를 하지 않은 경우(2차 위반) 500만 원의 과태료가 부과된다.

⑤ 외국인 국제항공운송사업자가 항공운임을 거짓으로 제공한 경우(1차 위반) 400만 원의 과태료가 부과된다.

55 ③

스웨덴에서 수입한 제품은 제품 코드 다섯 번째 자리로 4를 갖게 되며, 침대류는 일곱 번째와 여덟 번째 자리로 02를 갖게 된다. 따라서 이 두 가지 코드에 모두 해당되지 않는 18116N0401100603은 재처리 대상 제품이 아니다.

56 ③

생산 코드가 1910이므로 2019년 10월에 생산된 것이므로 봄에 생산된 것이 아니다.

① 115번째 입고 제품이므로 먼저 입고된 제품은 114개가 있다.

② 3F이므로 영국의 LA-Z-BOY사에서 생산된 제품이다.

④⑤ 소품(04)의 서랍장(012) 제품에 해당한다.

57 ④

블록체인은 중앙집중적 조직이 필요 없고, 공인된 제3자가 필요 없는 분산형 네트워크 인프라에 기반을 둔 기술이므로 수수료 또한 절감되는 효과를 거둘 수 있다. 블록체인이란 데이터를 거래할 때 중앙집중형 서버에 기록을 보관하는 기존 방식과 달리 거래 참가자 모두에게 내용을 공개하는 분산원장 기술이다. 분산원장은 인터넷에서 서로 알지 못하는 다수의 상대방과 거래를 할 때 공인된 제3자 기관의 개입 없이 서로 신뢰할 수 있도록 만들어주는 탈중앙화된 정보공유 저장 기술이다.

58 ③

안전, 공무원, 음주 단속을 통해 경찰을 유추할 수 있다. 경찰은 국가 사회의 공공질서와 안녕을 보장하고 국민의 안전과 재산을 보호하는 일을 담당하는 공무원으로, 음주 단속 역시 경찰 업무의 하나이다.

59 ②

② 연도별 농가당 평균 농가인구의 수는 비례식을 통하여 계산할 수 있으나, 성인이나 학생 등의 연령대별 구분은 제시되어 있지 않아 확인할 수 없다.

① 제시된 농가의 수에 대한 산술평균으로 계산할 수 있다.

③ 총인구의 수를 계산할 수 있으므로 그에 대한 남녀 농가인구 구성비도 확인할 수 있다.

④⑤ 증감내역과 증감률 역시 해당 연도의 정확한 수치를 통하여 계산할 수 있다.

60 ④

기술능력이 뛰어난 사람은 주어진 한계 속에서, 그리고 제한된 자원을 가지고 일한다.

1 ②

지금 60[W]의 전구와 500[W]의 전열기의 저항을 구하면

$$R_{60} = \frac{V^2}{P} = \frac{220^2}{60} = 806.7[\Omega]$$

$$R_{500} = \frac{V^2}{P} = \frac{220^2}{500} = 96.8[\Omega]$$

60[W]의 전구보다 30[W]의 전구는 저항이 두 배나 크다.

직렬이기 때문에 전류는 같고 저항비에 따라 전압비가 달라진다.

30[W]전구로 바꾸면 전열기의 전압이 낮아진다. 따라서 전열기의 소비전력이 낮아지는 것이다.

2 ①

부하저항 R_L에 최대전력이 전달되려면 전압을 단락시킨 회로의 합성저항과 같아야 한다.

따라서 합성 등가저항은 $R = \frac{6 \times 12}{6 + 12} = 4[\Omega]$이 되며

이때의 최대 전력은

$$P_{\max} = I^2 R_L = \left(\frac{V}{R + R_L}\right)^2 R_L = \frac{V^2}{4R_L}$$

$$= \frac{40^2}{4 \times 4} = 100[W]$$

3 ③

$rot\,H = J[A/m^2]$ 에서

$$J = rot\,H = \begin{vmatrix} i & j & k \\ \frac{\partial}{\partial x} & \frac{\partial}{\partial y} & \frac{\partial}{\partial z} \\ yz^2 & 0 & 0 \end{vmatrix} = -j\frac{\partial yz^2}{\partial z} - k\frac{\partial yz^2}{\partial y}$$

$$= -2yzj - z^2k = -8j - 4k$$

따라서 크기는 $J = \sqrt{8^2 + 4^2} = 4\sqrt{5}[A/m^2]$

4 ①

지금 두 개의 콘덴서가 직렬로 결합된 것과 같고 정전용량은 유전율과 비례하고 전압에 반비례하므로 전압은 유전율의 크기 비에 반비례하는 것으로 풀면 된다.

A와 B의 전압비는 유전율의 비 5 : 8과 반비례하므로

$$V_A = \frac{8}{5 + 8}V = 80[V]$$이므로 전원전압 V = 130[V]

이다.

따라서 $V_B = 50[V]$

5 ①

임피던스 $Z = \frac{V}{I} = \frac{220}{11} = 20[\Omega]$

$$Z = R + jX = 5 + jX = 20[\Omega]$$

회로의 역률은 $\cos\theta = \frac{R}{Z} = \frac{5}{20} = 0.25$

6 ④

오랜 시간이 경과하면 L은 단락, C는 개방 상태가 된다.

따라서 회로에 인가되는 전압은 1[V], 저항1[Ω]뿐이므로 1[A]의 전류가 흐른다.

7 ③

기전력이 일정할 때

전력 $P = \frac{V^2}{R}[W]$이므로 저항을 2배로 하면 전력은 1/2배가 된다.

8 ④

최종값 정리

$$\lim_{t \to \infty} f(t) = \lim_{s \to 0} sF(s)$$에서

$$\lim_{t \to \infty} f(t) = \lim_{s \to 0} sF(s) = \lim_{s \to 0} s\frac{2(s + 2)}{s(s^2 + 3s + 4)} = 1$$

9 ④

커패시터의 크기를 합성하면

$C = 1 + 0.5 + C_x [\mu F]$ 전압과 충전된 에너지를 볼 때 커패시터 용량은

$W = \dfrac{1}{2}CV^2 = 2[J]$ 에서

$C = \dfrac{2W}{V^2} = \dfrac{2 \times 2}{(10^3)^2} = 4[\mu F]$

그러므로 $C_x = 2.5[\mu F]$

10 ②

유기기전력

$e = Blv\sin\theta = 1.5 \times 0.5 \times 10 \times \sin 30° = 3.75[V]$

11 ②

등가 인덕턴스 $L_e = \dfrac{(1+1) \times 2}{(1+1) + 2} = 1[H]$

12 ②

㉠은 △ 회로에서 선전류가 상전류보다 $\sqrt{3}$ 배만큼 크므로 틀린 것이다.

㉡은 선간전압의 위상이 앞선다.

㉢ 단상 전력계 2대로 3상 회로의 전력을 구할 수 있다.

2전력계법 $P = \dfrac{P_1 + P_2}{2\sqrt{P_1^2 + P_2^2 - P_1 P_2}}$

13 ②

진상역률 0.5, 전력공급 3[kw]이면 선전류

$I = \dfrac{3 \times 10^3}{\sqrt{3} \times 200\sqrt{3} \times 0.5} = 10[A]$,

선간전압이 $1000\sqrt{3}[V]$이면 상전압은 1000[V]

한 상의 임피던스 $Z = \dfrac{V_p}{I_p} = \dfrac{200}{10} = 20[\Omega]$

14 ③

전류

$I = \dfrac{V}{Z} = \dfrac{100}{R + j\omega L - j\dfrac{1}{\omega C}}$

$= \dfrac{100}{4 + j2\pi \times \dfrac{2500}{2\pi} \times 2 \times 10^{-3} - j\dfrac{1}{2\pi} \times \dfrac{1}{\dfrac{2500}{2\pi}} \times \dfrac{1}{200 \times 10^{-6}}}$

$= \dfrac{100}{4 + j5 - j2} = \dfrac{100}{4 + j3} = 20[A]$

역률 $\cos\theta = \dfrac{R}{Z} = \dfrac{4}{4 + j3} = 0.8$

합성 임피던스 $Z = 4 + j3[\Omega]$이므로 유도성회로가 된다. 따라서 전류는 지상전류가 흐른다.

15 ①

$W = QV[J]$이므로 $Q = \dfrac{W}{V} = \dfrac{10}{100} = 0.1[C]$

16 ①

전압 $v = 80\sqrt{2}\sin\omega t[V]$가 인가되었을 때 전류의 실횻값이 10[A]라면

$10 = \dfrac{80}{10} - j\dfrac{80}{20} + j\dfrac{80}{X_c} = 8 - j4 + j\dfrac{80}{X_c}$

$\sqrt{8^2 + (\dfrac{80}{X_c} - 4)^2} = 10$에서 $\dfrac{80}{X_c} - 4 = 6$

$X_c = 8[\Omega]$

17 ①

전압의 위상이 $45°$ 앞서고, 전류의 위상이 $45°$ 뒤지므로 위상차는 $90°$

전압이 앞서므로 순 유도성회로이다. 따라서 역률은 0이다.

18 ④

동심구에서의 정전용량 $C = \dfrac{4\pi\epsilon_0\epsilon_s ab}{b-a}[F]$ 에서 내구와 외구의 반지름 a, b를 각각 2배 증가시키면 C는 2배가 되고, 비유전율 $\epsilon_s = 2[F/m]$의 유전체로 채우면 2배가 되므로 전체적으로 4배로 용량이 증가한다.

19 ④

n개 직렬접속하면 전압은 10n[V], 내부저항은 n[Ω]이 된다.

부하는 $\dfrac{R \times 2R}{R + 2R} = \dfrac{2}{3}R$이므로 전류 I = 2[A]이면

$$\dfrac{10n}{\dfrac{2}{3}R + n} = 2$$

$5n = \dfrac{2}{3}R + n$에서 $R = 6n[\Omega]$

20 ③

이상적인 변압기 $a = \dfrac{V_1}{V_2} = \dfrac{N_1}{N_2} = \dfrac{I_2}{I_1} = \sqrt{\dfrac{R_1}{R_2}} = \dfrac{1}{10}$ 에서

$100 = 10I_1 + V_1 = 10I_1 + 0.1V_2$

$\qquad = 10I_1 + 0.1(800 + 200)0.1I_1$

$100 = 20I_1$, $I_1 = 5[A]$

따라서 변압기 1차 전압 $V_1 = 50[V]$, 2차 전압 $V_2 = 500[V]$

변압기 2차 전류 $I_2 = 0.5[A]$

$200[\Omega]$ 저항의 소비전력은

$P = I_2^2 R_{200} = 0.5^2 \times 200 = 50[W]$

21 ④

직류전압을 가하면 저항만 적용되므로

$$R = \dfrac{V}{I} = \dfrac{10}{250 \times 10^{-3}} = 40[\Omega]$$

교류전압을 인가하면 $Z = \dfrac{V}{I} = \dfrac{10}{200 \times 10^{-3}} = 50[A]$

$Z = R + j\omega L = 40 + j1000L = 50[\Omega]$

$1000L = 30$, $L = 30[mH]$

22 ②

회로의 정상상태란 직류전원 인가 시의 안정상태를 말한다. 그러므로 L은 단락상태, C는 개방상태이다. 회로의 합성저항 $R_e = 2 + 4 = 6[\Omega]$뿐이므로 정상상태 전류 $I = \dfrac{E}{R} = \dfrac{24}{6} = 4[A]$

23 ③

3상 Y결선이므로 상전압은

$V_p = ZI_p = 10\angle 60° \times 20\angle -90°$

$\qquad = 200\angle -30°[V]$

선간전압은 크기는 상전압보다 $\sqrt{3}$ 배, 위상은 30° 앞서게 되므로

$V_l = 200\sqrt{3}\angle 0°$

24 ②

ⓒ 단위계단함수 $u(t)$는 t가 0보다 작을 때 0, t가 0보다 크면 1인 함수이다.

ⓔ 단위램프함수 $r(t)$는 t가 0보다 작을 때 0, t가 0보다 크면 t인 함수이다.

25 ②

전기력선의 전위가 같은 점을 연결하여 만들어진 면, 전계 속에서 발생하는 전기력선에 직각으로 교차하는 곡선 위의 점은 같은 전위이며, 이 곡선으로 만들어진 면은 등전위면이 된다. 전위가 다른 등전위면과는 교차하지 않는다. 전하의 밀도가 큰 것은 전기장의 세기가 강하다.

26 ③

동기발전기의 동기속도

$$N_s = \dfrac{120f}{P}[rpm]$$

$120f = N_s P = 900 \times 8 = x \times 12$

$x = 600[rpm]$

27 ③

유도전동기의 슬립을 구한다.

동기속도 $N_s = \dfrac{120f}{P} = \dfrac{120 \times 60}{6} = 1200[rpm]$

슬립 $s = \dfrac{1200 - 1080}{1200} \times 100 = 10[\%]$

효율 $\eta = 1 - s = 1 - 0.1 = 0.9, \therefore 90[\%]$

28 ④

3상유도전동기 고정자속에는 공간고조파가 포함되는 일이 있다.

h를 고조파차수, m을 상수, n을 정수라고 할 때

$h = 2nm \pm 1$

+일 때 3상 n=1이면 7고조파, n=2이면 13고조파 등은 기본파와 같은 방향의 회전자계

−일 때 3상 n=1이면 5고조파, n=2이면 11고조파 등은 기본파와 반대 방향의 회전자계

$h = 2nm$ 에서는 회전자계가 발생하지 않는다.

3고조파는 1사이클 내에 회전수가 3배로 늘지만 크기는 1/3으로 감소한다.

그러므로 7고조파는 회전자계가 기본파와 같은 방향이고 속도는 1/7이다.

29 ①

변압기의 V결선과 △ 결선의 비교

㉠ 출력비 (V_p: 상전압, I_p: 상전류)

$\dfrac{P_V}{P_\triangle} = \dfrac{\sqrt{3}\, V_p I_p}{3 V_p I_p} = \dfrac{1}{\sqrt{3}} = 0.57$

㉡ 변압기 이용률 : 변압기 2대에서 3상출력

$\dfrac{P_V}{2P_1} = \dfrac{\sqrt{3}\, P_1}{2P_1} = 0.866$ 변압기의 용량의 86.6[%]

만 사용할 수 있다.

30 ②

유도전동기의 슬립을 구하면

$N_s = \dfrac{120f}{P} = \dfrac{120 \times 60}{4} = 1800[rpm]$

슬립 $s = \dfrac{1800 - 1530}{1800} \times 100 = 15[\%]$

유도전동기의 효율은 $\eta = 1 - s = 1 - 0.15 = 0.85$

유도전동기의 출력은

$P_0 = 800[W] + 50[W] = 850[W]$

$\eta = \dfrac{출력}{입력} = \dfrac{P_0}{P_2} = 0.85, \; P_2 = \dfrac{850}{0.85} = 1000[W]$

31 ③

그림은 직류분권발전기가 무부하에서 어떻게 전압을 확립하는지를 보여준다.

잔류자속에 의해서 E_r의 기전력이 발생하고, 증가된 여자전류는 더 큰 기전력을 만들어 나간다. 초기에 무부하 유도기전력은 15[V]이므로

$E_r = (R_f + R_a)I_f = (2.5 + 5)I_f = 15[V]$에서 발전기 회로를 흐르는 전류는 계자전류밖에 없고 $I_f = 2[A]$이다.

계자전류가 커지면 자속이 증가하고 기전력이 증가하므로

$E = N\dfrac{\partial \varnothing}{\partial t} = 100 \times 0.075 = 7.5[V]$

따라서 기전력은 $E_1 = E_r + E = 15 + 7.5 = 22.5[V]$

$I_{f2} = \dfrac{22.5}{R_f + R_a} = \dfrac{22.5}{2.5 + 5} = 3[A]$

32 ①

동기속도 $N_s = \dfrac{120f}{P} = \dfrac{120 \times 50}{4} = 1500[rpm]$

90[%] 운전이므로 $1500 \times 0.9 = 1350[rpm]$

33 ①

구조나 특성으로 보면 스위치드 릴럭턴스 전동기와 동기형 릴럭턴스 전동기가 같지만 스위치드 릴럭턴스 전동기가 동기형 릴럭턴스 전동기보다 진동 및 소음이 더 문제가 된다.

릴럭턴스 전동기는 고속운전, 장시간운전 등의 장점이 있으나 토크리플이 심하여 상용화하기에 어려움이 많았고, 최근 전력전자 기술의 발전에 따라 구동회로의 성능이 좋아지고 가격이 저렴해지고 있어 가변속 전동기로 주목받고 있다. 릴럭턴스 전동기는 회전자 돌극구조에 의한 릴럭턴스 토크가 발생하는 전동기로서 회전자에 영구자석이나 권선이 없기 때문에 구조가 간단하다. 고정자 권선은 일반적인 3상 정현파 분포를 가지므로 기존 교류전동기 고정자를 그대로 이용할 수 있어 경제적이고, 정현파 회전자계에 의한 정현파 전류가 인가되어 정현적으로 회전하는 공극기자력을 발생시킴으로써 스위치드 릴럭턴스 전동기보다 동기형 릴럭턴스 전동기는 토크, 맥동 및 소음을 줄일 수 있다.

34 ③

전압비 $a = \dfrac{V_1}{V_2} = \dfrac{N_1}{N_2} = \dfrac{200}{400} = 0.5$

부하측의 전압은 $V_2 = \dfrac{V_1}{a} = \dfrac{220}{0.5} = 440\,[V]$

부하에서 소비되는 전력
$P = VI\cos\theta = 440 \times 2 \times 0.8 = 704\,[W]$

35 ②

출력

$P = T\omega = T\dfrac{2\pi N}{60} = 500 \times \dfrac{2\pi \times 600}{60}$

$\quad = 10000\pi\,[W] = 10\pi\,[Kw]$

36 ④

제너 다이오드는 반도체 다이오드의 일종으로 정전압 다이오드라고 한다. 일반적인 다이오드와 유사한 PN 접합구조이나 다른 점은 매우 낮고 일정한 항복전압 특성을 갖고 있어, 역방향으로 일정 값 이상의 전압이 가해졌을 때 전류가 흐른다. 제너 항복과 전자사태 항복 또는 애벌란시 항복 현상을 이용하며 넓은 전류범위에서 안정된 전압특성을 가지므로 회로소자를 보호하는 용도로 사용된다.

37 ④

동기발전기에서 피형을 개선하고 고조파를 제거하기 위해서 단절권을 채택한다.

5고조파를 제거하기 위한 단절권에서 권선피치와 자극피치 간의 비는

$\sin\dfrac{5\beta\pi}{2} = 0$이면 sin파의 위상이 $\pi, 2\pi, 3\pi \cdots$이므로 $\beta = \dfrac{2}{5}, \dfrac{4}{5}, \dfrac{6}{5}$

그러므로 $\beta = 0.8$이 가장 적당하다.

지금 슬롯 수가 90개이고 6극이므로 극당 15개의 슬롯이 있으므로 극간 간격의 0.8은 13번 슬롯이 된다.

38 ④

중권에서 병렬회로 수는 단중중권에서 $a = P$, 다중중권에서 $a = mP$

문제는 2중 중권이므로 병렬회로 수
$a = mP = 2 \times 6 = 12$

39 ④

농형 유도전동기의 감압기동에 관한 문제이다.

$Y - \triangle$ 기동은 기동할 때 1차권선을 Y로 접속하여 기동하였다가 전속도에 가깝게 되었을 때 $\triangle$로 접속하는 방법이다.

Y로 기동을 하면 1차측 각상에는 정격전압의 $\dfrac{1}{\sqrt{3}}$ 배의 전압이 가해지므로 기동전류는 전전압 기동할 때보다 $\dfrac{1}{3}$이 되므로 전류를 제한할 수가 있고 토크는 전압의 제곱과 비례하므로 토크 역시 $\dfrac{1}{3}$으로 기동을 용이하게 할 수 있다.

40 ④

그림은 부스트 컨버터이다. S/W를 도통시키면 입력전압에 의해서 L에 에너지가 축적되고 다이오드 D는 차단된다. 이때 출력 측에서는 커패시터 C에 축적된 전하가 부하저항 R을 통해서 방전된다. 다음 순간에 S/W가 차단되면 L에 축적된 에너지가 다이오드 D를 통해서 출력 측으로 방출되므로 S/W의 도통과 차단의 시간비율을 조정하여 원하는 직류 출력값을 얻을 수 있다. 여기서 스위치 S/W의 도통구간은 DT_s(스위칭 주기에서 도통시간의 비율), 차단구간은 $(1-D)T_s$이므로 다음의 관계가 성립한다.

$V_o = \dfrac{1}{1-D} V_i$ D가 항상 1보다 작으므로 출력전압은 입력보다 크다.

$$V_o = \frac{1}{1-D} V_i = \frac{1}{1-0.5} \times 200 = 400[V]$$

$$i_R = \frac{V_o}{R} = \frac{400}{10} = 40[A]$$

41 ③

동기발전기의 동기속도 $N_s = \dfrac{120}{P}f\,[rpm]$

$120f = PN_s = 8 \times 3000 = 6 \times N_s$

$N_s = 4000[rpm]$

42 ①

$T = F \cdot r\,[N \cdot m]$

$P = T\omega = T\dfrac{2\pi N}{60}\,[W]$에서 토크

$T = P \times \dfrac{60}{2\pi N} = \dfrac{16 \times 10^3 \times 60}{2\pi \times 1200} = \dfrac{400}{\pi}$

$= F \cdot r\,[N \cdot m]$

$r = 0.4[m]$이므로 벨트에 작용하는 힘

$F = \dfrac{1000}{\pi}[N]$

43 ④

태양전지를 통해서 얻은 기전력으로 유도전동기를 사용하는 계통

태양전지로 얻은 기전력은 직류이므로 일반적으로 축전지에 저장하고 인버터를 통해서 교류화 한다.

DC/DC컨버터는 직류전압의 크기를 조정하는 역할을 한다. 그러므로 태양전지 기전력(DC) → DC/DC컨버터 → 인버터 → 유도전동기 순서가 된다.

44 ③

경사면에 적용되는 권상기용 전동기

$$P = \frac{9.8\,Wv}{\eta}\sin 30° = \frac{9.8 \times 500 \times 0.1}{0.7}\sin 30°$$
$$= 350[w]$$

45 ②

변압기에서 $E \propto fB$이므로 자속밀도 B는 단자전압에 비례하고 주파수에 반비례한다. 따라서 철심의 자속밀도는

$B \propto \dfrac{V}{f} = \dfrac{200}{60} \Rightarrow \dfrac{400}{120}$ 자속밀도의 변화는 없다.

46 ③

무부하 포화곡선에서 무부하 단자전압을 만드는 전류가 단락전류인데 이때의 계자전류는 100[A]이므로

단락비 $K = \dfrac{I_s}{I_n} = \dfrac{300}{240} = \dfrac{I_{f1}}{I_{f2}} = \dfrac{100}{x}$

$x = 80[A]$

47 ①

영구자석전동기

㉠ **표면부착형 영구자석전동기** : 마그네틱 토크를 이용하는 전동기

㉡ **릴럭턴스전동기** : 릴럭턴스 토크를 이용하는 전동기

㉢ **매입형 영구자석전동기, 영구자석 보조형 릴럭턴스 전동기** : 마그네틱 토크와 릴럭턴스 토크를 모두 사용

48 ⑤

동기발전기 병렬운전 조건

기전력의 크기, 위상, 파형 및 주파수가 같아야 한다. 기전력이 다르면 무효횡류가 흐르고, 위상이 다르면 유효횡류가 흐른다. 따라서 주어진 예시 모두가 같아야 한다.

49 ①

동기속도를 구하면

$$N_s = \frac{120}{P}f = \frac{120 \times 60}{6} = 1200[rpm]$$

슬립 $s = \frac{1200 - 1080}{1200} = 0.1$, 10[%]

그러므로 2차 전압 $E_2 = sE_1 = 0.1 \times 220 = 22[V]$

슬립주파수 $f_2 = sf_1 = 0.1 \times 60 = 6[Hz]$

50 ④

단락비가 크면 동기임피던스가 적고, 따라서 동기 리액턴스가 적다. 동기 리액턴스가 적으려면 전기자 반작용이 적어야 하므로 자기저항을 크게 하려고 공극을 크게 한다. 공극이 크면 계자자속이 커져야 해서 계자전류를 크게 한다. 공극이 적은 기계에 비해 철이 많이 들기 때문에 철기계라고도 하며 중량이 무겁고 가격도 비싸다. 철기계로 하면 전기자 전류가 크더라도 전기자 반작용이 적으므로 전압변동률이 낮다. 기계에 여유가 있고 과부하 내량이 커서 자기여자 방지법으로 장거리 송전선로를 충전하기에 적합하다.